中宣部马克思主义理论研究和建设工程2016年重大项目
“马克思主义人权观中国化研究”子课题阶段性成果

2017年全国高校出版社主题出版项目
2016年辽宁省社会科学基金规划项目

新的人权旗帜由此竖起

——新时代中国特色社会主义人权理论与实践研究

鲜开林 著

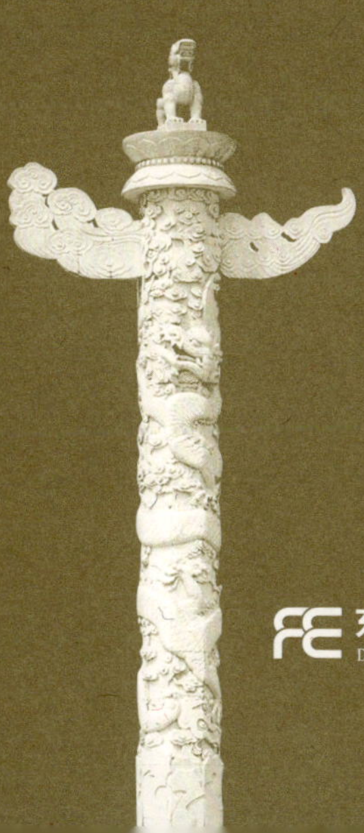

东北财经大学出版社
Dongbei University of Finance & Economics Press
大连

图书在版编目（CIP）数据

新的人权旗帜由此竖起：新时代中国特色社会主义人权理论与实践研究 / 鲜开林著. —大连：东北财经大学出版社，2017.12
ISBN 978-7-5654-2988-0

Ⅰ. 新… Ⅱ. 鲜… Ⅲ. 人权-理论研究-中国 Ⅳ. D621.5

中国版本图书馆CIP数据核字（2017）第281689号

东北财经大学出版社出版
（大连市黑石礁尖山街217号 邮政编码 116025）
网 址：http://www.dufep.cn
读者信箱：dufep@dufe.edu.cn

大连图腾彩色印刷有限公司印刷 东北财经大学出版社发行

幅面尺寸：170mm×240mm 字数：262千字 印张：20.75 插页：4
2017年12月第1版 2017年12月第1次印刷

责任编辑：时 博 王芃南 孙 越 郭海雷 张晓鹏
责任校对：魏 巍 孙 平 张爱华
封面设计：冀贵收
版式设计：钟福建

定价：68.00元

教学支持 售后服务 联系电话：（0411）84710309

如有印装质量问题，请联系营销部：（0411）84710711

前 言

习近平新时代中国特色社会主义思想的人权科学内涵，适应新时代的新需求。中国特色社会主义进入新时代，我国社会主要矛盾已经转化为人民日益增长的美好生活需要和不平衡不充分的发展之间的矛盾。为适应人民日益增长的美好生活需要，推动中国人权事业发展，十九大报告更加明确地强调指出：发展人民民主政治就是要体现人民意志、保障人民权益、激发人民创造活力，用制度体系保证人民当家作主。加强人权法治保障，保证人民依法享有广泛权利和自由。完善基层民主制度，保障人民知情权、参与权、表达权、监督权。加强协商民主制度建设，形成完整的制度程序和参与实践，保证人民在日常政治生活中有广泛持续深入参与的权利。提高保障和改善民生水平，依法切实保护人民人身权、财产权、人格权。深化农村集体产权制度改革，保障农民财产权。坚持男女平等基本国策，保障妇女儿童合法权益。维护军人军属合法权益，让军人成为全社会尊崇的职业等等。十九大报告首次把保护人民人身权、财产权、人格权写入党的主题报告，彰显以人民为中心的执政新理念。最核心本质就在于促进人的全面发展、全体人民共同富裕。这是马克思主义人权理论中国化最新成果的新亮点，具有鲜明的时代感和现实针对性。

正是在以习近平新时代中国特色社会主义思想为指导，适应中国特色社会主义进入新时代的新变化，适应人民群众美好生活新需求的背景下，笔者根据数十年人权研究积淀，突出十九大以来我国人权理论的创新发展研究，酝酿并最终创作撰写了本书。本书具有以下特点：

内容创新是本书的突出特点。《新的人权旗帜由此竖起——新时代中国特色社会主义人权理论与实践研究》一书，是我国人权理论界首部系统论述习近平人权思想的探索之作。党的十八大以来，以习近平同志为核心的党中央创造性地提出了一系列治国理政的新理念、新思想、新战略。治国理政的一个重要目标就在于实现国家公共权力与公民人权的和谐互动，也即限制公权、彰显人权。人权问题至关重要，谁抢占人权道义制高点，谁就赢得话语主动权。尊重和保障人权是宪法原则，是治国理政的重要理念。习近平的人权思想创新，是对马克思主义人权理论的重大发展。本书以马克思主义人权理论中国化的最新成果——新时代中国特色社会主义人权的理论与实践研究为逻辑主线，设置从新的人权理论基石到新的人权与时俱进、从新的人权思想导航到新的人权实践推进、从新的人权面貌呈现到新的人权文化自信、从新的人权责任担当到新的人权境界升华等八章崭新内容。新颖的人权内容，无疑体现了习近平新时代中国特色社会主义思想人权科学内涵的创新品质。

实践发展是本书的实践基础和力量源泉。习近平指出：“当代中国正经历着我国历史上最为广泛而深刻的社会变革，也正进行着人类历史上最为宏大而独特的实践创新。这种前无古人的伟大实践，必将给理论创造、学术繁荣提供强大动力和广阔空间。这是一个需要理论而且一定能够产生理论的时代，这是一个需要思想而且一定能够产生思想的时代。”经过长期努力，中国迎来了从站起来、富起来到强起来的伟大飞跃，走出了一条适合中国国情的人权发展道路：成功实施了人权首先是生存权和发展权，主张以和平思维取代人权对抗思维，坚持集体人权与个体人权统一、发展权与和平权统一；坚持把人权的普遍性原则同中国具体实际相结合、尊重各国人民自主选择人权发展道路，反对奉行人权双重标准、反对搞霸权主义和强权政治；成功实施了“新发展理念”、“五位一体”和“四个全面”的发展人权观，在更高水平上保障中国人民的人权，促进人的全面发展；依法保障全体社会成员平等参与、平等发展的权利；坚决维护国家主权和领土完整；人权还应包括安全权、环境权、共享权等基本权利；实施精准扶贫战略，坚持各民族一律平等，国家对少数民族的参政权、语言权、发展权、诉讼权给予特殊保护，中国是少数民族权利保障得最好最全面的国家；连续制定并实施三期国家人权行动计划纲要；构建人类命运共同体的中国智慧、中国方案等等，从而有力地推动了中国人权事业的创新发展和当今国际人权事业的健康发展。

本书系中宣部马克思主义理论研究和建设工程2016年重大项目“马克思主义人权观中国化研究”子课题的阶段性成果，2017年全国高校出版社主题出版项目，2016年辽宁省社会科学基金规划项目。

本书在写作过程中查阅和参考了大量相关经典著作和研究成果，在此，向经典理论的创立者们致敬。本书中难免存在疏漏之处，敬请广大读者批评指正。

鲜开林

2017年12月

目 录

引言
新的人权旗帜
由此竖起

习近平在十九大报告中指出："十八大以来，国内外形势变化和我国各项事业发展都给我们提出了一个重大时代课题，这就是必须从理论和实践结合上系统回答新时代坚持和发展什么样的中国特色社会主义、怎样坚持和发展中国特色社会主义。"

"围绕这个重大时代课题……紧密结合新的时代条件和实践要求，以全新的视野深化对共产党执政规律、社会主义建设规律、人类社会发展规律的认识，进行艰辛理论探索，取得重大理论创新成果，形成了新时代中国特色社会主义思想。"①

习近平新时代中国特色社会主义思想蕴含着丰富深刻的人权科学内涵，从理论与实践相结合的角度，系统回答了新时代坚持和发展什么样的中国特色社会主义人权道路、怎样坚持和发展中国特色社会主义人权事业的根本性问题。为坚持中国特色人权发展道路、全面推进我国人权事业发展，作出了当代中国马克思主义最新科学回答，是马克思主义人权理论中国化最新成果。

"党的十八大以来党和国家事业之所以全面开创新局面，根本在于以习近平同志为核心的党中央举旗定向、运筹帷幄，在于习近平新时代中国

① 习近平．决胜全面建成小康社会　夺取新时代中国特色社会主义伟大胜利［N］．人民日报，2017-10-28．

特色社会主义思想的科学指引。”[①]十八大以来的5年间，中国这个世界第二大经济体，走到了世界舞台的中央。砥砺奋进的5年，谱写了中国人权事业飞跃发展的华彩乐章。从新的人权思想导航到新的人权实践推进、从新的人权面貌呈现到新的人权文化自信、从新的人权责任担当到新的人权境界升华等等，新的人权实践由此开拓，新的人权理论由此产生，新的人权旗帜由此竖起。旗帜就是方向，旗帜就是形象。“习近平总书记系列重要讲话，形成了一个系统完整、逻辑严密的科学理论体系，是中国革命、建设和改革的历史逻辑、理论逻辑和实践逻辑的贯通结合，开辟了马克思主义发展新境界，谱写了中国特色社会主义事业新篇章。”习近平新时代中国特色社会主义思想的人权历史地位，应放在整个马克思主义人权谱系中考察，才能更好地得出科学而客观公正的评价。

一、新的人权理论地位

习近平指出：“新时代中国特色社会义思想，是对马克思列宁主义、毛泽东思想、邓小平理论、“三个代表”重要思想、科学发展观的继承和发展，是马克思主义中国化最新成果，是党和人民实践经验和集体智慧的结晶，是中国特色社会主义理论体系的重要组成部分，是全党全国人民为实现中华民族伟大复兴而奋斗的行动指南，必须长期坚持并不断发展。”[②]所谓人权，就是与特定历史条件相联系的、依据人的自然属性和社会本质规定的、人之为人的基本尊严和自由度。不同的历史文化传统，不同的社会制度，不同的经济发展水平，不同的历史发展阶段，有着不同的人权理论和不同的人权发展道路。习近平新时代中国特

① 王沪宁．王沪宁：全面准确宣讲党的十九大精神　增强宣讲活动针对性和实效性［N］．人民日报，2017-11-02.

② 习近平．决胜全面建成小康社会　夺取新时代中国特色社会主义伟大胜利［N］．人民日报，2017-10-28.

色社会主义思想中的一系列人权新论述、新观点、新思想，为整个马克思主义人权理论增添了崭新的内容，提供了崭新的科学逻辑学理论支撑，体现了马克思主义人权与时俱进的理论品质，具有鲜活的时代感和强烈的现实针对性。

1.对经典马克思主义人权理论的继承发展

经典马克思主义人权理论是马克思、恩格斯关于“人类解放”理论和“人的自由全面发展”理论的本质规定。虽然马克思和恩格斯没有专门系统的人权论著，但他们对未来社会“充分人权实现”的科学预测是迄今为止人类最美好的崇高人权目标。未来社会“每个人的自由发展是一切人的自由发展的条件”①。马克思把这种“自由平等的生产者的联合体”称为19世纪伟大经济运动所引向的“人道目标”，又称“充分人权实现”②。恩格斯更加明确地指出：“真正的自由和平等，即共产主义。”③也正是在这一意义上，马克思曾明确指出，共产党领导的无产阶级革命“只能求助人权”，并且在其起草的第一个国际临时章程引言中精辟地指出：“一个有责任不仅为自己本人，而且为每一个履行自己义务的人要求人权和公民权”④。现代文明社会的一个显著标志，就是人的自由全面发展表现为一系列体现自由创造的能动自觉，以及权利和义务的自觉享有和自觉遵守。经典马克思主义人权理论的真理性，是在对近现代西方各种人权思潮的分析批判与有益借鉴中日益彰显其革命批判本质的。经典马克思主义人权观认为，人权不是超历史、超时代、超阶级的，而是具体的、历史的、阶级的；不是权利与义务的分离，而是权利与

① 马克思，恩格斯．马克思恩格斯选集：第1卷［M］．中共中央马克思恩格斯列宁斯大林著作编译局，译．北京：人民出版社，1995：273.

② 马克思，恩格斯．马克思恩格斯选集：第1卷［M］．中共中央马克思恩格斯列宁斯大林著作编译局，译．北京：人民出版社，1995：273.

③ 马克思，恩格斯．马克思恩格斯选集：第16卷［M］．中共中央马克思恩格斯列宁斯大林著作编译局，译．北京：人民出版社，1972：16.

④ 马克思，恩格斯．马克思恩格斯选集：第1卷［M］．中共中央马克思恩格斯列宁斯大林著作编译局，译．北京：人民出版社，1995：273.

义务的统一；不是个人权利与集体权利的对抗，而是集体人权与个人人权的辩证统一；不是个人权利的片面发展，而是人的自由全面充分发展。经典马克思主义“充分人权实现”的崇高目标，为中国梦的人权价值引领奠定了坚实的理论基石。习近平关于中国梦的人权价值引领目标与经典马克思主义“充分人权实现”的“崇高目标”具有内在本质联系，有着深厚的马克思主义人权理论渊源。习近平中国梦的人权价值引领目标，是对中国人权梦的形象表达，是对经典马克思主义人权理论的继承和发展。

2.中国化的马克思主义人权理论最新成果

在中国化的马克思主义人权理论创新过程中，以毛泽东同志为核心的党中央，把经典马克思主义人权理论的普遍原理与中国革命和建设的具体实践相结合，创立了毛泽东的人权思想，创造性地提出了他的人民权利思想。毛泽东的人民权利思想是中国历史上第一次真正意义上的人民权利论的理论旗帜，它使得国家独立、民族解放、人民当家做主人，“获得了做人的资格”[①]。然而，由于“左”的错误，中华人民共和国成立后的一段时期内，误把人权当作资产阶级来批判，导致人们谈人权色变。党的十一届三中全会，以邓小平同志为核心的党中央冲破了“左”的人权观念桎梏，在反对新旧殖民主义、霸权主义和强权政治的斗争中，创造性地继承和发展了马克思主义及其人权理论，创立了邓小平人权理论。从党的十三届四中全会到党的十六大的13年时间，以江泽民同志为核心的党中央高举邓小平人权理论伟大旗帜，坚持和发展了邓小平人权理论，在人权问题上发表了一系列重要论述，丰富了马克思主义人权理论宝库。从党的十六大到党的十八大，以胡锦涛同志为总书记的党中央，创造性地提出了以人为本、实现科学发展、构建社会主义和谐社会、推动建设持久和平共同繁荣的和谐世界等一系列重大战略

① 邓小平．邓小平文选：第2卷［M］．北京：人民出版社，1994：146．

思想，包含着丰富的人权新思想、新观点，是马克思主义人权理论中国化的重要理论成果。党的十八大以来，特别是十八届三中、四中、五中、六中全会以来，习近平总书记连续两年致信祝贺北京国际人权论坛，专门系统论述人权问题。他多次强调，人权没有最好，只有更好。在人权问题上没有完成时，只有进行时。任何国家都需要发展人权，以适应时代的发展与需要。中国人民实现中华民族伟大复兴的中国梦的过程，本质上就是实现社会公平正义和不断推动人权事业发展的进程。要坚持走符合中国国情的人权发展道路。中国坚持把人权的普遍性原则同中国实际相结合，不断推动经济社会发展，增进人民福祉，促进社会公平正义，加强人权法治保障，努力促进经济、社会、文化权利和公民、政治权利全面协调发展，显著提高人民生存权、发展权的保障水平。随着中国特色社会主义建设不断取得新成就，中国的国际影响力必将更强。中国发展人权不需要向西方看齐，不需要西方来评判。对西方国家在人权问题上指手画脚的言行，要坚决顶回去。对党员干部、基本群众和青年学生，进行有针对性的马克思主义人权观教育是一项重要的学习任务。习近平新时代中国特色社会主义思想中的系列重要人权论述，是对马克思主义人权理论的重大创新发展，是中国化的马克思主义人权理论的最新成果。

3.中国传统人权文化基因的凝练升华

“大同与小康”是中华民族“不忘初心”的古今人权梦想。一个国家和民族的人权历史发展与其自身的历史文化传统紧密相联。历史悠久的中国传统文化，蕴含着丰富的人权价值基因。“四书五经”是中华民族儒家传统文化的经典文献，形成并凝聚了中华文明的传统文化基因。习近平总书记指出：“中华文明绵延数千年，有其独特的价值体系。中华优秀传统文化已经成为中华民族的基因，植根在中国人内心，潜移默化影响着中国人的思想方式和行为方式。”[①]如《诗经》所说“周虽旧邦，其命维新”（《诗经·大雅·文王》），留给后人以不断创新的文化基因；《书经》即《尚书》所说“百姓昭明，协和万邦”（《尚书·尧典》），留给后人以内外和谐的文化基因；《礼记》所说“大道之行也，天下为公”（《礼记·礼运》），留给后人以社会公平正义的制度文化基因；《易经》所说“无平不陂，无往不复”（《易经·泰》），留给后人以变异求进、求同存异的文化基因。中国传统人权文化基因组合是中国传统人权文化基因的系统和升化，并产生了神奇的聚合效应和整体功能。这是中国传统人权文化基因组合生成凝聚力和向心力的内在根据。

习近平人权创新思想与中国传统文化是什么关系？《诗经》作了“凡益之道，与时偕行”（《诗经·大雅·旱麓》）的经典诠释。习近平同志关于“不忘本来，吸收外来，面向未来”的科学论述，提供了崭新的世界观和方法论指导。

不忘本来。不忘本来的根本在于把握传统文化的本质和实质。一是善于吸收《礼记》人权文化基因的优秀传统文化成果。博大精深的中华传统文化积淀着中华民族卓越的精神追求，是中华民族生生不息、发展状大的丰厚滋养和宝贵财富。《礼记》人权文化基因是在中国这块东方文明沃土上生长起来的一朵奇葩，如“以天地为本”的生态伦理情结，“皆有所养”的民生权益关爱等，它在许多方面达到的高度确实为西方古代文明所不及，甚至也为西方现当代文明所不及，正因如此，“取其精华”才有其合理性，也是我们正确对待中国优秀传统人权文化应有的科学态度。二是“古为今用”的《礼记》人权文化基因优秀文化传统，是构建中国特色哲学社会科学的重要来源之一。“以天地为本”的生态

① 习近平．习近平在北大历数中华文化中永不褪色的思想和理念［N］．人民日报，2014-05-05.

伦理情结，也称“天人合一”的中国传统文化，是我们当代生态文明建设、美丽中国建设应认真汲取的重要思想营养，充分体现了生态文明建设的中国风格、中国气派。三是善于去《礼记》人权文化基因的“糟粕”。“礼必本于天”固然有其民本人文关怀的情结，但其本质是封建王权的礼制。根本目的是维护封建王权专制统治。“礼必本于天”的法治缺陷所固化的“三纲五常”更是糟粕中的糟粕。演化到明清之际朱熹“存天理，灭人欲”的人性桎梏，更无一丝半点人文情怀。四是传承《礼记》人权文化基因的根本目的是服务于当代中国人权文明的发展道路，而不能简单“复古”。现实生活中，一些人认为，既然“大同与小康”的古今人权梦想绵延数千年，形成了具有东方神韵的“人为贵”“和为贵”“天人合一”的朴素人权话语元素，今天我们才有资格提出“民族复兴”这个具有深厚历史感的时代主题，那么今天我们为什么要将这套话语体系弃之不用？为什么还要另起炉灶另搞一套？我认为，如果以为“复古”的人权话语能够担当民族复兴的历史重任，那么，近一个半世纪以来无数仁人志士向西方寻求救亡图存真理的历史就成了无谓之举，19世纪中叶以来中国人民在各条道路、各个主义、各种话语的反复较量中最终选择了马克思主义就成了历史的误会了。那种想在今天试图将已经完成历史使命的中国传统话语简单复活而不加改造地“复古的人权话语”是根本行不通的。所以，“不忘本来”的真谛，就是善于吸收中华民族优秀传统文化成果，但绝不是简单“复古”的人权话语主张。

吸收外来。吸收外来的根本在于把握不同人权文明交流互鉴的发展规律。一是善于批判吸收西方乃至整个人类文明成果。人权文明发展不是脱离人类文明大道而故步自封的，而应该是人类一切优秀思想文化成果的合乎规律的借鉴与升华。如批判吸收西方“人文主义”“人道主义”“人本主义”中关于尊重人的主体地位和价值等方面的积极合理因素，同时更要抛弃西方“人文主义”“人道主义”“人本主义”抽象人学唯心史观的本质和阶级实质以及认识论局限。二是善于加强各种人权文明的平等交流互鉴。习近平指出：“文明是平等的，人类文明因平等才有交流互鉴的前提。”加强对国际人权文书和各国人权发展模式的研究，加强对国际人权理论和实践的前沿问题的研究，善于从国际国内人权理论与实践成果的相互转化、优势互补中创新，牢牢把握世界人权发展的前进方向。尊重各国自主选择社会制度和发展道路的权利，相互借鉴而不是刻意排斥，取长补短而不是唯我独尊，推动各国根据本国国情实现振兴和发展；要加强不同文明的对话和交流，在竞争比较中取长补短，在求同存异中共同发展，努力消除相互的疑虑和隔阂，使人类更加和睦，让世界更加丰富多彩；要以平等开放的精神，尊重和维护世界文明的多样性，促进国际关系民主化，协力构建各种文明兼容并蓄的和谐世界。西方先进的人权文化理念，可以作为中国人权话语体系的有益借鉴。三是“洋为中用”的根本目的是形成中国自己的人权话语体系，绝不能“全盘西化”。中国人权话语和中国的人权矛盾与问题，必须具有深厚的本土性和特殊性，绝不能“全盘西化”。然而，现实生活中一些人习惯用“西化的人权话语”来解决中国的人权新问题。这种现象是值得警惕的。西方世界的人权话语霸权立场和人权话语中心主义的逻辑，把西方话语上升为唯一正确的“普世价值”观，而把其他非西方话语看作反人类文明的落后垃圾。我们国内一些人却对西方的民主法制理念和条款简单照抄照搬，还以为站在学术前沿。用西方的人权概念来解答中国社会的人权现实问题，是削中国人权之足来适西方人权之履。所以，中国现阶段的人权矛盾和问题具有民族的本土性，不能期待以西化的人权话语来解决中国的人权问题。我们既要改革开放，积极融入世界人权发展的历史大趋势中，“加强不同文明交流互鉴、促进各国人权交流合作”，又必须破除“以西方是非为是非”的人权思维定式。

面向未来。面向未来的根本在于把握人类人权文明的发展大势。一是善于直面中国现代化建设的现实沃土。《礼记》人权文化基因必须融入当代中国特色社会主义现代化的伟大实践，才能获得生机和充满思维活性。中国特色社会主义现代化的成功实践，在世界上树立起人类历史上非资本主义发展道路的成功范例。“北京共识”取代“华盛顿共识”就是其典型表现。这就像资本主义发展模式是西方资产阶级人权思想体系和话语体系的物质基础一样，生机勃勃的中国特色社会主义伟大实践，无疑也是创新和发展中国人权思想体系和话语体系取之不竭的力量源泉。二是善于进行当代中国人权的理论创新。在批判继承中国传统文化时，最根本的是着眼于当代中国特色的人权理论创新。特别是党的十八大以来的系列人权新观点、新论述。如“中国梦”的人权价值引领；两个一百年的人权目标；经济新常态的平等财产权；协商民主的平等参与权；文化自觉自信的平等话语权；权利公平、机会公平、规则公平的平等社会权；形成完备的法律规范体系，推进人权保障制度化进程；形成严密的法治监督体系，强化对国家权力的制约和监督；形成有力的法治人权司法保障体系，努力让人民群众在每一个司法案件中感受到公平正义；腐败是对公民人权的严重侵害，反对腐败是对公民人权的公正维护；依法保障全体社会成员平等参与、平等发展的权利；坚持人权普遍性原则与中国具体国情相结合，走中国特色的发展道路；人权问题没有最好，只有更好；讲好中国人权故事，传递好中国人权声音，构建好中国人权话语体系；坚持国际人权交流互鉴的和平发展权；增强全社会尊重和保障人权意识，让人权成为人民的一种习惯和追求。三是善于进行当代中国人权的实践创新。在批判继承《礼记》人权文化基因的优秀传统文化成果中，大力实践和创新推动中国实现“两个一百年”奋斗目标，实现中华民族伟大复兴的中国人权梦。大力实践和创新推动十八届五中全会提出的“五大发展”新理念，坚持以人民为中心，推动科学发展，促进社会公平正义，坚定走和平发展道路，推动建设持久和平共同繁荣的和谐世界等一系列重大战略思想中所包含的中国人权智慧，大力实践和创新推动中国特色社会主义人权发展的新模式和新道路，紧紧围绕依法保证全体社会成员平等参与、平等发展权利这一历史逻辑主线，切实破解制约和影响人权发展的民生现实问题，努力建立一整套与中国发展模式相适应的人权理论体系和话语体系。不仅为人类贡献“中国的人权话语”“中国的人权故事”，而且贡献“中国的人权智慧”“中国的人权规则”。习近平关于“不忘本来，吸收外来，面向未来”①的科学论述，提供了崭新的世界观和方法论指导。不忘本来的根本在于把握传统文化的本质和实质，吸收外来的根本在于把握不同人权文明交流互鉴的发展规律，面向未来的根本在于把握人类人权文明的发展大势。

二、新的人权实践地位

马克思指出：“从前的哲学家只是用不同的方式解释世界，而问题在于改变世界。”②习近平人权思想的历史地位，不仅在于它的理论创新逻辑力，更在于它始终坚持为人民创造美好幸福生活的实践创新逻辑力。

1.把握当今国内外人权发展大势的行动指南

当今世界，人权问题日益成为全球热门话题。从联合国和平、发展、人权三大目标，到“必须将人的权利和尊严置于发展行动的核心”，再到2015年人权“365”，2016年“发展、和平、人权需要全球行动”。从美国“人权外交”战略，到“弗格森事件”，再到犯了众怒的

---

① 习近平. 结合中国特色社会主义伟大实践　加快构建中国特色哲学社会科学［N］. 人民日报，2016-06-18.

② 马克思，恩格斯. 马克思恩格斯选集：第1卷［M］. 中共中央马克思恩格斯列宁斯大林著作编译局，译. 北京：人民出版社，1995：61.

“限穆令”，以及英国脱欧、“美国优先”、日本军国主义复活等，都给当今人类人权带来了极大挑战。西方学术界的人权思潮纷纷兴起，后现代主义的自然法说、功利主义、抽象正义论、人本主义、新自由主义、社团主义和女权主义等人权新思潮，从不同的视角对人权问题进行了前瞻性的有益探索。亨特的《人权的发明：一部历史》将人权与社会史联系在一起，提供了明晰而独到的人权见解；格奥尔格·耶里内克的《〈人权与公民权利宣言〉——现代宪法史论》把权利宣言这一问题放置到更加宽广宏大的欧洲政治历史和思想史中进行考察，让人看到了一个更生动和全面的现代宪法基本权利诞生的历史图景；金利的《全球化走向文明：人权和全球经济》分析了全球经济实际上是人类文明化的重要工具，它本身要求人类文明符合人权标准；杜兹纳的《人权与帝国》论述了关于当代人道主义的悖论；米尔恩的《人权与人的差异》论述了当代人类人权文明的多样性等。西方学术界的抽象人学唯心史观和认识偏见、美式官方主流意识形态更是把人权作为精致的武器来渲染西方发展模式的“道德优势”，抹黑并丑化中国的国际形象。面对西方的种种挑战，谁能赢得人权话语权，谁就赢得人权文化软实力的道义制高点。在中国综合实力日益增强、各国之间的竞争越来越表现为文化软实力竞争的今天，打破西方人权话语的垄断格局，实现中国人权文化的自觉自信，构建中国特色的人权理论体系和话语体系，是事关中华民族伟大复兴的大问题。

当今中国，中国特色社会主义人权理论与实践进入一个崭新的历史发展阶段。从党的十八大以来“中国梦”的人权价值引领，到2016年“五大发展新理念”的理性之光；从《国家人权行动计划（2012—2015年）》胜利完成，到《国家人权行动计划（2016—2020年）》开始起步；从三中全会全面深化改革、四中全会全面依法治国的法治人权新保障，到习近平连续两年致信北京人权论坛开幕式，五中、六中全会把

“人权得到切实保障，财产权得到有效保护”新内容写入“十三五规划”等，都为中国人权发展指明了方向，丰富了新内涵，提供了思想源泉和动力支撑。我国人权学界著名人权专家罗豪才的《推进人权保障制度现代化 努力践行中国梦》、崔玉英的《坚持走适合中国国情的人权发展道路》等人权研究新成果；董云虎等的《中国人权建设60年》，总结了马克思主义人权理论中国化的宝贵经验和伟大贡献；李步云的《论法治》《论人权》，汪习根的《发展、人权与法治研究——“法治中国”》等著作和李君如的《中国协商民主与人权》等论文把人权前沿问题研究推到新水平。我国社会转型中的种种人权新情况、新矛盾、新问题凸显，人民群众对维护公平正义和合法权益有迫切需求。伴随人权宣传工作座谈会的召开和中国人权研究会第四届全国理事会的成立，以及第二十四届（2018）世界哲学大会“学以成人”和“权益与尊严”的主题会议即将在北京召开，更加使得习近平新时代中国特色社会主义思想中的人权创新研究成为当前我国人权理论界亟待开拓的重要研究领域，迫切需要作出中国化的马克思主义人权理论最新回答，开创中国特色社会主义人权理论建树的新阶段。

2.指导中国人权事业全面发展的行动指南

习近平新时代中国特色社会主义思想是全党全军全国各族人民决胜全面建成小康社会、全面建设社会主义现代化国家的行动指南。党的十八大以来，习近平创造性地提出了关于“中国梦”的人权价值引领、“五大发展理念”的人权导航、“五位一体”的总体战略布局、“四个全面”的人权战略格局、“三个必胜”的人权历史规律、“三个只有”的人权辩证思维、“三个共同”的人权责任担当等一系列人权论述，成功地指导了中国人权事业的全面发展。其中一个最根本的重要特征就是坚持“四个自信”，构建具有中国特色的人权理论和话语体系，走出一条适合中国国情的人权发展道路。例如，提出人权首先是生存权和发展权，主张以和平思维取代人权对抗思维，坚持集体人权与个体人权统一、发展权与和平权统一；坚持把人权的普遍性原则同自身实际相结合，尊重各国自主选择人权发展道路，反对奉行人权双重标准，反对搞人权霸权；提出“五位一体”的全面发展人权观，在更高水平上保障中国人民的人权，促进人的全面发展；依法保障全体社会成员平等参与、平等发展的权利；坚决维护国家主权和领土完整，人权还应包括安全权、环境权、共享权等基本权利；实施精准扶贫战略，坚持各民族一律平等，国家对少数民族的参政权、语言权、发展权、诉讼权给予特殊保护，中国是少数民族权利保障得最好最全面的国家；连续制订、实施三期国家人权行动计划等，有力地推动了中国人权事业的创新发展。三组数字很能说明问题：从人均预期寿命看，中华人民共和国成立前只有35岁，到2015年已到达76岁；从学龄儿童入学率看，中华人民共和国成立前为20%，2015年已接近100%；近40年来，中国有7亿人口摆脱贫困，对全球减贫的贡献率超过70%。中国是当今世界上最大的发展中国家，中国人权事业发展取得的巨大成就，是全球范围最大的人权进步，是世界人权事业发展的一大人间奇迹。

3.推动国际人权事业健康发展的中国智慧

中国国家主席习近平2017年1月中旬在联合国日内瓦总部发表演讲，深入阐述了共同构建人类命运共同体这一时代命题，引起各方热烈反响。人类命运共同体理念植根于源远流长的中华文明，契合国际社会求和平、谋发展、促合作的共同愿望，为应对当前的全球性挑战指明了根本出路，对完善国际人权治理也具有重要启示。

“人人得享人权”是人类孜孜以求的崇高目标。在“人类两度身历惨不堪言之战祸”后，我们的先辈们痛定思痛，成立了联合国，以“促成大自由中之社会进步和民生改善”。国际人权事业掀开了新的篇章。

联合国成立70多年来，见证了国际人权事业的发展和进步。世界相对和平与安宁，大多数国家和地区的人民免受战争和冲突影响，和平权和生命权总体得到保障。在联合国千年发展目标指引下，全球11亿人脱贫，发展中国家学龄儿童净入学率达到91%，全球可获取饮用自来水人口增加19亿，35亿人可使用互联网。各国人民生活水平总体提高，生存权和发展权取得巨大成就。国际社会接过历史接力棒，制定联合国2030年可持续发展议程，勾画出2030年实现零贫困的宏伟蓝图。人权主流化趋势深入发展，国际人权合作蓬勃发展，公正、客观、非选择性原则成为联合国人权工作的基础和原则。

联合国成立70多年来，也见证了国际人权事业的风险和挑战。世界不公正、不容忍、不安宁依然存在，发展不平衡、不协调、不可持续依旧突出。全球7亿多人仍在极端贫困线上挣扎，超过1.28亿人亟需人道援助，超过6 500万人逃离故土，冲突地区2 400万儿童无法入学。人权政治化倾向有所上升，双重标准仍大行其道。这些“人权乱象”拷问着人类良知，侵蚀着人权的基本价值，也暴露出国际人权领域的“治理赤字”。

人权保障是构建人类命运共同体的重要组成部分。我们应思考如何加强和改善全球人权治理，推动国际人权事业健康发展，助力人类命运共同体宏伟目标的实现。

习近平主席指出，构建人类命运共同体，要从伙伴关系、安全格局、经济发展、文明交流、生态建设等方面作出努力，建设持久和平的世界、普遍安全的世界、共同繁荣的世界、开放包容的世界、清洁美丽的世界。这对构建公正、合理的国际人权治理体系具有重要指导意义。当代中国人权的基本观点和立场包括以下几个方面：

一是主权平等是促进和保护人权的根本。主权平等是当代国际关系最重要的准则，也是国际人权法和联合国人权工作的基本原则。“单丝不成线，独木难成林”，国际人权事务应由各国共同商量，全球人权治理体系要由各国共同建设，人权发展成果要由各国人民共同分享。各方应该始终恪守《联合国宪章》宗旨和原则，坚持国家主权原则，以平等的伙伴姿态开展人权交流与合作。各方都要客观公正看待他国人权事业发展，不能把人权政治化，不能借人权干涉内政，更不能搞政权更迭。事实证明，将自身价值观和人权发展模式强加于人，肆意干涉他国内政甚至发动战争，只会造成混乱，导致打开潘多拉盒子式的持久动荡，这样的例子很多。

二是和平安全是促进和保护人权的前提。安全是最大的人权。战乱、冲突和地区动荡是导致大规模侵犯人权现象的主要根源。叙利亚儿童艾兰在还不懂“人权是什么”时，就已失去生存权，这值得深思。没有和平，何谈人权？没有安全，何谈尊严？没有稳定，何谈自由？各方应止戈化武、讲信修睦，为促进和保护人权提供基本的外部条件。一国人权事业的发展也离不开安全稳定的国内环境。正如恐怖分子没有善恶之分，违法犯罪分子也没有好坏之别。法律面前人人平等，任何组织和个人犯了法，都应受到应有的处罚，这才符合真正的法治精神。各国依法打击违法犯罪、维护社会治安的努力，应该得到尊重和支持。

三是共同发展是促进和保护人权的关键。“仓廪实而知礼节”，发展是人类社会永恒的主题，也为实现各项人权创造了基本条件。2008年爆发的国际金融危机给全球经济发展带来重创，也为各国人民追求美好生活、维护发展权带来了挑战。各方要以联合国《发展权利宣言》为指引，坚持以“发展为基础”落实2030年议程，促进经济、社会、环境协调发展，确保人人过上有尊严的生活。各国有权平等参与发展进程，各国人民有权公平分享发展成果。国际社会要坚持南北合作主渠道，加大对发展中国家的帮扶力度，优先帮助发展中国家消除饥饿和贫困，实现生存权和发展权，“不让一个人掉队”。

四是包容互鉴是促进和保护人权的动力。“世界上没有两片完全相同的树叶”。社会因包容而丰富，文明因多样而精彩。世界上没有放之四海而皆准的人权发展道路和保障模式。人权事业是各国经济社会发展的重要组成部分，必须根据各国国情和人民需求加以推进。各国人权发展理念和实践的丰富多彩，应该成为国际人权事业欣欣向荣的源泉，而不应成为各方对抗对立的根源。不同国家、文明和族群之间应平等交流，相互借鉴，取长补短，共同进步。各方应尊重他国人民自主选择的人权发展道路，坚持建设性对话，妥善处理人权分歧，共同寻求促进和保护人权的有效途径。

五是民主民生是促进和保护人权的抓手。民主和民生是人权的两个方面，如鸟之两翼、车之双轮，都是国际人权事业的重要奋斗目标。经济、社会和文化权利与公民政治权利相互联系，不可分割。各项人权同等重要，不可偏废。各国应根据本国经济社会发展实际和人民需求，平衡推进两类人权，将人权的普遍性和特殊性结合起来，统筹个人权利和集体权利，兼顾权利和义务。

中国始终高举正义人权大旗，既努力提高本国人权发展水平，又积极推动国际人权事业的发展。

六是中国是人权发展道路的探索者。我们坚持人权普遍性与特殊性相统一，坚持集体人权与个人人权相统一，坚持民主与民生协调推进，坚持两类人权协调推进，走出一条适合国情的中国特色人权发展道路，取得巨大成就。中国已成为全球第二大经济体，2016年国内生产总值突破70万亿元人民币。我们解决了13亿多人民的温饱问题，有7亿多人口摆脱贫困，对全球减贫的贡献率超过70%，率先实现贫困人口减半的千年发展目标，为人类减贫事业作出了巨大贡献。中国为7.7亿人提供就业，实现9年义务教育全覆盖，关爱2.3亿老年人、700多万大学毕业生和8 500万残疾人，保障6 000多万城乡低保人口基本生活，人均预期寿命从1949年的35岁提高到现在的76岁多，被联合国誉为“过去30

年间发展最快的国家”。中国民主法治建设持续推进，司法领域人权保障取得重大进展，人民依法享有的民主权利和自由更加广泛。中国切实保障少数民族、妇女、儿童、老年人、残疾人等特定群体合法权利，人权成就有目共睹。中国人权事业的巨大成就充分彰显了中国的制度优势和道路优势。

七是中国是全球人权治理的参与者。中国始终秉持平等互信、包容互鉴、合作共赢的精神，全面深入参与国际人权合作，推动建立公正、合理的国际人权体系。2016年，中国以180票第四次高票当选联合国人权理事会成员，成为为数不多的四次当选的国家，充分体现了国际社会对中国人权事业发展的肯定。中国加入包括《经济、社会和文化权利国际公约》等6项核心人权公约在内的26项国际人权公约，认真履行国际人权义务，多次接受国别人权审查和人权公约履约审议。我们同近40个国家举行人权对话与交流，同联合国人权机构开展建设性合作，为国际人权治理注入了动力。在此过程中，我们深刻感到，对话合作比对抗对立好，交流互鉴比相互指责强。这也是大多数联合国会员的共同心声。

八是中国是国际人权事业的助力者。截至2016年，中国累计对外提供援款4 000多亿元人民币，向69个国家提供医疗援助，派遣60多万援助人员，为120多个发展中国家落实千年发展目标提供帮助。中国-联合国和平与发展基金已投入运营，南南合作援助基金正式启动，将为促进世界和平与发展事业作出新的贡献。2017年5月在北京成功举办了“一带一路”国际合作高峰论坛，2017年9月厦门金砖国家峰会成功举办，让这一倡议更好造福世界。正如习近平主席指出，世界好，中国才能好；中国好，世界才更好。中国的发展将为全球人权事业作出新的更大贡献。①

4.批判各种人权错误思潮的强大思想武器

美式人权的三个典型口号：一是人权高于主权论；二是人权无国界论；三是人道主义干涉合法论。这三个口号，其实质是霸权主义和强权政治。理论是谬误的，实践是反人道、反人权的。

“山姆大叔”的人权道义并非真道义。“山姆大叔”向来自我标榜美式人权的“道义优势”。然而，人权道义的孰是孰非，并非自吹自擂，而是要拿事实说话，还其人权道义的本来面目。

美国枪支管理失控，公民生命权受到严重威胁。美国许多政治家引以为豪的就是枪支合法化，认为枪支正是维护公民权利的象征。枪击案件频发是2015年美国留给世人最深刻的印象，截至2015年12月28日，美国当年共发生枪击事件51 675起，造成13 136人死亡、26 493人受伤。

美国警察暴力执法，种族矛盾尖锐。截至2015年12月24日，警察当年共射杀965人，而这其中有许多是美国黑人，警方滥用权力的行为并未得到应有的追究。同时社会调查显示，61%的美国人认为美国的种族关系糟糕，执法司法领域是种族歧视的重灾区。88%的非洲裔美国人认为自己受到警察不公正对待，68%的非洲裔美国人认为刑事司法体系存在种族歧视。非洲裔美国人拥有的财富仅为白人的1/12，为拉美裔美国人的1/11。有评论认为，对于许多非洲裔和拉美裔美国家庭而言，美国梦仍然遥不可及。

美国社会问题严重，保障公民经济和社会权利困难重重。2014年有4 670万人处于贫困状态。每年至少有4 810万人缺乏食物保障。2015年有超过56万人无家可归。79%的美国人相信更多人会掉出而不是上

① 王毅. 共同促进和保护人权　携手构建人类命运共同体［N］. 人民日报，2017-02-27.

升到中产阶级行列。如今，美国仍有3 300万人没有医疗保险，4 400万受雇于私人部门的劳动者无法享受带薪病假的权利，占私人部门劳动者总数的40%。

美国作为国际社会中唯一的超级大国，凭借其强大的军事实力和经济实力，以人道主义干涉合法论为借口，肆意干涉他国内政，对其所谓的“民主落后”国家进行意识形态输出，并通过各种渠道扶植他国分离势力，导致地区动荡乃至局部战争，而最典型的例子就是愈演愈烈的欧洲难民危机。2015年以来愈演愈烈的欧洲难民危机给当今国际政治秩序和社会经济的稳定带来了巨大的冲击和挑战，尤其是对作为输入国的欧洲各国造成的消极影响更为严重。由于地缘邻近、社会福利水平高、经济发达等因素，欧洲成为难民的首要选择，欧洲难民的人数持续增加，而欧洲各国对难民问题所持的立场和所采取的政策不一致，使得欧洲难民问题持续发酵。难民问题并未从根本上得到解决，使得欧洲正在遭受着自第二次世界大战（以下简称二战）以来规模最大的难民危机的冲击，同时，也使国际社会遭受自二战以来最严重的人道主义危机。

其实，美式人权道义的神话早已破灭。新任美国总统唐纳德·特朗普在他的竞选演讲中不得不承认，在美国最大的50座城市里，谋杀率上升了17%，首都华盛顿的谋杀率增加了50%；黑人的整体失业率高达58%，10个黑人儿童中有4个生活在贫困中。

“多行不义必自毙”，自欺欺人没道义。搞强权政治的国家根本就没有资格讲人权。世纪伟人邓小平说得真是入木三分：“国家的主权、国家的安全要始终放在第一位，对这一点我们比过去更清楚了。西方的一些国家拿什么人权、什么社会主义制度不合理不合法等做幌子，实际上是要损害我们的国权。搞强权政治的国家根本就没有资格讲人权，它们伤害了世界上多少人的人权！从鸦片战争侵略中国开始，它们伤害了中国多少人的人权！”

所谓“不道义”的中国人权才是真道义。美式人权，总是极力把中国人权事业说得一无是处。事实再三证明，所谓“不道义”的中国人权才是真道义。人权道义的最高最终标准是广大人民群众的人权社会实践活动。发展中国家生存权和发展权的社会实践成果才是检验人权道义的试金石。对于像中国这样的发展中国家来说，人权首先是人民的生存权和发展权。没有生存权和发展权，其他一切人权均无从谈起。旧中国国家主权沦丧，人民毫无人权可言。中华人民共和国成立之初，西方有些政治家曾断言：中国没有一个政府能够解决人民的吃饭问题。但是，中国依靠自己的力量解决了这一历史难题。改革开放30多年来，中国走完了西方发达国家几百年走过的发展历程，经济总量从世界第十位跃升到第二位，创造了举世瞩目的经济奇迹。与此同时，中国在增进民生福祉方面也创造了人类历史上的奇迹：7亿多贫困人口摆脱贫困，对全球减贫的贡献率超过70%，被国际社会誉为“人类历史上前所未有的伟大成就”；人均国民总收入从190美元连续翻番达到7 880美元，从低收入国家跨入中等偏上收入国家行列，13亿中国人民的生活水平实现了质的飞跃。党的十八届五中全会又确定了里程碑式的目标：到2020年我国现行标准下农村贫困人口实现脱贫，贫困县全部摘帽。届时，我国人均国民总收入将接近高收入国家水平。这意味着不远的将来，世界上生活在高收入经济体的人口将翻一番。对人类发展进步事业来说，这是前所未有的伟大事件！

自20世纪50年代以来，中国共向166个国家和国际组织提供了近4 000亿元人民币援助，派遣了60多万援助人员，支持和帮助发展中国家特别是最不发达国家减少贫困、改善民生。我国还积极参与联合国维和行动，自20世纪90年代以来，已累计派出3万多维和人员，是安理会常任理事国中派遣维和人员最多的国家。中国倡导“一带一路”和“亚投行”，为世界发展贡献了“中国智慧”和“中国方案”。中国在世界上做了那么多好事，但有时我们不善于甚至羞于讲中国的好、讲中国对别人的好，不像西方人总把“我爱你”挂在嘴边。要大大方方讲中国对世界的好，让世界知道中国已经为世界人权事业作出了什么贡献，还要作出什么贡献；要向世界充分说明，中国始终坚持走和平发展、共同发展、共赢发展道路；同世界各国分享发展经验和机遇；积极参与国际治理，主动承担国际责任，为推动实现各国人民的发展权与和平权作出不懈努力。

中国人权道义的人间正道是沧桑的。孙中山先生指出：“世界潮流，浩浩荡荡，顺之则昌，逆之则亡。”并强调要“内审中国之情势，外察世界之潮流，兼收众长，益以新创”。当今世界生存权和发展权的人权文明进步，需要各国政府和人民的共同努力。就发展权的创新意义而言，习近平关于“人类命运共同体”“人类利益共同体”“人类责任共同体”的中国人权发展新理念和新战略，不仅关注当代人的发展权，而且观照后代人的发展权，不仅关注中国人的发展权，而且观照世界发展权，深刻揭示了“共享发展”，更好造福各国人民的人权文明新本质和新趋势。中国倡导“亚投行”、“一带一路”和G20杭州峰会的“中国智慧”和“中国方案”，中国对接联合国2030年发展议程，力推世界可持续发展，无疑充分证明了中国对世界发展权的卓越新贡献，对于“坚持文化自信”、提升中国人权话语权的国际影响力、加快构建中国特色人权话语体系，具有十分重要的理论意义和实践价值。中国为“亚投行”提供基础设施的资金保障支持，有力推动了沿线成员“一带一路”的建设步伐。就发展权意义而言恰好提供了共享发展，更好造福各成员人民的人权文明新方案、新路径。

国际社会中的“山姆大叔”，向来自我标榜美式人权的“道义优势”。2016年3月16日，中国同俄罗斯一道在联合国安理会否决了涉叙利亚阿勒颇局势的决议草案。一时间，西方媒体给中国扣上“反人道”

的帽子，有人跳出来指责“中国不人道”，俨然一副“人道卫士”的样子。当前国内面对经济新常态“三期叠加”带给我国人权建设事业的新问题、新挑战，一些人对中国人权还不够自信，仍未完全摆脱“政治人权”“阶级人权”的“脱敏”问题，甚至个别别有用心的人利用夸大个别事件颠倒黑白，从根本上否认中国人权事业的巨大成就。习近平总书记一针见血地指出，当今世界，要说哪个政党、哪个国家、哪个民族能够自信的话，那中国共产党、中华人民共和国、中华民族是最有理由自信的。“实现人民充分享有人权是人类社会的共同奋斗目标。人权保障没有最好，只有更好。”①“人权保障全世界来讲，没有最好，只有更好，任何国家都要改进。在人权方面，最大发言权还是所在国的大多数人民。”②

三、新的人权逻辑构架

习近平指出：“紧密结合新的时代条件和实践要求，以全新的视野深化对共产党执政规律、社会主义建设规律、人类社会发展规律的认识，进行艰辛理论探索，取得重大理论创新成果，形成了新时代中国特色社会主义思想。”③习近平总书记系列重要讲话，形成了一个系统完整、逻辑严密的科学理论体系，是中国革命、建设和改革的历史逻辑、理论逻辑和实践逻辑的贯通结合，开辟了马克思主义发展新境界，谱写了中国特色社会主义事业新篇章。一个科学理论形态的文化自觉和文化自信，其实就是由不系统到系统、不全面到全面、不深刻到深刻的理论升华和梳理过程。一个理论体系形成的重要标志：一是系列基本范畴的

① 习近平．携手构建合作共赢新伙伴　同心打造人类命运共同体——在第七十届联合国大会一般性辩论时的讲话［N］．光明日报，2015-09-29.
② 习近平．习近平同英国首相卡梅伦举行会谈［N］．人民日报，2015-10-22.
③ 习近平．决胜全面建成小康社会　夺取新时代中国特色社会主义伟大胜利［N］．人民日报，2017-10-28.

基本形成和逻辑演进；二是系列“时代心声”的理论表达；三是系列基本内容的有机构成和逻辑展开。北京大学著名哲学大帅黄枬森教授说得非常透彻，他说：“思想体系是任何一门科学都不能缺少的东西，是任何学科建设都不能回避的问题，哲学也不例外。在人类科学史上，一门新科学的诞生至少需要具备三个条件：明确的对象、真实的内容和合理的思想体系。这三个条件是互相联系的。”[①]习近平新时代中国特色社会主义思想中的人权新思想、新观点、新论述，是马克思主义中国化的最新成果，形成了上述三个基本条件。

1.新的人权“六新框架”

习近平新时代中国特色社会主义思想中的人权创新框架，形成以新的人权思想导航、新的人权实践推进、新的人权面貌呈现、新的人权文化自信、新的人权责任担当、新的人权境界升华等一系列新观点、新论述、新思想为总体框架，全面系统阐明习近平新时代中国特色社会主义思想的人权科学内涵，彰显人权创新特征，提升人权创新发展的新境界。

“六新框架”具体内容：

一是新的人权思想导航。其一，“中国梦”的人权价值引领。其二，新发展理念的人权理性之光。其三，“三个只有”的人权辩证思维方法（在人权问题上，没有最好，只有更好；没有完成时，只有进行时；人权保障，没有最好，只有更好）。

二是新的人权实践推进。其一是“五全位一体”的人权创新实践，即经济建设的人权创新实践、政治建设的人权创新实践、文化建设的人权创新实践、社会建设的人权创新实践、生态文明建设的人权创新实践。其二是“四个全面”的人权创新实践，即全面建成小康社会的人权

① 黄枬森．创新马克思主义哲学体系——访北京大学教授黄枬森［N］．人民日报，2011-08-16.

布局、全面深化改革的人权布局、全面依法治国的人权布局、全面从严治党的人权布局。

三是新的人权面貌呈现。其一是“美丽中国”的生态文明权。其二是“健康中国”的生存发展权。其三是“法治中国”的人权保障。

四是新的人权文化自信。坚持道路、理论、制度和文化自信。讲好中国人权故事，传递好中国人权声音，构建好中国人权理论体系和话语体系。

五是新的人权责任担当。人类共同的奋斗目标，人类利益共同体，人类命运共同体。坚信“三个必胜”的人权历史规律：和平必胜的人权历史规律，正义必胜的人权历史规律，人民必胜的人权历史规律。

六是新的人权境界升华。人权制度的顶层设置与接地气相统一，本质是维护最广大人民群众的合法权益。坚持以人民为中心，“为了人民”“依靠人民”“造福人民”，以保障人民根本权益为出发点和落脚点，保证人民享有广泛的权利和自由。

2.新的人权创新特色

整体大于各部分之总和。实现中国化的马克思主义人权观的整体指导功能，是新的人权创新的一大特色。习近平新时代中国特色社会主义思想中的系列人权新思想、新观点，深刻揭示了马克思主义人权观、毛泽东人权思想和中国特色社会主义人权理论体系之间的内在逻辑联系，为确立总体性的中国化的马克思主义人权理论的指导地位，特别是习近平新时代中国特色社会主义思想中的人权思想在整个马克思主义人权理论中的指导地位提供坚实而科学的逻辑学理支撑，从而形成中国特色的人权话语体系，成为丰富和发展中国特色社会主义理论体系的新内容。

3.新的人权创新观点

新的人权创新观点的具体内容主要包括：“中国梦”的人权价值引领；两个一百年的人权目标；经济新常态的平等财产权；协商民主的平

等参与权；文化自觉自信的平等话语权；权利公平、机会公平、规则公平的平等社会权；形成完备的法律规范体系，推进人权保障制度化进程；形成严密的法治监督体系，强化对国家权力的制约和监督；形成有力的法治人权司法保障体系，努力让人民群众在每一个司法案件中感受到公平正义；腐败是对公民人权的严重侵害，反对腐败是对公民人权的公正维护；依法保障全体社会成员平等参与、平等发展的权利；坚持人权普遍性原则与中国具体国情相结合，走中国特色的发展道路；人权问题没有最好，只有更好；讲好中国人权故事，传递好中国人权声音，构建好中国人权话语体系；坚持国际人权交流互鉴的和平发展权；增强全社会尊重和保障人权意识，让人权成为人民的一种习惯和追求。这些系列人权新观点、新思想，构成新的人权理论体系的具体内容和创新亮点，是对马克思主义人权理论的重大创新发展，是中国化的马克思主义人权理论的最新成果。

第一章
新的人权理论基石

习近平新时代中国特色社会主义思想是对马克思列宁主义的继承和发展。新的人权理论不是空穴来风，而是有其坚实的理论基础。经典马克思主义人权观是新的人权理论基石，新的人权理论是对经典马克思主义人权观的重大创新发展。经典马克思主义人权观是“真理和道义制高点”的完美统一。然而，现实生活中提起经典马克思主义人权观，有些人就不那么自信。有的甚至认为马克思、恩格斯的人权理论“缺失断裂”“过时无用”。习近平同志指出：“无论时代如何变迁、科学如何进步，马克思主义依然显示科学思想的伟力，依然占据真理和道义的制高点。”经典马克思主义人权理论对未来社会“人道目标”即“充分人权实现”是迄今为止人类最美好的人权梦想。习近平新时代中国特色社会主义思想中的人权思想与经典马克思主义创始人的“人道目标”的构想具有内在本质联系，有着深厚的理论渊源。经典马克思主义人权观是中国化马克思主义人权的理论基石，习近平新时代中国特色社会主义思想的人权科学内涵是马克思主义人权观中国化的最新理论成果，丰富和发展了经典马克思主义人权观。

一、经典马克思主义人权观

经典马克思主义人权观是马克思、恩格斯在批判继承近代西方“天赋人权理论”基础上形成和创立的科学人权观，它是建立在无产阶级和一切被压迫民族反对阶级剥削和压迫，追求民族独立、自由和解放的基础之上的，依据本国国情，探索发展道路，独立自主地维护本国人民权利的科学人权观。

经典马克思主义人权观的形成和创立。马克思、恩格斯作为站在19世纪社会历史发展前沿俯视人类社会发展的科学巨人，不仅没有回避人权问题，而且在深入研究“天赋人权论”的基础上，科学深刻地表达了他们对人权问题的基本看法，明确了无产阶级在人权问题上应有的理论态度和实践目的，建立起了未来社会“充分人权实现”的科学人权观。马克思恩格斯精辟地指出：未来社会“每个人的自由发展是一切人的自由发展的条件”[①]。马克思把这种“自由平等的生产者的联合体”称为19世纪伟大经济运动所引向的“人道目标”或称“充分人权实现”的“崇高人权目标”[②]。恩格斯更明确地指出：“真正的自由和平等，即共产主义。”[③]也正是在这一意义上，马克思曾明确指出，共产党领导的无产阶级革命“只能求助人权”，并且在其起草的第一个国际临时章程引言中指出：“一个人有责任不仅为自己本人，而且为每一个履行自己的义务的人要求人权和公民权。”[④]现代文明社会的一个显著标志，就是人的自由全面发展表现为一系列体现自由创造的能动自觉，以及权利和义务的自觉享有和自觉遵守。

经典马克思主义人权观的形成。经典马克思主义人权观同他的整个思想理论体系一样，也是一个不断发展、与时俱进的成熟过程。在革命民主主义阶段，马克思主义人权观受到法国启蒙思想、德国黑格

① 马克思，恩格斯．马克思恩格斯选集：第1卷［M］．中共中央马克思恩格斯列宁斯大林著作编译局，译．北京：人民出版社，1995：273.

② 马克思，恩格斯．马克思恩格斯选集：第1卷［M］．中共中央马克思恩格斯列宁斯大林著作编译局，译．北京：人民出版社，1995：273.

③ 马克思，恩格斯．马克思恩格斯选集：第1卷［M］．中共中央马克思恩格斯列宁斯大林著作编译局，译．北京：人民出版社，1995：273.

④ 马克思，恩格斯．马克思恩格斯全集：第21卷［M］．中共中央马克思恩格斯列宁斯大林著作编译局，译．北京：人民出版社，2003：17 .

尔哲学和青年黑格尔派的影响，带有自然人权观的明显印迹；在从革命民主主义向历史唯物主义和辩证唯物主义转变的阶段，马克思开始抛弃极端个人体位的自然人权观，自觉树立起崭新的社会本位人权观；在唯物史观形成以后，马克思、恩格斯创立了未来社会“充分人权实现”的科学人权观。具体地、历史地考察不同阶段中马克思、恩格斯人权思想理论的主要内容和主要特征，不仅使我们清楚地看到它变化发展的脉络和线索，而且使我们更好地把握它的精神实质和深远意义。

(1)《莱茵报》时期：激进的人权自由本性与革命民主主义立场和客观唯心主义倾向

在这一时期，马克思对人权的看法还停留在传统的自然人权观的水平。其主要标志是立足于资产阶级的自由、民主和人权理论来分析问题，对旧制度下国家和法律的认识存在某些幻想，对人权的看法还没有摆脱资产阶级人权学说的缺陷。这种情况的出现，同他当时的革命民主主义立场和客观唯心主义倾向是分不开的。这时的人权思想内涵是：

一是强调来源于人的本性的自由是人的最基本权利，而人的本性自由又是由人的自然理性所决定的。任何人对自由的追求都是真实的，但由于人的不同，可以有自由和不自由的区别。自由即使有特权和普遍区别，也不存在着人的自由本性下的区别，因为“自由是全部精神存在的类的本质”[①]。也就是说，自由是整个人类共同的精神本质，任何人不管其阶级差异和利益差异，天性上都是追求自由平等的。自由是人的固有权利。

二是反对封建特权，竭力提倡平等的公民权利。马克思认为，封建等级和等级特权的存在，不仅否定了普遍的公民权利，而且造成了

① 马克思，恩格斯．马克思恩格斯全集：第1卷［M］．中共中央马克思恩格斯列宁斯大林著作编译局，译．北京：人民出版社，1972：67.

人的普遍自由的畸形，因而是应该坚决废除的。“公民不承认以任何特权形式存在的权利。”[①]以等级制为基础的莱茵省议会通过的林木盗窃法，实质上是为有产者占有幼树的权利而牺牲多数农民的合法权益。

三是突出国家和法律在保障公民人权方面的地位和作用，强调超阶级的理性国家和法治在维护公民权益方面的主导作用。马克思当时把国家表述为客观的社会关系，认为这种关系顺应了人类理性发展的历史要求。资本主义国家作为人类理性和普遍利益的绝对体现物，是可以维护和保障基本人权的。“它认为国家是一个庞大的机构，在这个机构里，必须实现法律的、伦理的、政治的自由。”[②]马克思还以法国革命的历史论证理性国家对人权的积极作用。“问一问法国革命以前的胡格诺教徒吧，他们并不是向宗教呼吁，因为他们的宗教不是国教；他们是向人权呼吁，而阐明这些权利的却是哲学——哲学所要求的国家是符合人性的国家。”[③]

四是呼吁让人民享有自由的出版权，是人民自我信任的体现。马克思猛烈批判了普鲁士的书报检查令，热情讴歌出版自由权，“自由的出版物是人民精神的慧眼，是人民自我信任的体现，是把个人同国家和整个世界联系起来的有声的纽带”。[④]人民有了这样的出版自由权，就可以推动和塑造理性的国家和社会，最终实现社会的全面进步。

总之，《莱茵报》时期马克思所持的人权思想的主要特征是：诉诸国家和法律以反对极端的私人利益；诉诸人的自由本性以反对普鲁

---

① 马克思，恩格斯．马克思恩格斯全集：第1卷［M］．中共中央马克思恩格斯列宁斯大林著作编译局，译．北京：人民出版社，1972：52.

② 马克思，恩格斯．马克思恩格斯全集：第1卷［M］．中共中央马克思恩格斯列宁斯大林著作编译局，译．北京：人民出版社，1972：129.

③ 马克思，恩格斯．马克思恩格斯全集：第1卷［M］．中共中央马克思恩格斯列宁斯大林著作编译局，译．北京：人民出版社，1972：126.

④ 马克思，恩格斯．马克思恩格斯全集：第1卷［M］．中共中央马克思恩格斯列宁斯大林著作编译局，译．北京：人民出版社，1972：74.

士的专制制度和暴政统治；诉诸人权中的人的自然理性以反对宗教国家；诉诸平等的公民权利以反对一切封建特权。这些特征：一方面充分显示出了马克思对普鲁士专制制度强烈的憎恶和不妥协的抗争精神以及他对广大贫困人民深切的同情和责任心，反映了他当时所持的激进民主主义的政治倾向；另一方面，其中不少地方也可以看出他受到唯心主义自然人权观与西方传统政治思潮中“天赋人权论”的深刻影响。

(2)《德法年鉴》时期：人权问题上的自我清算与自觉转变

马克思在1843年撰写的《黑格尔法哲学批判序言》，是对《莱茵报》时期所遇到的理论和现实的巨大矛盾的自我解答。在这一时期，马克思围绕着同人权密切关联的国家、法、私人利益、市民社会等问题进行了深入的研究，清算了自己在上述问题上存在的黑格尔客观唯心主义思想影响。《黑格尔法哲学批判》的理论成果在《德法年鉴》时期得到了充分的体现和发展。《论犹太人问题》等文章展现了马克思完全不同于《莱茵报》时期的人权观，把他的人权思想升华到了一个全新的理论高度。同《莱茵报》时期相比，《德法年鉴》时期马克思在人权问题上的认识已经实现了以下几个方面的自觉转变：

一是从诉诸先验的人去认识人权，转变为由现实社会本质来认识人的具体的权利行为。在《莱茵报》时期，马克思认为以极端的私人利益为取向的特权是反常规的、非理性的，是缺乏教化的反映，因此希望诉诸自由报刊，通过人民的理性的汇集和上升来对抗官僚和等级议会的种种非理性，以“哲学的世界化”和“世界的哲学化”来改造社会，实现普遍、公正的人权。在《德法年鉴》时期，马克思完全否定了上述看法。他指出，在现实生活中并没有普遍的绝对的理性存在，决定人的现实权利追求的是人的现实的社会本质，即私有制对人的异化，这种具有具体社会本质的人“永远是这一切社会组织的本质”[①]。由于资本主义私有制的存在，私有财产的物的规定性支配了人的一切权利行为，个人的权利追求完全是粗糙的、无灵魂的物质体现，是人应有的类本质的直接对立物。这时，不仅人权中的人——具体的权利主体由于异化而失去了普遍、平等、公正的人权追求时的一切人的主体性，而且，人权的具体权利内容也由于人的极端物质性的、私利的权利追求，失去了它原来应有的自由、平等、公正的真实性。因此，人权作为一种普遍权利，客观上只能在形式上存在。人权虽然使个人权利追求有了“自由”，但“这种意志的自由就在于这种意志的空虚，在于它除了私有财产外没有任何其他的内容”[②]。据此，马克思剖析了资本主义人权的阶级实质。因此，资产阶级宣布的人权，并非超阶级的平等权利，而是以私有财产为取向的市民社会个人的自然权利。“人权之作为人权是和droits du citcyen——公民权不同的。和citcyen［公民］不同的这个homme［人］究竟是什么呢？不是别人，就是市民社会的成员”[③]。所以，人权的存在本身是同市民自私的权利行为相适应的，它鼓励不同阶级的个人因财产占有的不同而导致的不平等的权利状态。“私有财产这项人权就是任意地、和别人无关地、不受社会束缚地使用和处理自己财产的权利”，“自由这一人权的实际应用就是私有财产这一人权”；“平等无非是上述自由的平等”；自由与尊严这一人权内涵则是“利己主义的保障”。

二是从诉诸国家理性以保障人权转变为否认国家是人权的中介。在《黑格尔法哲学批判》中，马克思批驳了黑格尔的国家理性观，指出把现存国家制度认定为理性的体现是主客观颠倒的唯心主义观念。通过对

① 马克思，恩格斯．马克思恩格斯全集：第1卷［M］．中共中央马克思恩格斯列宁斯大林著作编译局，译．北京：人民出版社，1972：293.

② 马克思，恩格斯．马克思恩格斯全集：第1卷［M］．中共中央马克思恩格斯列宁斯大林著作编译局，译．北京：人民出版社，1972：372.

③ 马克思，恩格斯．马克思恩格斯全集：第1卷［M］．中共中央马克思恩格斯列宁斯大林著作编译局，译．北京：人民出版社，1972：437.

国家和市民社会二元化的分析，马克思指出，现实国家只是彼岸世界的普遍物，它不是人民真正自由存在的制度寄托。国家现实生活中不存在着普遍权利和特殊权利可以统一的要求，人民还没有成为国家制度的根本原则。资本主义国家接受和发展了私有制，私有财产不仅成了国家的最高规定，也成了普遍的国家联系，国家的一切方面都表现出私有财产的性质，事实上取消了个人权利追求中的伦理和道德束缚。这时，“道德是非国家的，国家也是非道德的”[①]。个人的私有制所决定的社会本质和国家的私有制本质形成了统一。因此，国家不仅不能保障人与人之间平等、普遍的人权，反而成了纵容私人权利特殊性和不平等性的实体。资本主义国家不可能是人权的中介。

三是在增进和保障人权的途径上，从主张社会改良转向提倡彻底的社会革命。在《莱茵报》时期，马克思希望通过提高人民的理性和改造普鲁士宗教国家等社会改良措施来为广大劳动人民争取人权。到了《德法年鉴》时期，马克思已转而追求彻底的社会革命来实现真正的人权。

马克思、恩格斯指出，现存国家制度既然都是以私有财产为最高形式，那么就不存在以私有财产制为前提的理性国家目标，也不存在着不改变私有制就能给人民带来的自由和人权目标。因为国家政治生活的本质内容并不导源于国家这一普遍物的客观理念，而是取决于私有财产的个性活动。所以，国家不可能以普遍的、公正的姿态出现，在独立的政治行为中捍卫抽象于具体私有财产差别之上的“人”——整体的人的人权。马克思在尖锐地指出了资本主义国家中无产阶级无权的客观状况之后认为，以往一切资产阶级革命和所建立的资本主义国家并不能真正解决人的权利问题。犹太人希望诉诸人权来获得和基督徒平等的政治权利，其实并不能满足犹太人真正的权利要求。资产阶级革命虽然完成了

① 马克思，恩格斯．马克思恩格斯全集：第1卷［M］．中共中央马克思恩格斯列宁斯大林著作编译局，译．北京：人民出版社，1972：380.

市民社会的政治解放过程，使市民都获得了公民权利，但只不过是使人“从一切普遍内容的假想中获得解放”[①]。为了克服资产阶级革命的巨大局限性，真正实现人与人之间平等、和谐、自由的权利关系，马克思提出了人类解放的思想。在《〈黑格尔法哲学批判〉导言》中，马克思明确地把使人们获得真正人权的人类解放表述为一场共产主义革命的依据就在于“形成了一个被彻底的锁链束缚着的阶级”——无产阶级。他不是个别的无权，而是普遍的无权，本身表现为人权的完全丧失。所以无产阶级的解放不能通过点滴权利的争取来实现，只能通过人的全面发展才能得到真正平等的权利——完整的人权。无产阶级“不能求助于历史权利，只能求助于人权，它不是同德国国家制度的后果发生片面矛盾，而是同它的前提发生全面矛盾”[②]。

（3）《德意志意识形态》—《共产党宣言》时期：科学人权观的创立

这一时期是马克思、恩格斯崭新科学人权观创立时期。该时期的马克思主义人权观有以下两个特点：

一是从阶级分析的观点出发，深刻揭示了资本主义社会人权的阶级性。在《德法年鉴》时期，马克思虽然已经把人权同无产阶级特定的阶级状况联系在一起，但还没有发现两大阶级间不可调和的阶级斗争这一基本的社会历史发展规律；在从阶级角度看待资本主义人权问题时还带有比较浓厚的费尔巴哈人性主义色彩。在《德意志意识形态》—《共产党宣言》时期，马克思、恩格斯已扭转了这一理论倾向，科学阐述了阶级和人权之间的辩证关系。

在马克思、恩格斯看来，由于对现代阶级的划分起决定作用的不是财产的多寡、收入的多少或是职业的种类，而是经济活动的方式和

① 马克思，恩格斯．马克思恩格斯全集：第1卷［M］．中共中央马克思恩格斯列宁斯大林著作编译局，译．北京：人民出版社，1972：442．

② 马克思，恩格斯．马克思恩格斯全集：第1卷［M］．中共中央马克思恩格斯列宁斯大林著作编译局，译．北京：人民出版社，1972：466．

由它所决定的社会成员在社会经济结构中的地位。因此，由这种经济活动方式和经济地位的根本差异所形成的资产阶级和无产阶级的冲突和斗争，在现存的生产关系中具有不可调和的性质。正是由于在生产关系中的不同地位和不可调和矛盾，他们彼此所享有的权利本质上是不平等的。资产阶级在资本主义生产关系中处于主导地位，占有一切生产资料，无产阶级事实上不享有同资产阶级对等的平等和自由。资本家占有了一切生产资料，就无偿占有了工人的剩余劳动，直接从事生产的工人则没有决定自己劳动产品分配的权利。这种不平等的占有情况是两大阶级间没有平等人权可言的直接根源。资产阶级利用手中掌握的生产资料支配、奴役无产阶级，使无产阶级在经济和政治上都处于无权地位。

马克思、恩格斯指出，资本主义经济和政治权利是完全统一的，是资产阶级权利的两种不同表现。“无产者同政治统治当然毫无共同之点，因为政治统治直接属于财产。”①资本主义国家是资产阶级为了保卫自己的财产关系和生产方式而建立起来的。资本主义的国家权力说到底是资产阶级的政治权利。“这个阶级的由其财产状况产生的社会权力，每一次都在相应的国家形式中获得实践的观念的表现。”②标榜客观公正、中立的资本主义法律是否能够保障无产阶级的人权呢？马克思、恩格斯的回答同样是否定的。法律等“一切共同的规章都是以国家为中介的，都带有政治形式”。以为法律可以保障人权，同自由意志是法律的基础这样的认识一样，完全是一种“错觉”③。

马克思、恩格斯并不否认资本主义国家中确有“人权”，但这只是

---

① 马克思，恩格斯．马克思恩格斯选集：第1卷［M］．中共中央马克思恩格斯列宁斯大林著作编译局，译．北京：人民出版社，1995：170.

② 马克思，恩格斯．马克思恩格斯选集：第1卷［M］．中共中央马克思恩格斯列宁斯大林著作编译局，译．北京：人民出版社，1995：76.

③ 马克思，恩格斯．马克思恩格斯选集：第1卷［M］．中共中央马克思恩格斯列宁斯大林著作编译局，译．北京：人民出版社，1995：69.

统治阶级内部的人权。“如果国家等等中，个人自由只是对那些在统治阶级范围内发展的个人来说是存在的，他们之所以有个人自由，只是因为是这一阶级的个人。”[①]而对于被统治阶级来说，只有受削剥、受奴役的自由。“由于这种集体是一个阶级反对另一个阶级的联合，因此对于被支配的阶级来说，它不仅是完全虚幻的集体，而且是新桎梏。”[②]

二是从无产阶级历史使命的高度，科学回答了什么是真正的人权以及如何实现真正的人权。在《论犹太人问题》一文中，马克思指出犹太人即使获得和基督徒一样平等的政治权利，也并不能因此获得真正的人的权利。这是因为人权中残存着资产阶级革命的一切局限性，人通过人权获得的自由、平等仅仅是表象，人的真正的权利解放并没有完成。但当时马克思、恩格斯对于什么是人的真正的权利解放的理解还不太明确，他引用卢梭有关政治人的定义对人类解放作了一个宽泛的解释。在科学共产主义学说创立后，马克思、恩格斯对这一问题的认识进一步深化了，解决了真正人权实现的具体途径和内容这两方面的根本性问题。

马克思、恩格斯指出，工人阶级的解放和人权的真正实现，并不在于单纯的政治革命，而在于通过无产阶级彻底的社会革命，改变同不合理的阶级关系联系在一起的旧的所有制基础，并在仅公有制的条件下实现人的自由、平等的联合。为此，马克思、恩格斯指出：“要使被压迫阶级能够解放自己，就必须使既得的生产力和现存的社会关系不再继续并存。”[③]无产阶级要获得平等、自由的人权，必须通过革命改变不合理的所有制关系和阶级关系，从占有的不平等状态中解放出来，彻底推翻

① 马克思，恩格斯．马克思恩格斯选集：第1卷［M］．中共中央马克思恩格斯列宁斯大林著作编译局，译．北京：人民出版社，1995：69.

② 马克思，恩格斯．马克思恩格斯选集：第1卷［M］．中共中央马克思恩格斯列宁斯大林著作编译局，译．北京：人民出版社，1995：82.

③ 马克思，恩格斯．马克思恩格斯选集：第1卷［M］．中共中央马克思恩格斯列宁斯大林著作编译局，译．北京：人民出版社，1995：160.

维护私有制度。“无产者没有什么自己的东西必须加以保护，他们必须催毁至今保护和保障私有财产的一切。”[①]只有消灭了阶级和私有制，建立了以公有制为基础的共产主义社会，才是人权真正得以全面实现的社会。这时，“人终于成为自己的社会结合的主人”[②]。“代替那存在着各种阶级和阶级对立的资产阶级旧社会的，将是这样一个联合体，在那里，每个人的自由发展是一切人的自由发展的条件。”[③]这标志着马克思、恩格斯人权理论的创立。

(4)《资本论》时期：崭新人权观的深化发展与继承创新

在《资本论》的写作过程中，马克思、恩格斯通过对资本主义经济现象和经济规律的分析，彻底批判了资本主义人权的虚伪性，揭示了资产阶级人权同资本主义生产方式的有机联系，深刻地说明了资本主义商品经济和主导这种经济的生产方式必然要求人权和自由作出有利于资产阶级的法的规定。这标志着崭新人权观的深化发展与继承创新。

一是商品生产离不开资本，资本的内在属性要求形式上的平等和自由，从而用形式上的平等掩盖资本主义人权不平等的实质。不仅资本的占有和转换需要自由，资本流通过程中的形式变换和物质变换更需要自由。资本在其运动中必然要打碎一切对它自由运动的限制。“资本所打碎的界限，就是对资本的运动、发展和实现的限制。”[④]因此，人权赋予资本家以自由和不可剥夺的权利，是资本的客观要求。当资本进入生产领域时，更需要人权和自由来保障资本家对工人的剥削，这是资本家对工人剩余劳动的不平等占有。马克思、恩格斯一针见血地指出：“平等

① 马克思，恩格斯. 马克思恩格斯选集：第1卷［M］. 中共中央马克思恩格斯列宁斯大林著作编译局，译. 北京：人民出版社，1995：477.

② 马克思，恩格斯. 马克思恩格斯选集：第3卷［M］. 中共中央马克思恩格斯列宁斯大林著作编译局，译. 北京：人民出版社，1995：443.

③ 马克思，恩格斯. 马克思恩格斯选集：第1卷［M］. 中共中央马克思恩格斯列宁斯大林著作编译局，译. 北京：人民出版社，1995：273.

④ 马克思，恩格斯. 马克思恩格斯全集：第46卷（下）［M］. 中共中央马克思恩格斯列宁斯大林著作编译局，译. 北京：人民出版社，1972：158.

的剥削劳动力，是资本的首要人权。”[①]此外，资本作为一种社会生产关系，本身就是在资产阶级对自由和人权的个人权利的法的规定下形成的。在资本原始积累中，没落贵族、农民和小生产者的生活资料和地产就是在资产阶级的资本自由、产业自由的前提下先转化成货币，然后转化成资本的。资本主义发展史已经证明，资本作为生产关系正是在资产阶级利用人权对抗封建特权、利用自由对抗封建人身依附关系的过程中发展起来的。资本主义一旦发展起来以后，很快形成世界体系，自由贸易成为资本全球流通的客观要求。自由贸易使资本家更离不开人权，离不开人权赋予的财产权和安全保障权。与自由资本、自由生产和自由贸易相联系的，是资本主义的自由竞争。马克思、恩格斯批驳了那种把自由竞争看作个人拥有自由，是仅仅受自身利益制约的自由个性的错误看法。“在自由竞争的情况下，自由的并不是个人，而是资本。只要以资本为基础的生产还是发展社会生产力所必需的、因而是最适当的形式，在纯粹资本条件范围内的个人运动，就表现为个人的自由。”[②]

二是货币作为交换价值的一般等价物，必然要求取消一切商品的自然差别和商品占有者的社会差别，实现货币面前的一切经济要素的平等社会存在。这样，人权就表现为资本主义货币运动的必然要求。人权作为资本主义的政治和法律观念，随着资本主义货币制度的确立而确立，并由交换价值的资本主义运动决定。“流通中发展起来的交换价值过程，不但尊重自由和平等，而且自由和平等是它的产物；它是自由和平等的现实的基础。”[③]这种由交换价值运动过程所发展起来的自由、平等思想，是资本主义生产关系的本质特征之一。

---

① 马克思，恩格斯．马克思恩格斯全集：第23卷［M］．中共中央马克思恩格斯列宁斯大林著作编译局，译．北京：人民出版社，1972：324．

② 马克思，恩格斯．马克思恩格斯全集：第46卷（下）［M］．中共中央马克思恩格斯列宁斯大林著作编译局，译．北京：人民出版社，1972：159．

③ 马克思，恩格斯．马克思恩格斯全集：第46卷（下）［M］．中共中央马克思恩格斯列宁斯大林著作编译局，译．北京：人民出版社，1972：477．

三是与货币自由相联系的，是资本主义经济流通的自由。马克思、恩格斯指出，资本主义的商品流通领域同样是“人权和自由”的经济规定领域。在那里，“第一次出现了人的法律因素以及其中包含的自由的因素。”[①]流通的商品本身没有特权，它只是按劳动价值衡量的价值和使用价值。每个人都按自己选定的价值尺度自由地买和卖。所以，马克思、恩格斯指出：“如果说经济形式、交换，确立了主体之间的全面平等，那么内容，即促使人们去进行交换的个人材料和物质材料，则确立了自由。”[②]但马克思尖锐地指出，资本主义商品流通领域所确立的人与人之间的自由、平等同样是表面的、形式主义的。“商品表现为价格以及商品的流通等等，只是表面的过程，而在这一过程的背后，在深处进行的完全是不同的另一些过程，在这些过程中个人之间这种表面上的平等和自由就消失了。[③]

四是资本主义商品经济的一个根本性规定是劳动力成为商品。劳动力商品既是自由、人权的社会要求的经济结果，又是自由、人权的经济决定因素。马克思、恩格斯认为，资本主义时代的特点是工人有使自己的劳动力成为商品的自由。这一时代特点既是资本主义商品经济的本质要求，又是资本运行的必要条件。这种自由的存在，形成了资本主义的雇佣劳动制。雇佣劳动制既然是资本主义商品经济的基础，资产阶级为了维护自己的经济利益和资本主义生产方式，就必须在国家和社会生活中保障劳动力成为商品的自由。由于资本主义再生产同时又在不断生产着自己的生产关系，人权适应资本主义雇佣劳动制的基本内涵，就永远不会在资本主义国家中失去应有的地位和作用。现实的资本主义生产关

① 马克思，恩格斯．马克思恩格斯全集：第46卷（下）［M］．中共中央马克思恩格斯列宁斯大林著作编译局，译．北京：人民出版社，1972：195.

② 马克思，恩格斯．马克思恩格斯全集：第46卷（下）［M］．中共中央马克思恩格斯列宁斯大林著作编译局，译．北京：人民出版社，1972：197.

③ 马克思，恩格斯．马克思恩格斯全集：第46卷（下）［M］．中共中央马克思恩格斯列宁斯大林著作编译局，译．北京：人民出版社，1972：200.

系必然会自始自终地推动资本主义国家确立自由和人权原则。马克思、恩格斯深刻地指出，劳动力自由不是工人的真正自由，离开了商品交换领域，工人们就像“在市场上出卖了自己的皮一样，只有一个前途——让人家来鞣”[①]。

马克思晚年在他所著的《摩尔根〈古代社会〉一书摘要》中，对他所创立的科学共产主义学说能给人类权利问题带来公正解决的光明前景，充满了憧憬和希望。他指出，共产主义作为人类更高级的社会形态，“将是古代氏族的自由、平等和博爱的复活，但却是在更高级形式上的复活”[②]。马克思、恩格斯坚信，践踏人权的资本主义旧制度必将让位于真正保障和实现人权的共产主义新制度。恩格斯把马克思这一经典至理名言作为《哥达纲领批判》的结束语，充分显示出马克思恩格斯对“充分人权实现”的崇高目标的追求是何等相得益彰。

特别需要强调的是，虽然马克思在1883年3月14日与世长辞，但马克思主义人权理论并未因此止步，恩格斯作出了继承深化和发展的突出贡献。《资本论》中后期，恩格斯先后出版了《家庭、私有制和国家的起源》《路德维希·费尔巴哈和德国古典哲学的终结》《反杜林论》《哥达纲领批判》等专著，突出表现在从平等权利与平等义务的辩证思想方面对马克思人权观作出了新的补充、新的发展，特别是创造性地提出了“权利永远不能超出社会的经济结构以及由经济结构所制约的社会的文化发展”[③]的著名科学论断，这仍是指导我们今天观察分析人权问题的经典理论基石。

总而言之，马克思、恩格斯在《资本论》时期对资本主义生产方式

① 马克思，恩格斯．马克思恩格斯全集：第23卷［M］．中共中央马克思恩格斯列宁斯大林著作编译局，译．北京：人民出版社，1972：200．
② 马克思，恩格斯．马克思恩格斯选集：第3卷［M］．中共中央马克思恩格斯列宁斯大林著作编译局，译．北京：人民出版社，1995：126．
③ 马克思，恩格斯．马克思恩格斯选集：第3卷［M］．中共中央马克思恩格斯列宁斯大林著作编译局，译．北京：人民出版社，1995：145．

的各个具体要素的剖析，完成了对资本主义人权的科学辩证批判。一方面承认资本主义社会的经济关系中确有“公正、自由”的人权基本属性，另一方面又深刻阐明了这种自由和人权的虚伪性和内在矛盾。人权之所以适合于资本主义最基本的商品经济运动，是资本主义生产方式在社会关系中的客观反映。正是由于人权同资本主义生产方式具有普遍的本质联系，资本主义国家一般人权表现出普遍化和平等化趋势，这是资本主义生产方式历史和现实的双重要求。恩格斯指出，“从资产阶级社会的经济条件中这样地导出现代平等观念，首先是由马克思在《资本论》中作出的”[①]科学结论。这无疑充分说明《资本论》时期：崭新人权观的深化发展与继承创新，标志着马克思主义人权观最终形成了一个完整的科学理论体系。

二、经典马克思主义人权观的主要内容

马克思主义人权观的主要内容可以分为两部分：一部分是对资本主义状态下实然人权的批判；另一部分是对未来新社会应然人权的追求。马克思在对资产阶级人权彻底批判的前提下所形成的对共产主义人权的科学论证，为我们今天如何正确认识和对待人权问题提供了科学指南。虽然马克思、恩格斯一生并没有留下许多集中论述人权问题的专门著述，然而，由于马克思主义人权理论来源于整体的马克思主义理论，从历史和现实的双重高度把握了人权问题的本质和规律，形成和创立了完全不同于资产阶级人权学说的崭新的科学人权观，兼备了批判和建构两方面的独特本质和优势，因而马克思主义人权观具有强有力的理论系统和完整性。

---

① 马克思，恩格斯．马克思恩格斯选集：第3卷［M］．中共中央马克思恩格斯列宁斯大林著作编译局，译．北京：人民出版社，1995：145．

1.对资本主义实然人权的彻底批判

马克思、恩格斯在《德意志意识形态》中明确地指出："至于谈到权利，我们和其他许多人都曾强调指出了共产主义对政治权利、私人权利以及权利的最一般形式即人权所采取的反对立场。"[①]马克思、恩格斯之所以强调共产主义者要反对资产阶级人权，这同他们对资本主义人权的无情揭露和批驳的思维特性是分不开的。这主要集中在以下几个方面：

（1）资产阶级人权是一项异化的权利

马克思、恩格斯认为，由于资本主义私有制的作用，物质利益变成了个人存在的规定，变成了社会等级差别的标准，本来应该是普遍物的政治领域也变成了私人特殊权利追求的对象；片面的物质人脱离了人的整体内容，因而人的本性中应有的道德感、伦理精神和集体感等反而成为人的非本质的社会规定，于是人和人的权利便发生了异化。资本主义社会人的异化必然导致人权的异化。因为这时人权中的人不是具有普遍形式的公民，而是本质发生两重化分裂后的私人，他带有私人的全部物质社会属性和人的异化。这种私人的特点是"无教化、非社会的人，偶然存在的人，本来面目的人，被我们整个社会组织败坏了的人，失掉自身的人，自我排斥的人，被非人的关系和势力控制的人"[②]。这种私人权利追求，必然是"每个人不是把别人看作自己的实现，而是看作自己的限制"[③]。人权性质也"无非是市民社会的成员的权利，即脱离了人的本质和共同体的利己主义的权利"[④]。因此，人权割裂了社会作为一个共同体中人与人之间本应具备的本质联系，把人和社会连接起来的唯

① 马克思，恩格斯．马克思恩格斯全集：第3卷（下）[M]．中共中央马克思恩格斯列宁斯大林著作编译局，译．北京：人民出版社，1972：223．

② 马克思，恩格斯．马克思恩格斯全集：第1卷［M］．中共中央马克思恩格斯列宁斯大林著作编译局，译．北京：人民出版社，1972：434．

③ 马克思，恩格斯．马克思恩格斯全集：第1卷［M］．中共中央马克思恩格斯列宁斯大林著作编译局，译．北京：人民出版社，1972：438．

④ 马克思，恩格斯．马克思恩格斯全集：第1卷［M］．中共中央马克思恩格斯列宁斯大林著作编译局，译．北京：人民出版社，1972：437．

一纽带变成了“天然必然性”，纵容了市民社会利己主义的权利活动，加剧了人与人之间的敌对、孤立和相互排斥。为此，马克思、恩格斯指出：“任何一种所谓人权都没有超出利己主义的人，没有超出作为市民社会的成员的人，即作为封闭于自身、私人利益、私人任性、同时脱离社会整体的个体的人。”①

（2）资产阶级人权是资本主义国家的历史性权利

资产阶级在进行革命时，为了使自己成为革命的领导力量，不得不通过人权把本阶级的利益提升为各阶级的利益。但资产阶级革命所建立的资本主义国家并没有真正以人权为原则。它虽然着眼于市民社会同政治的分离，着眼于个人主义的解放，却是人的非本质存在的解放，是使人受私有财产的物的规定的解放。资本主义国家标榜人权，确实有“构成共同体、人民的普遍事务”的一面，却是“不受市民社会上述特殊因素影响而独立存在于观念中的东西”②。由于统治阶级利益的存在和资本主义私有制，有产者通过人权获得“解放了”的私人权利，但广大无产者并没有获得平等的人权。以普遍人权面目出现的公民权利只是人权的形式，因为公民（即“政治人”）只是“抽象的、人为的人，寓言的人，法人”③。

那么，为什么通过资产阶级革命建立的资本主义国家必然要实行的是这样一种人权呢？这是由资本主义国家的历史性质所决定的。人权也是资本主义国家的历史性权利。马克思、恩格斯指出：“封建社会已经瓦解，只剩下了自己的基础——人，但这是作为它的真正基础的人，即

① 马克思，恩格斯. 马克思恩格斯全集：第1卷［M］. 中共中央马克思恩格斯列宁斯大林著作编译局，译. 北京：人民出版社，1972：439.

② 马克思，恩格斯. 马克思恩格斯全集：第1卷［M］. 中共中央马克思恩格斯列宁斯大林著作编译局，译. 北京：人民出版社，1972：442.

③ 马克思，恩格斯. 马克思恩格斯全集：第2卷［M］. 中共中央马克思恩格斯列宁斯大林著作编译局，译. 北京：人民出版社，1972：145.

利己主义的人。”[①]资产阶级政治国家不经改造和批判全部接受了这些人，并把他们当作国家的基础和前提。国家通过人权承认这样的人，是表明资本主义国家基础和性质的客观要求。“现代国家既然是由于自身的发展而不得不挣脱旧的政治桎梏的市民社会的产物，那么，它就用宣布人权的办法从自己的方面来承认自己的出生地和自己的基础。”[②]人权使资本主义国家和它的人的自然基础牢固地结合起来。资本主义国家必然要通过人权来陈述自己这样的国家历程和出生地。正如古代奴隶制国家必须承认奴隶、保护奴隶主的利益才能成为奴隶制国家一样，现代国家只有承认人权、承认人权对市民社会的物质保护、承认私有制对人的异化，才能成为资本主义国家。正是在这个意义上，马克思、恩格斯指出：“现代国家承认人权同古代国家承认奴隶制是一个意思。”[③]人权是现代资本主义国家必然要表现其历史性质的国家权利。

（3）人权是资本主义国家中资产阶级的阶级特权

资本主义社会虽然取消了封建等级和封建特权，但两大阶级的对立和冲突不仅加深了社会关系的对抗性质，而且使一切社会不平等都带有了强烈的阶级压迫和阶级奴役的性质。占统治地位的资产阶级对无产阶级的奴役、剥削和压迫，是现代社会不平等的最主要形式。单纯增加工人工资、改善工人待遇的做法并不能使工人获得真正的人权。马克思、恩格斯指出：“不消灭一切奴役制，任何一种奴役制都不可能消灭。”[④]不推翻资产阶级的统治，无产阶级就不可能获得真正的人权。

虽然人权在某种程度上表现出资产阶级和无产阶级共同的权利意识

① 马克思，恩格斯．马克思恩格斯全集：第1卷［M］．中共中央马克思恩格斯列宁斯大林著作编译局，译．北京：人民出版社，1972：442.

② 马克思，恩格斯．马克思恩格斯全集：第2卷［M］．中共中央马克思恩格斯列宁斯大林著作编译局，译．北京：人民出版社，1972：145.

③ 马克思，恩格斯．马克思恩格斯全集：第2卷［M］．中共中央马克思恩格斯列宁斯大林著作编译局，译．北京：人民出版社，1972：145.

④ 马克思，恩格斯．马克思恩格斯全集：第1卷［M］．中共中央马克思恩格斯列宁斯大林著作编译局，译．北京：人民出版社，1972：467.

和权利需求，资本家要靠人权来保障私有财产和对无产阶级的剥削，工人要靠人权来保障相应的经济收益和改善生活、工作条件，但马克思、恩格斯认为，在存在着两大阶级对立和斗争的情况下，是没有平等人权可言的。在资本主义社会中，共同利益的最大代表是国家，人权是以国家的普遍利益和超阶级的姿态宣布和实施的，国家却是一种“虚幻的共同体”①，它是统治阶级手中用来进行阶级统治和阶级压迫的工具，是统治阶级实现其特殊的、利己的本阶级利益的暴力手段。“国家不外是资产者为了在国内外相互保障自己的财产和利益所必然要采取的一种组织形式。”②人权也不外是一项形式上的普遍、公正的权利，它的超阶级的外观并不能掩盖其阶级特权的实质。

(4) 在资本主义私有制的条件下，人们通过人权所享受的自由还只是“偶然性”的自由

马克思、恩格斯指出，资本主义私有制是资本主义生产关系的总和。在这种私有制状态下，劳动和分工是自发的。人的活动的产物“凝合为一种统治我们的，不受我们控制的，与我们的愿望背道而驰的，并且把我们的打算化为乌有的物质力量”③。人本身的活动就会一直成为“一种异己的，与他对立的力量”④。这时，个人利益与公共利益通常是对抗性的。由这样的人组成的国家和社会是“冒充的集体”或“虚幻的集体”⑤。集体的权力——国家权力是与人相分离的，“仍然在长时间内拥有一种表现为与个人隔离的虚幻共同体（国家、法）的传统权力”⑥。

① 马克思，恩格斯. 马克思恩格斯选集：第1卷［M］. 中共中央马克思恩格斯列宁斯大林著作编译局，译. 北京：人民出版社，1995：38.

② 马克思，恩格斯. 马克思恩格斯选集：第1卷［M］. 中共中央马克思恩格斯列宁斯大林著作编译局，译. 北京：人民出版社，1995：69.

③ 马克思，恩格斯. 马克思恩格斯选集：第1卷［M］. 中共中央马克思恩格斯列宁斯大林著作编译局，译. 北京：人民出版社，1995：38.

④ 马克思，恩格斯. 马克思恩格斯选集：第1卷［M］. 中共中央马克思恩格斯列宁斯大林著作编译局，译. 北京：人民出版社，1995：37.

⑤ 马克思，恩格斯. 马克思恩格斯选集：第1卷［M］. 中共中央马克思恩格斯列宁斯大林著作编译局，译. 北京：人民出版社，1995：82.

⑥ 马克思，恩格斯. 马克思恩格斯选集：第1卷［M］. 中共中央马克思恩格斯列宁斯大林著作编译局，译. 北京：人民出版社，1995：37.

同时，个人也成了偶然的个人，不仅每个人的发展是相互脱离的，而且其个性的表现也是偶然的。个人自由发展的条件都受到偶然支配，因为他们“是作为某种独立的东西同各个个人对立的。他们作为个人是分散的，是分工使他们有了一种不可避免的联合，而这种联合又因为他们的分散而成了一种对他们来说是异己的联合”①。这些制约着人们的自由与人权的偶然性，是由同生产力发展的一定水平相联系的交往形式和生产关系所决定的。

然而，生产力是最活跃、最革命的决定因素，它总是突破旧的交往形式，形成新的与它相适应的交往形式。但在物质生产不断提高，以至于突破旧的交往形式之前，由旧的交往形式所决定的种种偶然性总在束缚着人们的自由和人权，人们只能享受偶然性的自由和权利。这时的人还不是自觉自由的人，不是社会本质的人，还没有形成真正的人的联合。资本主义社会就是充满了这样的偶然性的社会，人还没有因为有了人权而享有真正的、必然的自由。马克思指出：“过去的联合只是一种关于这样一些条件的协定，在这些条件下，个人有可能利用偶然性为自己服务。”②资本主义人权正是这样一种“在一定条件”下的权利。“这种在一定条件下无阻碍地享用偶然性的权利，迄今一直被称为个人自由。”③

（5）人权不是天赋的、永恒的，它是随着资本主义生产方式的产生而产生，并随着资本主义生产方式的发展而发展的

马克思在《神圣家族》中明确指出：“黑格尔曾经说过，‘人权’不是天赋的，而是历史地产生的。而‘批判’关于人权是不可能说出什么

① 马克思，恩格斯．马克思恩格斯选集：第1卷［M］．中共中央马克思恩格斯列宁斯大林著作编译局，译．北京：人民出版社，1995：82．

② 马克思，恩格斯．马克思恩格斯选集：第1卷［M］．中共中央马克思恩格斯列宁斯大林著作编译局，译．北京：人民出版社，1995：80．

③ 马克思，恩格斯．马克思恩格斯选集：第1卷［M］．中共中央马克思恩格斯列宁斯大林著作编译局，译．北京：人民出版社，1995：83．

比黑格尔更有批判性言论的。”[①]西方传统人权观则把人权看成是天赋的，人与生俱来的权利。“天赋人权论”否定了一切出身、血缘、等级形成的封建特权，否定了神性高于人性的宗教禁锢，迎合了广大人民群众反封建的愿望和切身利益，因此成为资产阶级革命最响亮的口号。但在资产阶级掌握政权以后，人权越过了它原有的理论抽象，变成了资产阶级统治的工具和资本主义最具有欺骗性的意识形态。马克思、恩格斯指出，“资产阶级社会的真正代表是资产阶级，于是资产阶级开始了统治。人权已经不仅仅是一种理论了”[②]。

马克思、恩格斯揭示了资本主义生产方式和人权密不可分的内在联系。资本主义生产方式是不同于奴隶社会、封建社会的特有的经济形态，它所具备的雇佣劳动制、资本增值形式、交换价值、自由竞争等是近现代历史发展的产物。与之相联系的、作为其观念反映的人权，也就具有了自己独特的历史规定性和具体的历史发展过程。马克思、恩格斯指出，建立在交换价值基础上的“所有权、自由和平等的三位一体，不仅在理论上首先是由十七和十八世纪的意大利、英国和法国的经济学家们加以论述的，而且这种三位一体也只是在现代资产阶级社会中才能得到实现”[③]。

马克思、恩格斯不仅从对资本主义生产方式的科学考察中揭示了它同人权的本质联系，阐明了人权的资本主义的历史特征，而且从中深刻揭露了资产阶级人权普遍和平等的假象。即使自由体现得最充分的劳动力的买与卖，其实质也是无产阶级受剥削和资产阶级进行剥削的自由。“劳动力的买和卖是在流通领域或商品交换领域的界限以内进行的，这

---

① 马克思，恩格斯．马克思恩格斯全集：第2卷［M］．中共中央马克思恩格斯列宁斯大林著作编译局，译．北京：人民出版社，1972：146.

② 马克思，恩格斯．马克思恩格斯全集：第2卷［M］．中共中央马克思恩格斯列宁斯大林著作编译局，译．北京：人民出版社，1972：157.

③ 马克思，恩格斯．马克思恩格斯全集：第46卷（下）［M］．中共中央马克思恩格斯列宁斯大林著作编译局，译．北京：人民出版社，1972：477.

个领域确实是天赋人权的真正乐园。”[①]但在这个领域中进行的是完全不平等的权利和义务的交换。马克思、恩格斯指出：“所有权在资本方面就辩证地转化为对他人产品的权利，或者说转化为对他人劳动的所有权，转化为不支付等价物便占有他人劳动的权利，而在劳动能力方面则辩证地转化为必须把本身的劳动或把它本身的产品看作他人财产的义务。”[②]所有权只有以自己的劳动力为基础，才是真正正义的、合理的，“现在所有权表现为占有他人劳动的权利，表现为劳动者不能占有自己的产品”[③]。

由于资本主义人权具有种种明显的虚伪性和欺骗性，马克思、恩格斯在其一生的革命理论和实践中都对其作了坚决的批判和反对。马克思、恩格斯明确指出，在科学共产主义产生以后，还用关于正义、自由、平等和博爱的现代神话来代替它的唯物主义基础，只能是“愚蠢的、无聊的和根本反动的”[④]。

2.对未来新社会“充分人权实现”的科学论证

在彻底批判资产阶级人权的基础上，马克思、恩格斯认为，只有通过革命的共产主义运动建立共产主义社会，实现社会的全面进步和人的全面发展，才是解决人的基本权利问题的唯一正确出路。共产主义社会是全面实现人的自由、平等的权利关系的社会。“充分人权”的真正实现，只有到了共产主义社会才能全面完成，这也正是共产主义的基本特征。马克思、恩格斯的这一伟大思想，不仅是他们全部理论的科学构想，也是他们全部实践目标的崇高追求。

---

①　马克思，恩格斯．马克思恩格斯全集：第23卷［M］．中共中央马克思恩格斯列宁斯大林著作编译局，译．北京：人民出版社，1972：199.

②　马克思，恩格斯．马克思恩格斯全集：第46卷（上）［M］．中共中央马克思恩格斯列宁斯大林著作编译局，译．北京：人民出版社，1972：455.

③　马克思，恩格斯．马克思恩格斯全集：第46卷（上）［M］．中共中央马克思恩格斯列宁斯大林著作编译局，译．北京：人民出版社，1972：455.

④　马克思，恩格斯．马克思恩格斯选集：第4卷［M］．中共中央马克思恩格斯列宁斯大林著作编译局，译．北京：人民出版社，1995：418.

（1）共产主义社会消灭了阶级和阶级压迫，这样就消除了人类最大的奴役和不平等现象

“工人阶级解放的条件是要消灭一切阶级，正如第三等级即资产阶级解放的条件就是消灭一切等级一样。”[①]在共产主义社会，由于消灭了阶级，现代资产阶级政治国家中的人权保障，如阶级统治、阶级意识、阶级利益的对立和阶级对抗都不存在了。在失去了阶级枷锁以后，人权中的人才是没有任何集团差别、没有占有性质上支配和被支配的差别、真正以人的统一的社会本质表现其社会存在的人。在这样一个社会中，一切阶级压迫和阶级对抗将被铲除。“在那里，每个人的自由发展是一切人的自由发展的条件。”[②]

（2）共产主义社会彻底消灭了私有制，实行了由全体社会成员共同使用、占有和支配生产资料的共产主义公有制

它的生产方式的基本特点是“推翻了一切旧的生产关系和交往关系的基础，并且破天荒第一次自觉地把一切自发产生的前提看作是先前世世代代的创造，消除这些前提的自发性，使它们受联合起来的个人支配”[③]。这时，任何人都不能利用不平等的财产占有去奴役、压迫和剥削他人。自由联合的人代替了原来彼此对抗的人，自觉自愿的人类劳动代替了异化劳动，劳动生产成了人们的第一需要，所有的生产资料和产品都归全社会的人支配和使用，人们之间已经没有了因占有的不同和在经济结构中所处的位置不同而造成的地位差别，从根本上消除了人们之间由于占有和经济地位不同形成的利益冲突。“共产主义并不剥夺任何人占有社会产品的权力，它只剥夺利用这种占有去奴役他人劳动的权

① 马克思，恩格斯. 马克思恩格斯选集：第1卷［M］. 中共中央马克思恩格斯列宁斯大林著作编译局，译. 北京：人民出版社，1995：160.

② 马克思，恩格斯. 马克思恩格斯选集：第1卷［M］. 中共中央马克思恩格斯列宁斯大林著作编译局，译. 北京：人民出版社，1995：273.

③ 马克思，恩格斯. 马克思恩格斯选集：第1卷［M］. 中共中央马克思恩格斯列宁斯大林著作编译局，译. 北京：人民出版社，1995：77.

力。”[①]在资本主义社会中，这种占有的不平等性质造成了产生一切奴役现象的不合理的社会关系。而共产主义公有制的建立，将消灭这种不平等、不合理的社会关系，使人权的实现获得平等的社会关系的根本保障。

（3）共产主义社会作为人类真正解放了的社会，是全面克服了异化的社会，是充分实现了人权的社会

共产主义运动一方面通过无产阶级革命和无产阶级专政，改变原有私有制基础上不合理的社会关系，建立同公有制和人民民主相联系的公正、自由、和谐的社会关系；另一方面则通过对全社会的共产主义改造，使他们去除一切私有制异化了的旧思想、旧观念，造就一代又一代共产主义新人。“推翻统治阶级的那个阶级，只有在革命中才能抛掉自己身上的一切陈旧的肮脏东西，才能成为社会的新基础。”[②]因此，到了共产主义社会，人权中的“人”不仅消除了阶级差别，也消除了人内在的个人权利追求中自私自利的利己主义差别。这时，人才是体现其真正社会本质的人，个人利益和全体人的共同利益再也不是分离的、对抗的，而是完全合一的。马克思、恩格斯曾经充满自信地预言：“共产主义是私有财产即人的自我异化的积极扬弃，因而也是通过人并且为了人而对人的本质的真正占有；因此，它是人向自身、向社会的即合乎人的本质的复归。”[③]这时的人，才是人权真正的权利主体，才是同人权中平等、自由、公正的权利内涵相统一的人。

（4）未来的共产主义社会是生产力高度发达、社会产品极为丰富的社会，人权的实现获得了物质保障，人能够真正获得物质自由

马克思、恩格斯在《资本论》第3卷的结尾部分谈到共产主义社会

① 马克思，恩格斯．马克思恩格斯选集：第1卷［M］．中共中央马克思恩格斯列宁斯大林著作编译局，译．北京：人民出版社，1995：267.

② 马克思，恩格斯．马克思恩格斯选集：第1卷［M］．中共中央马克思恩格斯列宁斯大林著作编译局，译．北京：人民出版社，1995：77.

③ 马克思．1844年经济学-哲学手稿［M］．中共中央马克思恩格斯列宁斯大林著作编译局，译．北京：人民出版社，1979：55.

中的自由和平等问题时指出，那时，“社会化的人，联合起来的生产者，将合理地调节他们和自然之间的物质变换，把它置于他们的共同控制之下，而不让它作为盲目的力量来统治自己；靠消耗最小的力量，在最无愧于和最适合于他们的人类本性的条件下进行这样的物质变换。但不管怎样，这个领域始终是一个必然王国。”[①]马克思、恩格斯的论述概括了两层意思：一是社会成员要真正联合起来，从人的本质和社会性进行劳动和展开社会关系；二是在这类关系中实现适合于人的本性的物质交换，即社会产品的分配。合理的分配原则是社会公平与人的自由、平等关系的重要基础，人权的真正实现离不开公正的分配原则的建立。正如资产阶级人权的虚伪性所表明的那样，没有合理的分配原则，人的权利上的平等和自由以及任何政治民主都只是空洞的形式。

马克思、恩格斯指出，只有到了共产主义社会，在生产力高度发达、物质产品极大丰富的基础上所实现的“各尽所能、按劳分配”的原则，才能够克服人的权利平等的局限，也才能克服劳动者之间因体能、智力、赡养人口等方面实际存在的不平等。在这样的分配原则之下，“劳动已经不仅仅是谋生的手段，而且本身成了生活的第一需要”。[②]这时，人们所取得的任何普遍权利，已不再是“资产阶级法权”性质的权利，并能最终摆脱一切物质羁绊，获得真正的、全面的自由和平等。正如马克思、恩格斯所指出的，自由王国“按照事物的本性来说，它存在于真正物质生产领域的彼岸”[③]。

马克思、恩格斯有关共产主义社会是人类彻底解放的学说，回答了

① 马克思，恩格斯．马克思恩格斯全集：第25卷［M］．中共中央马克思恩格斯列宁斯大林著作编译局，译．北京：人民出版社，1979：926-927．
② 马克思，恩格斯．马克思恩格斯全集：第19卷［M］．中共中央马克思恩格斯列宁斯大林著作编译局，译．北京：人民出版社，1979：23．
③ 马克思，恩格斯．马克思恩格斯全集：第25卷［M］．中共中央马克思恩格斯列宁斯大林著作编译局，译．北京：人民出版社，1979：926．

实现人权的根本出路问题，也是解决人权问题的最终归宿。由于共产主义对人权的完全、彻底的实现是建立在彻底消灭阶级和阶级差别、个人的全面发展和新型社会关系的基础上的，因而将是一种更为高级的社会形态的产物。共产主义人权克服了今天世界各国普遍实行的、以国家政治民主化和法治为媒介的人权保障和发展模式中的种种局限，以彻底改善人权的社会环境和权利主体——人的自身条件为着眼点，符合社会历史发展的客观规律，因而是人权的最高层次的实现。

马克思、恩格斯一生的理论创新与实践活动都献给了人类进步和解放事业。如何使无产阶级获得真正的解放，人的权利问题如何能得到公正、自由和平等的解决，是马克思、恩格斯一生孜孜不倦的追求。马克思晚年在他所著的《摩尔根〈古代社会〉》一书的摘要中，对他所创立的科学共产主义学说能给人类权利问题带来公正解决的光明前景，充满了憧憬和希望。他指出，共产主义作为人类更高级的社会形态“将是古代氏族的自由、平等和博爱的复活，但却是在更高形式上的复活”。因为在古代氏族社会，“全体成员都是人身自由的人，都有相互保卫自由的义务，在特有权利和个人权利方面一律平等”①。马克思、恩格斯坚信，践踏人权的资本主义旧制度必将让位于真正保障和实现人权的共产主义新制度。

马克思、恩格斯十分精辟地指出，在未来社会，“每个人的自由发展是一切人的自由发展的条件”②。马克思把这种“自由平等的生产者的联合体”③称为19世纪伟大经济运动所引向的“人道目标”或称“充分人权实现”的“崇高人权目标”。恩格斯更明确地指出，“真正的自由

① 马克思，恩格斯．马克思恩格斯全集：第45卷［M］．中共中央马克思恩格斯列宁斯大林著作编译局，译．北京：人民出版社，1979：416.

② 马克思，恩格斯．马克思恩格斯选集：第1卷［M］．中共中央马克思恩格斯列宁斯大林著作编译局，译．北京：人民出版社，1995：273.

③ 马克思，恩格斯．马克思恩格斯选集：第1卷［M］．中共中央马克思恩格斯列宁斯大林著作编译局，译．北京：人民出版社，1995：273.

和平等，即共产主义”。也正是在这一意义上，马克思曾明确指出，共产党领导的无产阶级革命，“只能求助人权”①，并且在其起草的第一个国际临时章程引言中指出：“一个人有责任不仅为自己本人，而且为每一个履行自己的义务的人要求人权和公民权。”②现代文明社会的一个显著标志，就是人的自由全面发展表现为一系列体现自由创造的能动自觉，以及权利和义务的自觉享有和自觉遵守。马克思主义人权观的崇高目标追求，从根本上突破了西方传统人权观片面的、狭隘的眼界，极大地丰富和推进了人们对人权的科学认识，是人类人权历史上的伟大变革，实现了权利人民论和社会论的有机统一，不仅为世界无产阶级和广大劳动人民争得合法权益提供了强大的思想武器，而且为人类“充分人权实现”的崇高目标指明了前进方向，也为我们实现“两个一百年”奋斗目标的“中国梦”和中华民族伟大复兴指明了前进方向。

三、经典马克思主义人权观的基本观点

基本观点是人们对事物本质规律性的认识和看法。马克思主义人权观的基本观点，就是关于人权问题的规律性认识和看法，也即对人权问题规律性认识和看法的系统化、理论化。马克思主义人权观是马克思主义科学共产主义学说在人权领域的必然发展，是世界无产阶级和广大劳动人民人权理论与实践的强大思想武器，是中国人权理论与实践的根本指导思想和理论基石。在当今的国际政治风云中，人权不仅是各种不同的学术主张、文化派别之争，更多的是不同国家意识形态、价值观念和国家利益之争。在这样的时刻，我们只有坚持马克思主义人权观的立

① 马克思，恩格斯. 马克思恩格斯选集：第1卷［M］. 中共中央马克思恩格斯列宁斯大林著作编译局，译. 北京：人民出版社，1995：273.

② 马克思，恩格斯. 马克思恩格斯全集：第21卷［M］. 中共中央马克思恩格斯列宁斯大林著作编译局，译. 北京：人民出版社，2003：17.

场、观点和方法，才能在国际人权领域显示出马克思主义人权观的时代价值和伟大意义，才能维护中国人民和全世界进步人类的根本利益，促进真正的人权在我国和全世界得到更好、更快和更普遍的实现和发展。马克思主义人权观的基本观点主要体现在以下几个方面：

1. 人权不是天赋的、自然生成的，而是社会历史条件的产物

西方人权理论的一个最基本观点，就是认为人权是天赋的，是与生俱来的或自然生成的。“天赋人权论”的提出，远的可溯源于古希腊、罗马的自然法和自然权利思想，近的则可以追溯到15世纪、16世纪欧洲文艺复兴运动。意大利著名诗人和思想家但丁，在他的《论世界帝国》一书中第一次明确提出了欧洲近代意义的人权概念。他说，“人权是帝国大厦的基石”，在真正的理想国中“不能做任何违反人权的行为”。后经格劳秀斯、斯宾诺莎和洛克、潘恩、卢梭等人不断丰富，形成了比较系统的“天赋人权”思想。美国的《独立宣言》和法国《人权和公民权利宣言》则进一步将其上升为资产阶级的政治纲领。应当说，这一思想的提出，对于人们摆脱中世纪神权的思想禁锢与统治、彻底打碎封建特权枷锁、建立资本主义制度都产生了积极而深远的影响。它既敲响了欧洲封建社会的丧钟，又喊出了资产阶级革命的心声。但是，它又有着无法克服的历史局限性。

马克思主义人权观在充分肯定近代资产阶级“天赋人权”说和“自然权利”说所起到的历史推动作用的同时，认为人权既不是天赋的，也不是与生俱来或自然生成的，而是社会历史的产物，是社会一定生产方式的产物，是社会一定经济关系在制度上、政治上、法律上的表现。人权的内容也不是固定不变的，而是随着社会、经济、政治、文化的发展不断丰富的。正如马克思、恩格斯所指出的：“权利绝不能超出社会的

经济结构以及由经济结构所制约的社会的文化发展。”[①]“‘人权’不是天赋的，而是历史产生的。”[②]“创造这种权利的，是生产关系，一旦生产关系达到必须改变外壳的程度，这种权利和一切以它为依据的交易的物质源泉，即一种有经济上和历史上存在理由的，从社会生活的生产过程产生的源泉，就会消失。”不仅人权如此，而且人们关于人权的观念，也是根植于社会经济结构及其所制约的社会文化发展中的。“平等的观念，无论以资产阶级的形式出现，还是以无产阶级的形式出现，本身都是一种历史的产物。这一观念的形成，需要一定的历史关系，而这种历史关系本身又以长期的、以往的历史为前提。”[③]

全部人类人权理论的发展史无疑表明：人权从一种口号发展为资产阶级政治纲领，从个别领域发展到许多领域，从资本主义社会发展到中国特色社会主义的今天，从少数欧洲国家发展到世界各国，都雄辩地证明了马克思主义人权观关于人权的社会历史性理论的正确性，都充分证明了资产阶级人权观的超历史性的荒谬性。

2.人权不是抽象的、超阶级的，而是具体的、有阶级性的

西方人权观的又一基本观点，就是将人权描述为抽象的、超阶级的。他们用抽象的“人”代替了具体的、阶级的人；用权利的“普遍性”“共同性”代替了权利的特殊性和阶级性；用权利的“无国界性”代替了人权的国家主权性。而马克思主义人权观则认为，人是生活在社会中的人，人与人之间的关系是社会关系的构成部分。人权也是一个社会的范畴，因而也是具体的，具有社会性的。在阶级社会中，这种社会性首先表现为一定的阶级性，每个人都是隶属于一定阶级的，不存在超

① 马克思，恩格斯．马克思恩格斯选集：第3卷［M］．中共中央马克思恩格斯列宁斯大林著作编译局，译．北京：人民出版社，1972：305.

② 马克思，恩格斯．马克思恩格斯全集：第2卷［M］．中共中央马克思恩格斯列宁斯大林著作编译局，译．北京：人民出版社，1956：147.

③ 马克思，恩格斯．马克思恩格斯选集：第3卷［M］．中共中央马克思恩格斯列宁斯大林著作编译局，译．北京：人民出版社，1972：147.

阶级的人，因而也不存在什么超阶级的人权。正如马克思、恩格斯所指出的：“在历史上的大多数国家中，公民的权利是按照财产状况分级规定的。”[①]资产阶级思想家所谈论的人权“无非是公民社会的成员的权利”，在资本主义社会中，“自由这一人权的实际应用就是私有财产这一人权。——私有财产这项人权就是任意地、和别人无关地、不受社会束缚地使用和处理自己财产的权利；这项权利就是自私自利的权利”[②]。因此，无论是从人权的历史发展和现实状况来说，还是从人权的内容和实质来说，人权都是具体的，有鲜明阶级性的。正如江泽民同志精辟地指出：“民主和人权都是具体的、相对的，而不是抽象的、绝对的，都是与各国国情密切相关的。”[③]

正因为人权是具有阶级性的，所以一方面，一定阶级享有的权利总是与该阶级所掌握的权力相对应的。哪个阶级掌握着国家权力，哪个阶级的人权就能得到实现和保障。对此，毛泽东同志曾经有过精辟的论述，他说：“世界上只有具体的自由、具体的民主，没有抽象的自由、抽象的民主。在阶级斗争的社会里，有了剥削阶级剥削劳动人民的自由，就没有劳动人民不受剥削的自由。有了资产阶级的民主，就没有无产阶级和劳动人民的民主。”[④]另一方面，一定阶级所享有的权利总是同该阶级的利益紧密相连的，总是服务于该阶级的政治统治的。资产阶级提倡人权的立足点是为资本主义的发展扫清障碍，并最终达到资产阶级自身享有充分的特权。无产阶级争取人权则是着眼于人的彻底解放，消除一切不平等制度，使广大劳动人民最终获得完全自由、全面的发展。因此，无产阶级只有彻底推翻一切剥削制度，消灭剥削，消除两极分

① 马克思，恩格斯. 马克思恩格斯选集：第4卷［M］. 中共中央马克思恩格斯列宁斯大林著作编译局，译. 北京：人民出版社，1995：173.

② 马克思，恩格斯. 马克思恩格斯全集：第1卷［M］. 中共中央马克思恩格斯列宁斯大林著作编译局，译. 北京：人民出版社，1956：437-438.

③ 江泽民. 江主席畅谈中日关系和国内外大事［N］. 人民日报，1993-08-09.

④ 毛泽东. 毛泽东文集：第7卷［M］. 北京：人民出版社，1999：208-209.

化，才能最终为自己争得真正平等的权利。

西方人权观之所以根本否认人权的阶级性、具体性，将人权说成是普遍抽象的、超阶级的，其根本目的主要有两个：一是力图将现存的资本主义社会中的人权普遍化、永恒化、绝对化，以便他们打着“人权无国界”“人权高于主权”“新人道主义干涉”的招牌干涉别国内政，为推行霸权主义和强权政治服务。二是力图证明产生于资本主义生产方式的权利关系是普遍的、永恒合理的，因而也应该永久存在下去，从而否定对这一生产方式的革命和替代，从而从根本上否定马克思主义人权观对资本主义人权观的否定和替代。

3.人权并非是空洞的政治权利，而首先是生存权和发展权

西方人权观离开人权的历史、社会、经济、文化等条件的制约因素，尤其是离开首要的生存权和发展权以及国家独立主权这个根本前提，大谈空谈公民的政治权利。其实，无论人们的认识差异有多大，在一切人权中，尤其是广大发展中国家的人权中，生存权和发展权是首要的基本人权。“中国有13亿多人口，是世界上最大的发展中国家。发展是中国共产党执政兴国的第一要务，是解决中国所有问题的关键。中国立足自身基本国情，坚持走中国特色社会主义道路，坚持发展是硬道理，坚持将人权的普遍性原则与本国实际相结合，既努力通过发展增进人民福祉，实现人民的发展权，又努力通过保障人民的发展权，实现更高水平的发展。中华人民共和国取得了举世瞩目的巨大成就，开创了人类文明发展史上人权保障的新道路。”①

马克思主义人权观关于人权首先是生存权和发展权的原则立场，是建立在唯物史观基础之上的。唯物史观认为，整个社会生活，包括政治生活、精神生活，均是受物质生活资料的生产方式所制约的。人们必须

① 中华人民共和国国务院新闻办公室.《发展权：中国的理念、实践与贡献》白皮书.2016-12-01.

首先解决好吃、喝、住、穿的问题，然后才能从事政治、科学、艺术、哲学、宗教等活动。对此，马克思、恩格斯在《德意志意识形态》中明确指出："我们首先应当确定一切人类生存的第一个前提也就是一切历史的第一个前提，这个前提就是：人们为了能够'创造历史'，必须能够生活。但为了生活，首先就需要衣、食、住以及其他东西。因此第一个历史活动就是生产满足这些需要的资料，即生产物质生活本身。"[①]从人权理论来看，公民只有获得生存权并且是有可靠保障的生存，才具有现实条件来有效行使其他政治权利、经济权利、社会权利和文化权利等，这是不证自明的道理。然而，西方的人权思想却常常在片面强调个人自由，特别是公民政治自由的同时，无视包括每个个人在内的人民群众的生存权和发展权，其逻辑显然是违背常理的。

马克思主义人权观之所以强调人权首先是生存权和发展权，是因为对于占世界人口大多数的广大发展中国家来说，生存和发展是所面临的最根本问题，也是最迫切和最现实的人权问题。一方面，这是由这些国家的历史和社会制度造成的。在许多发展中国家内部，存在着阶级、民族、宗教等各种社会矛盾，这些矛盾往往导致社会不安、对抗甚至战争，使千百万人随时面临失业、破产和饥饿的威胁，使许多人流离失所、家破人亡。另一方面，这也是由于西方发达国家推行霸权主义和强权政治，在经济上利用南北发展不平衡而获取超额利润，使广大发展中国家的债务总额在1990年就达到了1.3万亿美元的天文数字，从而导致大多数发展中国家经济完全失去活力，人民的温饱问题远远得不到解决，很多人面临着死亡的威胁。联合国人权中心1993年的一份报告说："全世界有14亿人生活在绝对贫困之中，另有10亿人在贫困线上挣扎。他们的所有经济权利都被剥夺了。"报告指出，"世界上至少一半人

① 马克思，恩格斯．马克思恩格斯选集：第1卷［M］．中共中央马克思恩格斯列宁斯大林著作编译局，译．北京：人民出版社，1995：78-79．

口被剥夺了基本人权”。在这些国家不首先解决好生存权问题，又何谈保障其他人权呢？发展权是和生存权紧密联系在一起的，是生存权的延伸。只有实现发展权，生存权的实现才能获得持续的、可靠的保障。没有政治、经济、文化、教育等各项事业的发展，任何国家都不可能从根本上解决人民的生存问题。这同样是人所共知的道理。而“中国的减贫行动是中国人权事业进步的最显著标志。改革开放30多年来，7亿多贫困人口摆脱贫困，农村贫困人口减少到2015年的5 575万人，贫困发生率下降到5.7%，基础设施明显改善，基本公共服务保障水平持续提高，扶贫机制创新迈出重大步伐，有力促进了贫困人口基本权利的实现，为全面建成小康社会打下了坚实基础。联合国《2015年千年发展目标报告》显示，中国极端贫困人口比例从1990年的61%，下降到2002年的30%以下，率先实现比例减半，2014年又下降到4.2%，中国对全球减贫的贡献率超过70%。中国成为世界上减贫人口最多的国家，也是世界上率先完成联合国千年发展目标的国家，为全球减贫事业作出了重大贡献，得到了国际社会的广泛赞誉。这个成就，足以载入人类社会发展史册，也足以向世界证明中国共产党领导和中国特色社会主义制度的优越性”①。可西方一些别有用心的人极力反对将生存权和发展权列为最基本的人权，他们声称，生存权不属于人权的范畴，而只是“兽权”，发展权只是目标和手段，也不能称为基本人权。其观点是十分荒谬的。

4.人权并不仅仅是个体人权，而是个体人权与集体人权的统一

在人的社会关系中研究人权问题是马克思主义人权观的又一基本立足点。马克思主义人权观认为，人是社会关系的产物，人权也是具有社会性的。每个人都是社会关系中的一员，自然界并不能直接赋予人一种

① 中华人民共和国国务院新闻办公室.《中国的减贫行动与人权进步》白皮书. 2016-12-17.

特定的社会地位。马克思在剖析“天赋人权”论时指出：“出生只是赋予人以个人的存在，首先只是赋予他以生命，使他成为自然的个人；而国家的规定，如立法权等等，则是社会产物。”[①]人权在各国法律中都有一定的规定和限制，但是这些权利都是和相应的义务紧密联系在一起的，既“没有无义务的权利，也没有无权利的义务”[②]。

人权，从其主体看，马克思主义认为，它是个人权利与集体权利的统一。这种统一，首先表现为集体人权是个人人权的基础和保证。只有实现集体人权，才能保证实现个人权利，集体若没有获得解放和享有人权，个人就谈不上什么人权，因为“只有在集体中，个人才能获得全面发展其才能的手段，也就是说，只有在集体中才有可能有个人自由”[③]。正因为集体人权是一切个人人权的基础和前提，所以在国际社会中，我们始终认为，国家主权、种族平等权、民族自决权、自然资源永恒主权、发展权、和平权等集体人权是比个人更重要的人权。正如邓小平同志提出的，“全国人民的人权”“多数人的人权”是个人人权的基础和保障。同时，个人人权又是集体人权发展的前提条件。马克思主义人权观认为，个人人权是集体人权的活的细胞，没有一定数量个人的存在，也就没有集体和社会。社会的存在和发展状况，归根到底取决于作为其社会成员的每个个体以及它们所集合成的群体的素质，主动性、积极性和有效劳动三方面。正因为个人是社会、集体的细胞，所以它在人权问题上必须充分尊重和切实保障个人权利，只有充分保障个人权利，集体人权才会与个人人权有根本的一致性，集体人权才是真实的，而不是虚假的。

---

① 马克思，恩格斯．马克思恩格斯全集：第2卷［M］．中共中央马克思恩格斯列宁斯大林著作编译局，译．北京：人民出版社，1957：377.

② 马克思，恩格斯．马克思恩格斯全集：第21卷［M］．中共中央马克思恩格斯列宁斯大林著作编译局，译．北京：人民出版社，1965：570.

③ 马克思，恩格斯．马克思恩格斯选集：第1卷［M］．中共中央马克思恩格斯列宁斯大林著作编译局，译．北京：人民出版社，1995：82.

马克思主义人权理论与资产阶级人权理论的根本分歧，并不在于是否承认个人人权，而在于怎么看待个人权利。西方的“个人权利”在本质上具有损人利己的极端个人主义和利己主义的性质；而马克思主义的“个人权利”则从根本上消除了“个人权利”的极端片面性和反社会性，也就是从根本上改变了个人权利的反社会性和排他性的性质，它始终是以不损害社会权利、集体权利为前提的。马克思主义从不否认个人应当拥有的权利，但是也强调个人对权利的拥有不能离开社会，所以人权不仅是个人人权，还是集体人权。个人的权利不能危害社会，必须正确处理个人人权与集体人权的相互关系，使两者有机结合、互相促进、共同发展。而西方占统治地位的资产阶级人权观，则完全是以个人和自我为核心的，他们极力否认人权的社会性，只讲个人的权利与自由，不讲个人与集体的关系，不承认个人对社会的义务。人们已经看到了这种以自我为中心的人权理论给社会发展带来的危害。

从人的社会性出发，马克思主义认为，人权的行使也是有一定限度和范围的，而不是“绝对的”“不受任何限制的”。因为人权的内容、范围及其实现都必然要受到一个国家政权性质、经济基础和科学文化水平的限制，既不能落后于这些条件，也不能超越这些条件。人权的内容、范围及其实现也是直接受国家法律保护和制约的。一方面，法律规定人权的内容和维护人权的实现；另一方面，法律又必然要从维护公共利益的角度出发，限制和约束人权。这一点就连人权思想的首倡者们也是不否认的。法国的孟德斯鸠就曾说过：“自由是做法律所许可的一切事情的权利。如果一个公民能够做法律所禁止的事情，他就不再有自由了。”①卢梭也曾说过：“根本就不存在没有法律的自由，也不存在任何人是高于法律之上的。”②

① 孟德斯鸠. 论法的精神：上卷［M］. 张雁深，译. 北京：商务印书馆，1982：154.
② 卢梭. 社会契约论［M］. 何兆武，译. 北京：商务印书馆，1980：51.

5.人权并不是权利与义务的割裂，而是权利与义务的统一

西方人权观从资产阶级的立场出发，割裂权利与义务的统一，在理论基点上是形而上学的片面性、绝对化，其政治基点则是资产阶级阶级本质的表现。西方资产阶级在夺取政权以前，拼命鼓吹不尽义务、只享受权利的“绝对权利论”，其目的在于夺取封建君主权和王权；而它在夺取政治权利之后，又继续鼓吹无义务的“权利”，其实质在于巩固和保持垄断生产资料的资产阶级拥有剥削和压迫无产者的绝对特权，从而把一切义务都推给无产阶级。随着自由资本主义发展到垄断资本主义，19世纪末20世纪初，资产阶级思想家又提出了一种只尽义务不享有权利的所谓“绝对义务论”。法国法学家狄骥（1852—1928）认为，社会中任何个人都无权利，只有实现社会连带关系的义务。他宣称自然法、自然权利和抽象的权利等主张都是错误的，应该用“社会职能”予以代替，资本家和工人只是“分工”不同，各自都履行自己的社会义务。这种只尽义务不享有权利的“绝对义务论”，理论上虽然否定了“天赋人权”的绝对权利论，却是形而上学绝对化、片面化的另一个极端，在政治上则是掩盖资本主义社会中资产阶级与无产阶级的阶级对立，抹煞资本主义社会中资产阶级的权利主体地位和无产阶级义务客体地位的区别。按照这种理论的逻辑，好像资本家占有生产资料、剥削工人发财致富，使工人阶级处于无产者地位，是改造社会职能，对社会尽义务；无产者被迫出卖劳动力，受资本家剥削，为资本家增值财富，也是改造社会的职能，对社会尽义务。不难看出，这种“绝对义务论”，实际上是抹煞客观存在的权利和义务的区别，掩盖资产阶级剥削和压迫无产者的真相，维护资产阶级剥削和压迫无产阶级的特权。

可见，无论是“绝对权利论”，还是“绝对义务论”，都是割裂权利和义务的辩证统一关系。权利和义务相分离，是一切剥削阶级社会所共有的特征，这种状况既是阶级剥削、阶级压迫制度造成的，也是剥削阶

级社会中人们社会地位和政治地位不平等的表现。所以，恩格斯一针见血地指出："如果说在野蛮人中间，像我们已经看到的那样，不大能够区别权利和义务，那么文明时代却使这两者之间的区别和对立连最愚蠢的人都能看得出来，因为它几乎把一切权利赋予一个阶级，另一方面却几乎把一切义务推给另一个阶级。"[①]西方人权观鼓吹权利和义务相分离，在本质上就是要肯定资产阶级只享受权利而不尽义务，无产阶级则只尽义务而不享受权利的合理性。

马克思主义认为，人权本身不但要受到经济基础和文化传统的制约，而且还要受到一个国家政权性质和法律规范的限制，人权是在法律基础上的权利和义务的统一。事实上，权利和义务是相互联系不可分割的，"没有无义务的权利，也没有无权利的义务"。权利和义务总是同时产生、存在和发展的，人的各种权利是法律所规定的，并且受到法律的保护。法律在赋予公民个人权利的同时，又总是赋予了相应的义务。人权本身就包含着义务的内容，行使权利本身就包含着履行义务。行使个人权利必须以不危害社会秩序和妨碍他人行使民主自由权利为限度，这就是享受权利必须同时尽到义务。离开义务而只享受权利，只能是剥削阶级的特权和独断专权；离开权利只尽义务，只能是奴隶社会的奴隶和封建社会的农奴。这正是马克思主义人权观变革的根本所在。

6.人权并非纯自然的空洞抽象，而是特定社会制度的本质规定

基于"天赋人权论"和"自然人权论"的西方资产阶级人权观，习惯把人权定位为纯自然之物的毫无意义的空洞抽象。马克思指出："历史什么事情也没有做，它'并不拥有任何无穷无尽的丰富性'，它'并没有在任何战斗中作战'！创造这一切、拥有这一切并为这一切而斗争的，不是'历史'，而正是人，现实的、活生生的人。'历史'并不是把

① 马克思，恩格斯．马克思恩格斯选集：第4卷［M］．中共中央马克思恩格斯列宁斯大林著作编译局，译．北京：人民出版社，1995：293．

人当作达到自己目的的工具来利用的某种特殊的人格。历史不过是追求着自己目的的人的活动而已。”[①]因此，马克思主义人权观认为，人权是与特定的社会制度及其相应的法律体系相联系，是特定社会制度的现实规定。这是因为，一定的社会制度和法律制度决定一定的权利体系。社会主义的权利体系是由社会主义制度规范的，社会主义的人权体现了社会主义制度和社会主义民主政治的性质。它具体表现为公有制基础上的最大多数人的人权，也就是最广泛而又有物质和法律保障的活生生的现实人权。正如习近平指出的那样：“中国共产党和中国政府始终尊重和保障人权。长期以来，中国坚持把人权的普遍性原则同中国实际相结合，不断推动经济社会发展，增进人民福祉，促进社会公平正义，加强人权法治保障，努力促进经济、社会、文化权利和公民、政治权利全面协调发展，显著提高了人民生存权、发展权的保障水平，走出了一条适合中国国情的人权发展道路。”[②]西方人权观是同资本主义制度相连的，因而它体现了资本主义的经济、政治制度的价值观，如资本主义私有制、多党制、三权分立制等，其本质不过是资产阶级的特权。此外，人权的保障又是依赖于特定的社会制度及其相应的法律制度体系的。一种社会制度及其相应的法律体系越完备，人权就越能得到保障。相反，如果没有社会制度及其相应的法律体系的支撑，任何权利都只能是一句空话，而无法得到保障。这已是被无数事实反复证明了的客观真理。在资本主义制度确立之前，资产阶级自由、民主、平等的理想是不可能实现的。只有在“摧毁了封建制度，并且在它的废墟上建立了资产阶级的社会制度，建立了自由竞争、自由迁徙、商品所有者平等的王国，以及其他一切资产阶级的美妙东西”之后，资本主义的生产方式才“可以自由

① 马克思，恩格斯．马克思恩格斯全集：第2卷［M］．中共中央马克思恩格斯列宁斯大林著作编译局，译．北京：人民出版社，1957：118-119．

② 习近平．习近平致“2015·北京人权论坛”的贺信［N］．人民日报，2015-09-10．

地发展了"[①]，资产阶级人权也才得到了可靠的保障。同样，在社会主义制度确立之前，尽管空想社会主义者很早就提出了消灭阶级、消灭剥削，使广大劳动人民都能够充分享有人权的梦想，但这种维护广大劳动人民人权的梦想只能是一种空想，因为"这个理性的王国不过是资产阶级的理想化的王国；永恒的正义在资产阶级司法中得到实现；平等归结为法律面前资产阶级的平等；被宣布为最主要的人权之一是资产阶级的所有权；而理性的国家、卢梭的社会契约在实践中表现为而且也只能表现为资产阶级的民主共和国"[②]。只有当社会主义制度和法律体系确立之后，这样的美好理想和愿望才有了成为现实的可靠保证。在资本主义国家中，虽然表面上处处强调"天赋人权"，但由于法律所保障的对象不同，不同阶级、不同种族的人事实上所享有的人权是相去甚远的。以美国为例，被马克思称为人类历史上"第一个人权宣言"的美国《独立宣言》虽然突出地表述了人权的"天赋性""自然性"和人人享有平等权，但在制定《美国宪法》时，当权者们却抛弃了《独立宣言》所提出的人权内容，并且默认了黑人奴隶的被压迫地位，后来由于广大人民和以杰弗逊为首的资产阶级民主派的强烈要求，才通过了对宪法第一条到第十条的修正案，即所谓"人权法案"，将之载入宪法，但黑奴制仍未被取消。针对这一现象，恩格斯尖锐地指出："这种人权的特殊资产阶级性质的典型表现是美国宪法，它最先承认了人权，同时确认了存在于美国的有色人种奴隶制：阶级特权不受法律保护，种族特权被神圣化了。"[③]

马克思主义人权观强调，由于世界各国社会制度的差异，保护人权的责任主要在于主权国家的政府，而不能由任何主权国家以外的势力来

① 马克思，恩格斯．马克思恩格斯选集：第3卷［M］．中共中央马克思恩格斯列宁斯大林著作编译局，译．北京：人民出版社，1995：618．

② 马克思，恩格斯．马克思恩格斯选集：第3卷［M］．中共中央马克思恩格斯列宁斯大林著作编译局，译．北京：人民出版社，1995：720．

③ 马克思，恩格斯．马克思恩格斯选集：第3卷［M］．中共中央马克思恩格斯列宁斯大林著作编译局，译．北京：人民出版社，1992：447．

行使。同时，每个主权国家都应该根据自己的国情，给本国人民应享有的各项权利以法律保护。社会主义国家人权问题的根本解决，只能是依靠本国国情，坚定不移地走社会主义道路，建立和完善社会主义制度，早日实现共产主义。就我国来说，在目前生产力还不够发达的社会主义初级阶段，我们只能是把生存权和发展权放在首位，在坚持社会主义制度的基础上推进社会主义的人权。正如习近平同志指出的那样："珍视自己的发展道路，尊重各国自主选择的发展道路，这是国际关系基本准则和时代潮流的必然要求。《联合国宪章》贯穿主权平等原则。主权平等原则不仅体现在各国主权和领土完整不容侵犯、内政不容干涉，还应该体现在各国自主选择社会制度和发展道路的权利应当得到维护，体现在各国推动经济社会发展、改善人民生活的实践应当受到尊重。""我们主张各国都有选择适合本国国情的社会制度和发展道路的权利"，"各国人民有权自主选择符合本国国情的社会制度和发展道路，创造自己的美好生活"[①]。

7.人权不是孤立片面的畸形，而是各种权利的有机统一

马克思主义人权观认为，人权是由诸项社会权利所构成的丰富体系或全面发展的有机统一整体。它既包括人的生命安全等基本的生存权，也包括管理国家、参与决策等公民、政治权利，还包括其他广泛的经济、社会和文化权利。同时，各项权利之间又是相互联系、相互补充、相互促进、相互作用、相互制约、密不可分的有机统一整体。其中任何一项权利被剥夺，都会削弱这个有机统一整体的人权功能。正如习近平同志指出的："长期以来，中国坚持把人权的普遍性原则同中国实际相结合，不断推动经济社会发展，增进人民福祉，促进社会公平正义，加强人权法治保障，努力促进经济、社会、文化权利和公民、政治权利全面协调发展，显著提高了人民生存权、发展权的保障水平，走出了一条

① 钟声．相互尊重各自选择的发展道路［N］．人民日报，2015-10-27.

适合中国国情的人权发展道路。”①

因此，中国既保障人民享受经济、社会、文化权利，又保障人民享受公民权利和政治权利。其中，包含生存权和发展权在内的经济权利是构成各项权利的物质基础，权利主体只有在物质条件得到保障的前提下，其他各项人权才能得到实现。社会权利包含的内容十分广泛，包含“老有所终、壮有所用，鳏寡孤独废疾者皆有所养”，是社会对每个人关怀爱护的体现，也是实现各项人权所必备的客观环境和条件。

马克思主义人权观则认为，人权的这种系统性、全面性、完整性，是和人的全面发展的内在要求相一致的。人权的概念从一定意义上说就是建立在“人的需要”概念之上的。人权以人的需要为基础，并服务于人的需要。因为人要维持其生存和发展，有些东西是不可缺少的；人有一种正当需要，就要有相应的正当权利以维持这种需要的满足；人的需要是多方面的，因此人权所包括的内容也是多方面的。按照马克思、恩格斯的观点，人的生存需要是人的一切需要中最为基本的需要。只有满足了这种需要，人类才能存在和延续，才能实现其他高层次的需要。享受需要和发展需要均是在人的生存需要基本得到满足的前提下形成的。不解决衣、食、住、行问题，不解决生活问题，其他一切活动和需要就没有基础。因此，与之相对应，生存权和发展权也必须放在其他一切人权的首位。不解决生存权和发展权问题，其他政治、社会、经济、文化和公民权利都是空话。

当然，我们强调把生存权和发展权放在人权的首位，并不意味着马克思主义理论就排斥其他权利。相反，马克思主义关注人的生存权和发展权，同样也关注其他各种权利。习近平同志在庆祝建党九十五周年大会的重要讲话中指出：“带领人民创造幸福生活，是我们党始终不渝的

① 习近平．习近平致“2015·北京人权论坛”的贺信［N］．人民日报，2015-09-17．

奋斗目标。我们要顺应人民群众对美好生活的向往，坚持以人民为中心的发展思想，以保障和改善民生为重点，发展各项社会事业，加大收入分配调节力度，打赢脱贫攻坚战，保证人民平等参与、平等发展权利，使改革发展成果更多、更公平地惠及全体人民，朝着实现全体人民共同富裕的目标稳步迈进。”[①]人的生存和发展与动物不同，并不只是一个吃喝问题，而是经济、政治、社会和文化的全面协调发展。正如仅仅满足人的某一方面的需要并不是对人的需要的真正满足一样，仅仅确认、肯定人的某一方面的权利，也不是对人权的真正确认和肯定。所以，习近平同志明确指出：“中国人民主张集体人权与个人人权、经济社会文化权利与公民政治权利紧密结合，这是适合中国国情的人权事业发展的必然道路。”[②]

正是基于这一基本立场，马克思主义人权观一贯强调，任何国家在发展人权事业的过程中，都要注意防止只重视公民、政治权利而忽视经济、社会、文化权利的倾向，以及只重视经济、社会、文化权利，而忽视公民、政治权利的倾向，而应当把发展政治权利与发展经济、社会、文化权利有机地结合起来，使人权事业真正获得全面、高质量、可持续性的发展。马克思主义人权观的这一基本观点和基本立场，是为世界上绝大多数国家所接受和认同的。1966年联合国人权委员会通过的《经济、社会和文化权利国际公约》和《公民权利和政治权利国际公约》两项人权公约就充分证明了这一点。尤其是在1993年的世界人权大会上，由117个国家通过的《维也纳宣言和行动纲领》就再次确认和重申了“各项人权是普遍、不可分割的，相互依存和相互联系的”这一基本观点和基本立场。1968年的《德黑兰宣言》也明确强调经济、社会、文化权利是公民权利、政治权利的基础。然而，西方国家特别是美国的一

① 习近平. 在庆祝中国共产党成立95周年大会上的讲话［N］. 人民日报，2016-07-02.
② 习近平. 习近平致“2015·北京人权论坛”的贺信［N］. 人民日报，2015-09-17.

些政要和所谓“人权专家”却不承认经济、社会、文化权利属于基本人权。其根据是：第一，在美国宪法中没有规定经济、社会、文化权利属于基本人权；第二，在美国，经济、社会、文化权利都是由执政党的政策决定的，它们是从属于政治权利的，只要政治权利有保障，这些权利就可以得到解决。其逻辑是十分荒谬的，也暴露了霸权主义的强权本质。

总而言之，经典马克思主义人权观这面伟大旗帜，是建立在无产阶级和一切被压迫民族反对阶级剥削和压迫，追求民族独立、自由和解放的实践基础之上的，也是建立在社会主义国家和广大发展中国家的人民依据本国国情，探索发展道路，独立自主地维护本国人民权利和维护世界和平、反对霸权主义的实践基础之上的。因而，他的基本观点和基本原则立场，与西方人权观的基本观点和基本原则立场是有根本区别的。正如马克思、恩格斯在《德意志意识形态》中精辟指出的那样：“至于谈到权利，我们和其他许多人都曾强调指出了共产主义对政治权利、私人权利以及权利的最一般形式即人权所采取的反对立场。”[①]

四、经典马克思主义人权观的方法论

马克思、恩格斯之所以有独到的、科学的人权理论，是同他们有独到的、科学的人权研究方法分不开的。马克思、恩格斯所创立的科学研究方法论特点对我们今天正确认识国际、国内复杂的人权问题具有极为重要的指导意义。

马克思、恩格斯以前的西方人权思想家们，如格劳秀斯、霍布斯、洛克、卢梭等人所提出和形成的“天赋人权论”在研究方法上，一是把人权看作国家和公民的分权关系，希望凭借人民主权原则，通过人权使

① 马克思，恩格斯．马克思恩格斯选集：第3卷［M］．中共中央马克思恩格斯列宁斯大林著作编译局，译．北京：人民出版社，1995：125.

具体的个人有权来对抗由国家政治权力过分集中所导致的专制和独裁。从这个研究方法出发，他们都把非实证性的“自然法”和“社会契约”作为人权的法理来源，视人权为推进资产阶级政治民主的核心价值和有效手段。这一人权思想在卢梭那里有最典型的体现。卢梭强调人民有重订“社会契约”的革命权，认为“以绞杀或除暴君为结局的起义行动，与暴君前一日任意处理臣民生命财产的行为是同样合法的”[①]。二是把人权看作“属人”所拥有的权利。强调人的无差别性，只要是人，就享有不可剥夺和不可让渡的基本人权。潘恩在《人权论》一书中说：“根据每个人生下来就和他们同时代人平等的同样原则，每一代人同前一代人在权利上都是平等的。”[②]因此，“天赋人权论”在认识方法上的基本特点是：在人权理论的设计上，着眼于国家和个人之间具体的权利分工以及人权的各项基本权利内容；在人权保障的现实操作上，寄希望于资产阶级的政治改良和政府机制的发挥，促进社会民主化进程和资本主义工商业的发展，调和各阶级之间的利益和矛盾。

“天赋人权论”的上述人权理念适应了资本主义社会生产发展的需要，迎合了产业革命开始后自由主义、个人主义的主流性社会思潮，促成了资产阶级革命的大发动。恩格斯曾经指出：“从今以后，迷信、偏私、特权和压迫，必将为永恒的真理、为永恒的正义、为基于自然的平等和不可剥夺的人权所排挤。”[③]但“天赋人权论”否认资本主义社会中阶级压迫和阶级对立的客观现实，否认资本主义国家作为统治阶级工具的阶级性质，仅仅赋予人权中的人以平等的、无差别的“人”的表象，更没有触及私有制这一不平等的直接社会根源，因而受到了马克思、恩

① 卢梭．论人类不平等的起源和基础［M］．李常山，译．北京：商务印书馆，1962：146．

② 马克思，恩格斯．马克思恩格斯选集：第3卷［M］．中共中央马克思恩格斯列宁斯大林著作编译局，译．北京：人民出版社，1995：57．

③ 马克思，恩格斯．马克思恩格斯选集：第3卷［M］．中共中央马克思恩格斯列宁斯大林著作编译局，译．北京：人民出版社，1995：57．

格斯的严厉驳斥和批判。马克思则把人权分解成三个部分或者三个相互有机联系的整体，即人、人与人之间的权利关系以及具体的权利内容。马克思、恩格斯并没有把眼光单纯局限于个人人权的权利内容上，而是紧紧抓住了作为社会关系总和而又必然反映社会关系基础性质的具体的人，以及为社会关系所决定的人与人之间现实的权利关系来展开他的人权理论研究。这样的人权分析方法使马克思、恩格斯超越了以往所有的人权思想家，能够比他们看得更高远、更清晰和更精准。马克思、恩格斯所创立的具体的、历史的、社会本质的科学人权分析方法对我们正确认识和看待当今国际国内人权问题仍有极为重要的指导意义。

1.以人为本的人权研究方法

马克思、恩格斯认为，人权的具体权利内容仅仅是人权的一部分。不管人权的具体权利内容是什么，人权作为政治和法律思想，都是为了确立自由、公正和平等的社会价值和社会保障。人权中的公正、自由和平等原则能否得到实现，与一定的权利内容并无直接关联，而是主要取决于作为权利主体的人是否具有自由、公正和平等的承担和保障能力，取决于人权中的人是否具有和“人”的真正意义相吻合的统一的社会本质。否则，人权只能是个人无限制地追求个人特殊权益的手段。人与人之间平等、公正、自由的权利关系若不能因人权的宣布而得到实现，人权原则就不可能成为国家和社会发展应达到的平等、公正、自由的目的。基于这样的认识，马克思批驳不对私人加以改造就宣布了人权的资产阶级革命本末倒置。“把目的当手段，把手段当目的。”[①]

由此可见，马克思、恩格斯是从人权所具有的以人为本的终极人文关怀意义来看待人权的，是通过研究人来研究人权的。人权的权利内容并不决定马克思、恩格斯对人权的基本态度。如前所述，在马克思、恩

① 马克思，恩格斯．马克思恩格斯全集：第1卷［M］．中共中央马克思恩格斯列宁斯大林著作编译局，译．北京：人民出版社，1972：440．

格斯看来，人权中人不是别人，而是市民社会的成员。市民社会的成员，即私人，是指人的社会属性而不是人的自然属性。马克思、恩格斯之所以强调要按照人的现实社会本质去分析人权中的人，是因为西方传统人权观把人权中的人主观定义为没有任何差别的自然人的做法，割裂了人与人权的时代联系，否认了人权和人的时代特征以及人和人权的阶级实质。而从人的自然属性出发认识人权，是无法把握人的具体的、历史的权利行为的。马克思、恩格斯谈到，圣茹斯特临刑前曾指着挂在康瑟尔热大厅里的写有《人权宣言》的牌子说："但创造这个的毕竟是我。"马克思、恩格斯指出："这种人不会是古代共和国的人，正像他的经济状况和工业状况不是古代的一样。"①

那么，为什么资本主义社会中人的现实社会性对抗真正的人权呢？马克思、恩格斯指出，这是由私有制必然的利己主义和物质欲所造成的。这时，"每个人都力图创造出一种支配他人的、异己的本质力量，以便从这里找到自己本身的利己需要的满足"②。受这样的异己本质支配的人必然在权利行为中追求极端的个人利益，排斥平等的他人权利。同时，"现实的人就是现代国家制度的私人"③，资本主义国家本身是由这些私人所组成的市民社会所决定的。国家接受这些私人为唯一的国家基础，反而通过人权解放了市民社会的利己主义和个人主义。私人在政治领域同样毫无顾忌心和道德感地追求个人利益，平等、普遍的公民权利成了空洞的政治抽象。人这种私欲的现实社会性决定了国家这一"虚幻的共同体"并不能确实保障人权。因此，人权中人的异化本质同人权权利内容中平等、公正和自由的内涵存在着尖锐的对立。在这样的权利

① 马克思，恩格斯．马克思恩格斯全集：第2卷［M］．中共中央马克思恩格斯列宁斯大林著作编译局，译．北京：人民出版社，1972：156.
② 马克思．1844年经济学-哲学手稿［M］．中共中央马克思恩格斯列宁斯大林著作编译局，译．北京：人民出版社，1972：85.
③ 马克思，恩格斯．马克思恩格斯全集：第1卷［M］．中共中央马克思恩格斯列宁斯大林著作编译局，译．北京：人民出版社，1972：346.

主体的基础上，人权不但不能确立人与人之间自由、公正、平等的权利关系，反而事实上从国家、法律和社会意识三方面为不以人的整体为本质规定的个人主义、利己主义的权利活动提供了方便。资本主义人权恰好也起到了上述作用。马克思、恩格斯指出，资本主义国家以人权承认的正是这样一个社会，“即工业的、笼罩着普遍竞争的、以自由追求私人利益为目的的、无政府的、塞满了自我异化的自然和精神的人性的社会”①。

2.以人与人之间的权利关系为本质的人权研究方法

西方传统人权观认为人权的具体内容至关重要，丰富的人权内容加上有效的民主政治，一直是西方国家社会变革所争取的首要目标。马克思、恩格斯则认为，真正的人权应该反映人与人之间自然、和谐、公正、平等的权利关系。他不仅紧紧围绕着具体的人与人之间权利关系的现实去评价人权，而且更从社会关系的性质来说明人的权利关系的本质。

马克思、恩格斯认为，人与人之间的关系主要是权利关系，权利关系是人与人之间最重要的表现形式。“政治国家的建立和市民社会分解为独立的个人——这些个人的关系通过权利表现出来。”②在资本主义社会中，由于人是私人，“人权表现为自然权”，人与人之间的权利关系并没有因为有人权而表现出公正、平等和自由的趋势。人权的运用过程本身抛弃了社会改造中自由、平等、公正等应有的人的本质内容和社会表现，它只不过是同私有制、个人利益和权利上的分裂、对抗所引起的人与人之间权利关系上的封闭、狭隘和自私等特性相适应的。因此，“人并没有从宗教中解放出来，他反而取得了宗教自由。他并没有从财产中

① 马克思，恩格斯. 马克思恩格斯全集：第2卷［M］. 中共中央马克思恩格斯列宁斯大林著作编译局，译. 北京：人民出版社，1972：156.

② 马克思，恩格斯. 马克思恩格斯全集：第1卷［M］. 中共中央马克思恩格斯列宁斯大林著作编译局，译. 北京：人民出版社，1972：442.

解放出来，反而取得了财产自由。他并没有从行业的利己主义中解放出来，反而取得了行业自由。”①

既然人权并不能保障人与人之间公正、自由、平等的权利关系，而且能够宣布反映如此人权的因素不单纯在于资本主义的政治和法律领域，那么，就只能从资本主义社会关系本身去寻求有人权但没有平等和自由的权利关系的答案。马克思、恩格斯指出，权利关系不过是人的社会关系的表象，决定人的权利关系的是资本主义生产关系和由生产关系的总和构成的社会关系。“他们的物质关系形成他们的一切关系的基础。这些物质关系不过是他们的物质和个体的活动借以实现的必然形式罢了。”②人与人之间的物质关系是人的现实权利关系的直接基础。只有物质关系是平等的、自由的，人与人之间的权利关系才是平等的和自由的。人权的真正实现有依赖于平等、自由的物质生产关系和物质分配关系的建立。在资本主义社会中，人们的物质生产关系的最大特征是劳动和资本的对立，物质分配关系的最大特征是劳动和财富分离。在这样的物质关系中，权利的本质是财产利己主义占有。资产阶级由于占有了全部生产资料，便可无偿占有剩余劳动，从事直接财富创造劳动的无产阶级客观上处于无权状态。马克思、恩格斯指出，正是资本主义异化的生产关系造就了资本主义社会中两大阶级间不平等的权利关系。“在社会前进的状态下，劳动者的沦落和贫困化则是他的劳动和他所生产的财富。换言之，贫困来自当今的劳动本身的本质。”③

因此，马克思、恩格斯并不把改善人权的希望寄托于资本主义本身的社会改良，或寄托于资本主义政治民主的发展，而是寄托于无产阶级

---

① 马克思，恩格斯．马克思恩格斯选集：第1卷［M］．中共中央马克思恩格斯列宁斯大林著作编译局，译．北京：人民出版社，1995：207．

② 马克思，恩格斯．马克思恩格斯选集：第4卷［M］．中共中央马克思恩格斯列宁斯大林著作编译局，译．北京：人民出版社，1995：321．

③ 马克思．1844年经济学—哲学手稿［M］．中共中央马克思恩格斯列宁斯大林著作编译局，译．北京：人民出版社，1972：11．

的历史使命，即根本变革不合理的资本主义生产关系，否则，“即使你把‘人民’和‘国家’这两个名词联系上一千次，也丝毫不会对这个问题的解决有所帮助。”①

同时，马克思、恩格斯所理解的人权，并不是单纯的、狭隘的个人权利，而是人在社会中表现出符合人真正社会性、以人与人之间权利关系的道德化为基础的个人权利。他所着眼于的并不是单个个人具有多大的权利，而是以集体的共同发展为个人权利追求的首要前提。人权的作用也不仅仅在于社会中存在着利益分立的情况下，以法律和政治的形式出现的，协调社会成员不同利益的权利；更不是在对抗性的社会关系基础上，作为国家和个人之间不同分权、以公民权利制约国家权力的这样一种权利。在马克思、恩格斯看来，人权既不能成为巩固个人私利的手段，也不是国家和公民的分权，以个人手中的权利来制衡国家权力。人权应该是新的社会关系的维护者和体现者。以国家作为人权的中介，从而推进国家的民主化进程，在马克思、恩格斯看来并不是改善人权的根本出路。马克思、恩格斯主张消灭资本主义国家财产私有制和特权政治制度。所谓改善人权的民主化进程，同样没有摆脱旧政治革命的根本缺陷。在马克思看来，资产阶级民主代议制政体依然是一种资产阶级专政，是像路易·波拿巴的法兰西共和国那样的“一种推行不加掩饰的阶级恐怖政治的政府”②。马克思、恩格斯认为，真正的人权应该以自由、平等为目的，彻底打破人与人之间在社会关系上的狭隘、封闭和对抗，确立社会关系的自然化和道德化，造就人与人之间自由、平等发展的“自由人的联合体”。

从以上认识方法论出发，马克思、恩格斯认为人权问题的解决，绝不单纯在于具体的权利形式的增加，而在于人权所处的社会环境的革命

① 马克思，恩格斯．马克思恩格斯选集：第1卷［M］．中共中央马克思恩格斯列宁斯大林著作编译局，译．北京：人民出版社，1995：20-21．
② 胡克．对卡尔·马克思的理解［M］．重庆：重庆出版社，1989：245．

性变革和人的自我改造的完成。前者要求彻底根除一切不平等的私有制根源，后者要求人的思想品质的完善。这两者的有机结合，构成了马克思、恩格斯有关人权问题解决的两大现实途径。社会环境的革命性变革，就是要消灭阶级、消灭国家和私有制，在人的自由和公有制的基础上实现人的全面平等，在生产力高度发达的水平上实现人的精神和物质自由。人的思想品质的完善，就是要彻底克服人的异化和异化的社会关系，确立符合人的社会性和人类本质的纯洁、统一的权利主体，从而使人权中体现的人与人的权利关系走向真善美的全体自由性。

总而言之，马克思、恩格斯的人权理论并不简单地立足于人权的具体内容，而是立足于权利的主体以及人和人之间现实的权利关系。决定资本主义社会人的现实性的资本主义社会关系，其本质特征是私有制关系，即“资产阶级生产关系的总和”。现代资本主义国家将私有制扩大到一切社会领域，使之成为最彻底、最典型的私有制社会，这样，“私人”便采取一般“人”的形式，私人权利就有了一般人权或“天赋人权”的外貌。但这都不过是私有制社会关系的一般表现形式。人权受私有制社会关系的支配只不过是有产阶级维护其自私的权利追求的手段。人权所应当真正体现的人的自由、平等的社会存在反而成了自私的个人现实性附属物。“社会结合的各种形式，对个人来说，才只是达到他私人目的的手段。”[①]由于资本主义的社会关系决定了人不能表现其本质的存在，人权中的人造成了自由、平等的权利形式与权利主体自私、利己的本质冲突，失去了自由、平等的承担者的真实能力，人权从而成了异化的权利。资本主义社会并不因为有人权而改变了多数人无权和人剥削人、人压迫人的社会现实。马克思、恩格斯也正是立足于人是社会历史发展的根本动力这一历史唯物主义分析方法论高度，寄希望于无产阶级

① 马克思，恩格斯．马克思恩格斯选集：第2卷［M］．中共中央马克思恩格斯列宁斯大林著作编译局，译．北京：人民出版社，1995：87.

的历史作用，根本改变不合理的生产关系，创造美好的共产主义社会，从而真正全面实现基本人权。为此，马克思、恩格斯以未来新社会“充分人权实现”全面否定资本主义社会人权也即“天赋人权论”的辩证否定。

五、经典马克思主义人权观的基本特性

马克思主义人权观认为，研究人权发展规律，应当坚持人权的普遍性原则与具体国情相结合，着眼其特点与发展。马克思主义人权观的基本特性主要表现在以下五个方面：

1.人权起源的社会历史性

人权起源的社会历史性包括人权关系问题上的思维辩证性、人权内容问题上的理论整体性、人权发展问题上的未来建构性。

西方传统人权理论的一个最基本、最重要的观点，就是认为人权是天赋的，是与生俱来或自然生成的。这一观点源于古希腊时期自然法学说中的“自然权利”的思想和意大利著名学者阿利格里·但丁最早明确提出人权概念时所阐发的天赋论思想，后经格劳秀斯、斯宾诺莎、霍布斯、洛克和卢梭等人不断丰富而形成。应当说，这一思想的提出，对于人们摆脱中世纪神权的思想禁锢与统治，彻底打碎封建特权枷锁，建立资本主义制度，都产生了积极而深远的影响。但是，这并不意味着这一观点就是科学的。

基于历史唯心主义的资产阶级人权理论，不可能对人权的起源作出科学的解释，这一历史任务是由马克思、恩格斯来完成的。马克思认为，所谓人权无非是权利的一般表现形式，而权利则是国家通过宪法和法律所确认的公民进行某种行为的可能性。权利既不像资产阶级学者所说的是先天就有的，也不是自然存在的，更不是神所创造和赐予的。权

利是历史的、社会的和商品经济的产物，是同阶级、国家、法律的产生紧密联系在一起的。在阶级、国家、法律产生以前，原始社会根本不可能存在一部分压迫另一部分的事情，因而也就不可能存在权利和义务之争。正如恩格斯所说的："在氏族制度内部，权利与义务之间还没有任何差别。"只有当社会有了统治阶级和被统治阶级之分，有了国家和法律之后，权利与义务两者才区别和对立起来，"几乎把一切权利赋予一个阶级，另一方面却几乎把一切义务推向另一个阶级"[①]。人权观念的产生和商品经济有着密切的社会历史根源。

马克思指出："如果说经济形式、交换确定了主体之间的全面平等，那么内容，即促使人们去进行交换的个人材料和物质材料，则确立了自由。可见，平等和自由不仅在以交换价值为基础的交换中受到尊重，而且交换价值的交换是一切平等和自由生产的、现实的基础。"[②]恩格斯还更加明确地指出，由于资本主义的发展，在欧洲中世纪末期"第一次创造了密集的文化区域，并在这个区域内第一次建立了一个由互相影响和互相防范、主要是民族的国家所组成的体系。这样就准备了一个基础，后来只是在这个基础上才有可能谈人的平等和人权问题"。"由于人们不再生活在像罗马帝国那样的世界帝国中，而是生活在那些相互平等地交往并且处在差不多相同的资产阶级发展阶段的独立国家所组成的体系中，所以这种要求就很自然地获得了普遍的、超出个别国家范围的性质，而自由和平等也很自然地被宣布为人权。"[③]

马克思主义依据历史唯物主义对人权的起源作了科学的解释，认定人权不是天赋的，不是与生俱来的，而是历史的产物。它随着人类历史

① 马克思，恩格斯．马克思恩格斯选集：第4卷［M］．中共中央马克思恩格斯列宁斯大林著作编译局，译．北京：人民出版社，1995：174．
② 马克思，恩格斯．马克思恩格斯全集：第46卷［M］．中共中央马克思恩格斯列宁斯大林著作编译局，译．北京：人民出版社，1972：87．
③ 马克思，恩格斯．马克思恩格斯全集：第3卷［M］．中共中央马克思恩格斯列宁斯大林著作编译局，译．北京：人民出版社，1972：187．

的产生而产生，随着人类历史的发展而发展。它不可能离开一定的社会，不可能离开一定的社会关系。即使是资产阶级所提出的人权，也是一定社会经济条件的产物。随着资本主义商品经济的发展，资产阶级要求自由贸易的平等权利，要求雇工自由和等价交换的平等权利，这必然同封建制度发生矛盾。人权就是资产阶级为适应资本主义经济发展扫除障碍，在推翻封建制度的斗争中而争得的权利，根本不是什么“天赋人权”。马克思主义人权观的社会历史性，不仅在科学性上高明于持“天赋人权”论的启蒙学者，而且是马克思主义能够真正解开“人权”之谜的关键所在。

2. 人权实质的阶级性

是否承认人权具有阶级性，是不是用阶级分析的观点来理解人权，这是马克思主义人权观同资产阶级人权观的根本分歧。资产阶级总是鼓吹超阶级的普遍人权，企图在人权问题上搞阶级调和，转移被压迫阶级的视线。他们心目中的人权除特权外别无他物，极具虚伪性和欺骗性。马克思主义从不承认有抽象的超阶级的人权存在，任何一种人权，都只能是具体的某一阶级的人权，代表了该阶级在人权领域的权利基本要求。资产阶级人权观实质是维护剥削阶级私有制的人权，主张少数资产者剥削和压迫广大劳动者的特殊权利，其核心是资产阶级的私有财产。马克思指出：“人的本质并不是单个人所固有的抽象物。在现实性上，它是一切社会关系的总和。”[①]在阶级社会里，人是属于一定的阶级的，没有超阶级的人。谁享受权利，享受多少权利，谁不享受权利，或者享受某一部分权利，都是由其阶级地位决定的，人权不能不带上阶级的性质。对于这一点，马克思和恩格斯都有过很经典的论述。马克思在《论犹太人问题》中深刻分析了所谓自由权、平等权、财产权和安全权等资

① 马克思，恩格斯．马克思恩格斯选集：第1卷［M］．中共中央马克思恩格斯列宁斯大林著作编译局，译．北京：人民出版社，1995：60.

产阶级权利的实质，深刻地指出：“自由这一人权的实际应用就是私有财产这一人权”，“私有财产这项人权就是任意地、和别人无关地、不受社会束缚地使用和处理自由财产的权利；这项权利就是自私自利”；“平等无非是上述自由的平等”；“安全却是这种利己主义的保障”。他还指出，在资本主义社会中，“人权并没有使人放弃追求财富的龌龊行为，而是使人有经营的自由”[①]。恩格斯在《反杜林论》中明确指出：“可以表明这种人权的特权资产阶级性质的是美国宪法，它最先承认了人权，同时确认了存在于美国的有色人种奴隶制。阶级特权被置于法律保护之外，种族特权被神圣化了。”[②]无论是从人权的历史发展和现实状况来说，还是从人权的内容和实质来说，人权都是具体的、有阶级性的。正因为人权是具有阶级性的，因而一方面，一定阶级享有的权利总是与该阶级所掌握的权力相对应。哪个阶级掌握着国家权力，这个阶级的人权就能获得实现和保障。掌握国家政权的统治阶级充分享受着该国的人权并决定着该国人权的性质。

在资产阶级占统治地位的国家，这个国家的人权只能是资产阶级的人权；在无产阶级占统治地位的国家，这个国家的人权便是无产阶级的人权。在资本主义制度下，资产阶级掌握着国家机器以及制定、执行法律的权力，掌握着生产资料和行使人权的一切物质条件，掌握着社会的舆论工具，因此，他们可以依靠国家政权和法律以及金钱和社会舆论来维护自己的财产权利和社会权利。而处在被剥削地位的无产阶级一无所有，是不可能真正拥有受保障的人权的。列宁曾经生动而又深刻地剖析了这种不平等的现象，他指出：“从前农奴给地主干活，受地主惩罚。现在工人替资本家做工，受资本家惩罚。全部差别只在于，不自由的人

① 马克思，恩格斯．马克思恩格斯选集：第4卷［M］．中共中央马克思恩格斯列宁斯大林著作编译局，译．北京：人民出版社，1995：159.

② 马克思，恩格斯．马克思恩格斯选集：第3卷［M］．中共中央马克思恩格斯列宁斯大林著作编译局，译．北京：人民出版社，1995：145-146.

从前是挨棍子打，现在是挨卢布打。”[①]马克思主义人权理论从不讳言自己是为无产阶级服务的，马克思主义人权观反对维护剥削阶级、私有制的人权，主张消灭私有制，消灭剥削，从而实现人类真正彻底平等的人权，它是维护广大人民群众的根本利益的。只有对人权采取阶级分析的方法，才能廓清不同人权的阶级实质，不至于被种种假象所迷惑。在当今的国际人权斗争中，只有坚持马克思主义人权观的阶级性特点，才能在国际人权领域显示出马克思主义人权观的独到价值，才能维护广大劳动人民群众的根本权益，揭穿西方人权观的虚伪本质，促进真正人权在我国和世界得到更好和更普遍的实现。

3.人权内容的整体性

西方一些发达国家在宣传人权时，往往偏重公民的政治权利，贬低经济、社会和文化权利的状况仍较普遍。比如，西方特别是美国的一些人权学者不承认经济、社会、文化权利属于基本人权。其根据是：第一，美国宪法没有规定经济、社会、文化权利属于基本人权；第二，在美国，经济、社会、文化权利都是由执政党的政策决定的，它们是从属于政治权利的。只要政治权利有保障，这些权利就可以自然而然地得到实现。这种观点同西方早期资产阶级的主张并无本质差别。

经典马克思主义人权观认为，人权是由诸项社会权利所构成的丰富体系，它既包括人的生命安全等基本的生存权，也包括管理国家、参与决策等政治权利，还包括其他广泛的经济、社会和文化权利。这一思想是恩格斯在《反杜林论》中，针对资产阶级只讲政治自由权而不讲社会经济权时提出来的。他说：平等应当不仅是表面的，不仅在国家的领域中实行，还应当是实际的，在社会的、经济的领域中实行。这一思想的重要性在于第一次阐述了人权内容的不可分割性，在当时有着鲜明的针

① 列宁．列宁全集：第2卷［M］．中共中央马克思恩格斯列宁斯大林著作编译局，译．北京：人民出版社，1972：133.

对性，在当今也有着十分重要的现实意义。同时，各项权利之间又是互相联系、互相补充、互为条件、不可分割的。任何一项权利被剥夺，都会削弱这个整体。其中，包含生存权和发展权在内的经济权利是构成各项权利的物质基础。只有在物质条件得到保障的前提下，权利主体的其他各项人权才能得到实现。马克思主义人权观认为，人权的这种系统性、整体性，是和人的全面发展的内在要求相一致的。人们的社会生活和社会实践是多种多样的，人们的社会关系是多层次、多方面的，因而人的权利（以及相应的义务）也是多层次、多方面的。整个人权体系是由多种人权构成的。每一种人权的提出都是基于人的社会生活的某种需要，都是对人的社会关系的某种规定。人权的概念从一定意义上说是建立在“人的需要”概念基础之上的。人权以人的需要为基础，并服务于人的需要。按照马克思、恩格斯的观点，人的生存需要是人的一切需要中最为基本的需要。只有满足了这种需要，人类才能存在和延续，才能实现其他高层次的需要。享受需要和发展需要均是在人的生存需要基本得到满足的前提下形成的。因此，与之相对应，生存权也必须放在人权的首位。不解决生存权问题，其他政治、文化和公民权利都是空的。

近代意义上的人权，从其产生至今，经历了一条结构不断整合、内容逐渐扩展的动态过程。虽然当初仅包括平等、自由、追求幸福等十分有限的权利，但随着社会的日益进步，人权现在已发展成为涵盖诸多领域、层次分明、形式多样的整体性、综合性权利体系。按照《世界人权宣言》，公民的政治权利和经济、社会、文化权利是完整人权两个不可分割的组成部分，两者缺一不可，维护、尊重和发展人权，评价人权状况，必须坚持人权的全面性。如果生存权和发展权都没有实现，其他各项权利就无从谈起。人权的内容大体上应相当于目前各国宪法所列举的基本权利，或者相当于国际人权公约所列举的各项权利。属于人权范围的具体内容虽然各国不尽相同，但是，诸如平等权、生存权、财产权、选举权、诉讼权和人身自由、迁徙自由、信仰自由，以及言论、出版、通信、集会、结社等自由权，几乎是世界各国所公认的。人权在近现代又扩展到包括工作权（劳动权）、罢工权、社会保障权、受教育权以及进行科研、文艺创作等自由，继而又扩展到包括发展权、知情权、环境权、民族自决权等在内的一些权利。

4.人权发展的实践性

传统的资产阶级人权观认为，人权不仅是天赋的，而且是永恒的、绝对的。经典马克思主义人权观认为，人权不是绝对的、无限制的，在其发展过程中，必然要受到社会条件的各种限制。人权的产生和发展都是人类生产和社会实践在一定阶段上的产物。人类要生存和发展，不能“听天由命”，必须“与天奋斗”，正确认识和运用自然规律，合理使用自然资源，处理好人与环境的关系，也可以说是向自然界争生存、争自由。人这种不同于一切生物的特殊本质，是人之所以能创造一切财富，使自身具有高于一切生物的价值，即创造价值的价值的内在根据；也是人之所以理所当然而且能够获得生存、享受、发展等权利的内在根据。因此，人完全可以自豪地说，人的权利，既不是上天赋予的，也不是大自然恩赐的，而是人自己依靠劳动、实践奋斗得来的。当然，人的本质就是在一定的社会关系中从事生产、生活等实践活动。因而人的行为不只是受自然规律的制约，更重要的是要受人们自己活动的社会规律的制约。而人权问题，从它作为一个社会问题来说，在本质上，或者说，主要的、直接涉及的，不是人和自然的关系问题，而是人和人之间的关系，即人们的社会关系问题。所以，应该从人们的社会存在、社会物质生活条件、社会生产方式的变化发展，总之，从人类全部活动的基础——人们的物质实践和物质的社会关系出发来考察人权实际产生、发展的历史过程。人类历史事实说明，人权不是从来就有的。漫长的原始社会没有现代意义上的人权这样的社会现象和社会问题，人们也没有人权观念。随着人类社会由野蛮时代向文明时代过渡，由于生产力的发展，社会财富的增长，分工和交换的发展，生产资料私有制和阶级的产生，人群之间开始发生利益上的矛盾和对立，一部分人凭借其对生产资料和物质财富的占有，以及对国家权力的控制，获得政治、经济、文化等方面的特权，从而剥削、压迫另一部分人。占人口大多数的劳动人民的生存受到威胁，他们不仅失去了追求幸福和自由发展的可能性，而且丧失了做人的起码资格。正是这种不平等、不自由的现实生活，才使人权问题成为一个反对剥削阶级特权，使被剥削、被压迫阶级以至全体社会成员都能获得生存和发展的同等条件和机会，即所谓自由、平等权利才从被压迫阶级的反抗实践中被提了出来。封建社会末期出现了商品经济的萌芽。商品生产者要求平等竞争，自由地在统一的市场上买卖商品，自主地追求利益最大化，并迫切地要求分享更多的政治权利。而当这一切遭到封建特权的压制而变为不可能时，资产阶级也就义无反顾地拿起“平等、自由和民主”这三面“人权”大旗，号召和带领广大民众向封建堡垒发起猛烈的进攻。资产阶级一旦取得革命成功，建立起自己的统治，就第一次将这些基本人权写进了宪法。在无产阶级和劳动群众反对阶级剥削和社会压迫的斗争中，产生了以消灭剥削、消灭阶级、实现新的社会自由和平等为核心内容的新的人权观，这就是科学社会主义人权理论。在取得了社会主义革命的胜利、建立了社会主义制度的国家里，这种理论开始转化为现实。但是，正如恩格斯所说：“权利永远不能超出社会经济结构以及由经济结构所制约的社会的文化发展。”[①]社会主义作为对资本主义的扬弃，其人权无疑代表了现时代人权所能达到的最高水平，包容了许多为资本主义人权所拒斥的新元素。但是，也应看到，社会主义人权也并非人权发展的顶峰和极致，完全、理想的人权只

① 马克思，恩格斯．马克思恩格斯选集：第3卷［M］．中共中央马克思恩格斯列宁斯大林著作编译局，译．北京：人民出版社，1995：305．

有在还较为遥远的共产主义社会才能实现。

人类的实践活动内容、范围及其实现受一个国家的政权性质、经济基础和科学文化水平的制约和限制，人权的发展同样要受上述条件的制约和限制。正因为人权的实现程度同人类实践活动的深度和广度密切相连，所以我们说没有绝对的人权和不受条件限制的人权，人权本身有着一个不断发展进步的历史过程。

5.人权思维的辩证性

人权思维的辩证性是马克思主义人权观的又一鲜明特色。马克思、恩格斯认为："辩证法在对现存事物肯定的理解中同时包含对现存事物否定的理解，即对现存事物必然灭亡的理解；辩证法对每一种既成形式都是从不断的运动中因而也是从它的暂时性方面去理解；辩证法不崇拜任何东西，按其本质来说，它是批判的和革命的。"[①]人权思维的辩证性，既是马克思主义人权观的独特思维本性，又是区别西方人权观的重要特征。由此，马克思主义人权观的思想更深刻、内涵更丰富。它一方面是对资本主义状态下实然人权的批判，另一方面是对未来新社会"充分人权实现"的科学建构。马克思主义人权观认为，人权不是超历史、超时代、超阶级的，而是具体的、历史的、阶级的；不是权利与义务的分离，而是权利与义务的统一；不是个人权利与集体权利的对抗，而是集体人权与个人人权的辩证统一；不是个人权利的片面畸形，而是人的自由、全面、充分发展。我们今天学习掌握马克思、恩格斯人权观的深刻内涵，具体地、历史性地考察不同阶段马克思、恩格斯人权思想的深刻内涵和主要特征，不仅使我们清楚地看到它变化发展的脉络和线索，而且可以使我们更好地把握它的精神实质和深远意义。

综上所述，经典马克思主义人权观以其严谨的科学性、无可比拟的

① 马克思，恩格斯．马克思恩格斯选集：第2卷［M］．中共中央马克思恩格斯列宁斯大林著作编译局，译．北京：人民出版社，1995：117．

真理性和道义制高点，为我们观察、研究当代人权问题提供了深刻的思想理论基础和科学的方法论指导，但它并没有也不可能给我们做出解决这些问题的现成答案。经典马克思主义人权观博大精深、内容丰富，是马克思主义理论体系的有机组成部分。系统阐述和研究经典马克思主义人权观，研究和学习马克思分析人权问题的立场、观点和方法，对于推动我国人权理论的研究，促进我国人权事业的发展，使我国在国际人权斗争中立于不败之地，都有重要的现实意义和理论意义。在当前的人权理论创新与人权实践创新中，我们仍然要把经典马克思主义人权观同我国现阶段的具体情况相结合，以习近平新时代中国特色社会主义思想为指导，坚持中国特色社会主义人权事业的理论自信、制度自信、道路自信、文化自信，为“充分人权实现”作出应有的新贡献。

第二章
新的人权与时俱进

“与时俱进”一词最初源于《诗经》，它告诉人们要顺应时代发展的潮流，不能固步自封，更不能逆潮流而动。第三个千年的7月1日，总结中国共产党建党八十周年的历史经验，我们党把“与时俱进”升华为马克思主义的理论品质，并赋予了“实事求是、解放思想、与时俱进”思想路线新的内涵。习近平在十九大报告中指出：“新时代中国特色社会主义思想，是对马克思列宁主义、毛泽东思想、邓小平理论、‘三个代表’重要思想、科学发展观的继承和发展，是马克思主义中国化最新成果，是党和人民实践经验和集体智慧的结晶，是中国特色社会主义理论体系的重要组成部分。”①马克思主义中国化既是一个不断丰富和发展的过程，又是博大精深的动态科学理论体系。马克思主义人权观中国化是马克思主义中国化的重要内容和重要组成部分。在马克思人权观中国化的历史进程中，先后产生了毛泽东人权思想和中国特色社会主义理论体系中的三大理论的人权理论成果（邓小平人权理论、“三个代表”重要思想的人权论述、科学发展观中的人权论述）。党的十八大以来，习近平新时代中国特色社会主义思想中的系列人权最新论述是中国化马克思主义人权理论的重大创新成果。它既是马克思主义人权观中国化的最新理论成果，也是整个马克思主义中国化的最新重要内容和最新重要组成部分。

---

① 习近平. 决胜全面建成小康社会　夺取新时代中国特色社会主义伟大胜利［N］. 人民日报，2017-10-28.

一、马克思主义人权理论中国化的第一次飞跃

党的十八大报告指出："以毛泽东同志为核心的党的第一代中央领导集体带领全党全国各族人民完成了新民主主义，进行了社会主义改造，确立了社会主义基本制度，成功实现了中国历史上最深刻最伟大的社会变革，为当代中国一切发展进步奠定了根本政治前提和制度基础。"①毛泽东的人权理论是在中国土壤中生长的中国化的马克思主义人权理论，是在中国革命实践中形成和创立的中国化的马克思主义人权理论。毛泽东同志在领导中国半个多世纪的新民主主义革命、社会主义革命和社会主义建设中，把马克思主义关于人权理论的基本原理同中国革命和建设的具体实践相结合，创立了毛泽东的人权思想，创造性地提出了他的人民权利思想，继承和发展了马克思主义人权理论。这既是马克思主义人权理论中国化的第一次飞跃，又是马克思主义人权理论中国化的第一个理论成果，为中国特色社会主义人权理论体系的创立和形成奠定了重要的理论基础。

毛泽东同志的人民权利思想是中国历史上第一面真正意义上的人民权利论的理论旗帜。毛泽东同志把争取人民权利看作民主革命的基本任务之一，并将其同反帝反封建的革命任务结合起来、统一起来。在中国革命和建设的各个历史时期，毛泽东同志始终不忘号召并领导中国共产党和中国人民为争取人民权利而斗争，始终重视对人民权利的维护和保障。争人权、争自由，是土地革命时期毛泽东的人权思想和实践；争独立、争民权，是抗日战争时期毛泽东的人权思想和实践；保障人权、解救民生，是解放战争时期毛泽东的人权思想和实践；权利只给人民，是

① 胡锦涛. 坚定不移沿着中国特色社会主义道路前进　为全面建成小康社会而奋斗[M]. 北京：人民出版社，2012：10.

社会主义革命和建设时期毛泽东的人权思想和实践。

毛泽东人民权利思想的最突出特点是权利的人民性。"人民"，就其性质而言，是一个政治概念，在不同的国家和不同的历史时期有不同的含义。它表明谁在国家生活中居于主人翁地位，谁是国家权力的主体，谁是国家力量的源泉。毛泽东在《论人民民主专政》一文中明确指出："对于人民内部，则实行民主制度，人民有言论集会结社等项的自由权。选举权，只给人民，不给反动派。"[①]毛泽东人民权利思想具有鲜明的阶级性，他多次强调指出，在阶级社会中，无论是民主、自由还是人权、公民权利、人民权利都是有阶级性的，都是反映和代表一定的阶级的意志和利益的，根本没有超阶级的自由、民主和人权。

毛泽东人民权利思想的第二个突出特点是权利的广泛性。这不仅是指权利主体的广泛性，即全体人民，更重要的是指权利内容的广泛性。人民权利的内容不仅包括公民的政治权，还包括经济、社会和文化等一系列权利。他在《在陕甘宁边区参议会的演说》中指出："全国人民都要有人身自由的权利、参与政治的权利和保护财产的权利。全国人民都要有说话的机会，都要有衣穿，有饭吃，有事做，有书读，总之是要各得其所。"[②]他主持制定的1954年宪法规定了一系列的人民经济权利、政治权利、文化教育权利等等。

毛泽东人民权利思想的第三个突出特点是权利的物质文化条件的制约性，体现了他从实际出发、实事求是的原则和精神。1949年他在致谢觉哉的信中明确指出："人民各项权利，在我们这里，只能说实现了几个重要部分……在中国许多部分还是理想，不是事实。"[③]在《关于中华人民共和国宪法草案》的讲话中，他说："现在能实行我们就写，不能实行就不写，比如公民权利的物质保证，将来生产发展了，比现在一

① 毛泽东．毛泽东选集：第4卷［M］．北京：人民出版社，1991：1475．
② 毛泽东．毛泽东选集：第3卷［M］．北京：人民出版社，1991：808．
③ 毛泽东．毛泽东书信集［M］．北京：人民出版社，1983：248．

定扩大，但我们现在写的还是‘逐步扩大’。”

实践性是毛泽东人民权利思想的最根本性特征，他不仅注重人民权利的法律的规定和宣布，而且更加注重人民权利的保障和实践。在毛泽东人民权利思想的指引下，我国的人权理论与实践，取得了举世公认的巨大成就，不仅实现了中国人权革命的历史性转折，中国人民站起来了，取得了“做人的资格”，而且为此后的人权理论探索和人权事业的进步与发展创造了一个崭新的起点。这是以毛泽东同志为代表的中国共产党人对马克思主义人权理论的独创性贡献。

二、马克思主义人权理论中国化的第二次飞跃

胡锦涛同志在《在庆祝中国共产党成立90周年大会上的讲话》中指出：“我们党坚持把马克思主义基本原理同中国具体实际结合起来，在推进马克思主义中国化的历史进程中产生了两大理论成果。一大理论成果是毛泽东思想。另一大理论成果是中国特色社会主义理论体系。”[①]中国特色社会主义理论体系中的人权理论新成果，主要包括邓小平的人权理论、“三个代表”重要思想的人权论述以及科学发展观等重大战略思想中的人权创新观点。

1.邓小平的人权理论

邓小平同志以无产阶级革命家的雄才胆略和深邃的智慧，冲破了“左”的人权观念桎梏，根据国际国内形势的新特点、新情况，在反对新老殖民主义、霸权主义和强权政治的斗争中，紧密结合中国社会主义现代化建设和改革开放的实际，创造性地继承和发展了马克思主义及其人权理论，创立了邓小平人权理论。这是马克思主义人权理论中国化的

① 胡锦涛．在庆祝中国共产党成立90周年大会上的讲话［M］．北京：人民出版社，2011：7-8．

第二次飞跃的原创性理论成果。

邓小平同志在建设中国特色社会主义的伟大实践中，对马克思主义人权理论创造性地提出了一系列新观点、新思想、新论断。如，关于西方世界的所谓“人权”和我们讲的人权是两回事的思想；关于国权比人权重要得多的思想；关于搞强权政治的国家根本没有资格讲人权的思想；关于从中国的国情出发，把生存权和发展权放在首位的思想；关于在人权问题上既要从本国的实际出发，搞好自己的人权建设，维护国家的独立和主权，又要尊重国际社会关于人权普遍性原则的思想，等等。邓小平的这些新观点、新思想、新论断，具有前人和同时代人不可比拟的独有特点：

一是思想的解放性。解放思想、实事求是，是马克思主义及其人权理论的精髓和灵魂，也是邓小平理论及其人权思想的精髓和灵魂。党的十一届三中全会以前，在我们国家较长一段时间内，存在着“左”的思想影响，思想观念僵化，教条主义盛行，对马克思主义作教条式的理解，事事处处都要“以阶级斗争为纲”，束缚和禁锢了人们的思想，造成了工作上的严重失误和损害。这种思想状态在人权问题上的表现尤为突出。比如，相当多的人认为人权是非马克思主义的，甚至还有人认为人权是反马克思主义的；认为人权是资本主义的专利、资产阶级的口号，是同无产阶级、社会主义根本对立、毫不相容的。这种认识上的偏差，导致人们怕谈人权，在各种文件中也不敢使用人权一词。人权理论研究基本上处于空白状态，甚至成了禁区，无人敢问津，从而使我国在国际人权斗争中长期处于被动局面，国内人权建设受到严重阻碍，停滞不前。邓小平同志在新的历史条件下，以无产阶级革命家的胆略和深遂哲人的智慧，把马克思主义及其人权原理同中国的现代化建设和改革开放的实际紧密结合起来，创立了当代中国的马克思主义人权理论，精辟地阐述了当代中国人权同西方世界的人权“本质上是两回事，观点不同”“国权比人权重要得多”“搞强权政治的国家就根本没有资格讲人权”等一系列当代中国的马克思主义人权理论的新论断。这样，邓小平就冲破了“左”的人权观念束缚，确立了当代中国的马克思主义人权新观念的核心，就是解放思想、实事求是，这是适合当代中国国情的马克思主义人权新观念，也是邓小平人权理论的最大特色。

二是开拓的创造性。邓小平总结了毛泽东在中国进行探索社会主义改造和建设的经验教训，解放思想、实事求是，坚持把在中国最终实现共产主义普遍平等的人权理想同中国的具体国情相结合，创造性地提出了中国还处于并将长期处于社会主义初级阶段的科学论断，开拓性地创立了建设中国特色社会主义的科学理论和伟大实践，规划了中国人权事业发展的战略部署，即从“站起来”成为中国社会的人权主体，到“富起来”屹立于世界民族之林，并进一步实现了“强起来”成为富强、民主、文明的社会主义国家。这不仅是中国人权事业的巨大飞跃，而且是对世界人权事业发展的伟大贡献。毫无疑问，这当然是对马克思主义人权理论的重大新贡献。因而，无疑具有前无古人的开拓性。

三是鲜活的时代性。邓小平人权理论科学地反映了我们时代人权事业发展的新要求，给中国人民乃至世界人民争取和维护人权的斗争指明了前进方向和奋斗目标，具有鲜明的时代特征。不同历史时期发展的不同阶段，争取和维护人权的斗争有着不同的任务。邓小平同志以马克思主义为指导观察世界历史的发展，科学地分析了我们这个时代现阶段的突出特点和主要矛盾，精辟地概括了当今世界上需要解决的根本性问题。他指出：“现在世界上真正大的问题，带有全球性的战略问题，一个是和平问题，一个是经济问题或者说是发展问题。”[①]他又指出，和平与发展这两大问题，至今一个也没有解决，和平问题没有解决，发展问

① 邓小平．邓小平文选：第3卷［M］．北京：人民出版社，1993：105．

题更加严重。这就告诉我们，生存权、和平权与发展权是我们这个时代现阶段带有全球性的人权问题，争取和维护和平与发展是我们这个时代现阶段的两大任务。

四是革命的批判性。西方世界的一些政要和学者，无论把“人权”的口号喊得多么响亮，都有一个共同的特点，就是把“人权”孤立化和抽象化。孤立化，就是离开人权的阶级性、全面性，孤立地只讲公民个人的政治权利，抹杀人权的经济、社会、文化等方面性质；抽象化，就是离开现实人权保障的具体经济、社会、文化条件，一味地空谈人们的权利。这种孤立化、抽象化的特点，正是资产阶级自己巩固自己的人权、剥夺劳动人民应当实际享有的人权的一种手段。邓小平同志一针见血地指出：“什么是人权？首先一条，是多少人的人权？是少数人的人权，还是多数人的人权、全国人民的人权？西方世界的所谓‘人权’和我们讲的人权，本质上是两回事，观点不同。”①针对西方世界的所谓“人权高于主权”的论调，邓小平批判地指出：“国权比人权重要得多。”针对西方国家对我国人权的无理攻击，邓小平又一针见血地明确指出：“搞强权政治的国家就根本没有资格讲人权。”霸权主义和强权政治是和平与发展的主要障碍，是践踏人权的罪魁祸首，第三世界人民要团结起来，共同反对霸权主义和强权政治，共同抵制霸权主义的“人权外交”。

2.“三个代表”重要思想中的人权论述

在开创21世纪中国特色社会主义的人权伟大事业中，以江泽民为主要代表的第三代中央领导集体高举邓小平人权理论伟大旗帜，坚持、运用和发展了邓小平人权理论，在人权问题上发表了一系列重要论述，丰富了马克思主义人权理论宝库，成功地指导和领导了我国人权建设的

① 邓小平．邓小平文选：第3卷［M］．北京：人民出版社，1993：125．

伟大实践，为国际人权事业的发展作出了卓越贡献。这是马克思主义人权理论中国化的第二次飞跃的拓展性理论成果。

“三个代表”重要思想这一系统的科学理论体系，蕴含着极为丰富的马克思主义人权观的崭新内容，归纳概括起来，主要有如下一系列的新思想、新观点、新论断：第一，把人权的旗帜掌握在我们的手中；第二，共产党执政就是要领导和支持人民掌握管理国家的权力；第三，对一个民族来说，首先是人民的生存权和发展权以及国家的独立权；第四，实现民主、自由和人权的根本途径是社会进步和经济发展；第五，人权是一国主权范围内的事，反对以人权为借口干涉别国内政；第六，对待人权问题应进行平等对话而不应搞对抗；第七，中国既保障人民享受经济社会文化权利，又保障人民享受公民权利和政治权利；第八，人权既是普遍的，又是特殊的；第九，人权是由多种不可分割的权利构成的；第十，充分保障人民依法享有人权和民主自由权利；第十一，对残疾人人权的特别保障；第十二，建议对人权问题进行一番研究；第十三，积极促进国际人权事业的健康发展；第十四，实现更高层次的和更广泛的人权。这一系列崭新的人权思想和观点，体现着马克思主义与时俱进理论品质的创新特征：

一是与时俱进的理论品质。《“三个代表”重要思想学习纲要》指出：“马克思主义最重要的理论品质就是与时俱进。”与时俱进的理论品质，既是“三个代表”重要思想最重要的特点，也是“三个代表”重要思想科学理论体系中人权新思想、新观点的最重要特点。江泽民在《在庆祝中国共产党成立八十周年大会上的讲话》中指出：“马克思主义具有与时俱进的理论品质。如果不顾历史条件和现实情况的变化，拘泥于马克思主义经典作家在特定历史条件下、针对具体情况作出的某些个别论断和具体行动纲领，我们就会因为思想脱离实际而不能顺利前进，甚至发生失误。这就是我们为什么必须始终反对以教条主义的态度对待马克思主义理论的道理所在。”[①]“三个代表”重要思想开启了一个弘扬与时俱进精神的鲜活的大时代观、大开放观的人权认识新思路：其一是体现当代人权发展的时代性。用创新的人权观念，理解创新的人权理论。只要我们与时俱进地把握当代人权的时代新脉搏，运用马克思主义的基本理论，关注新变化，我们就能够创造性地作出符合时代特征要求的马克思主义人权的新论断。因此，“三个代表”重要思想精辟地指出：“只要我们站在时代前列，立足于新的实践，把握住时代特点，运用马克思主义基本理论研究现实中的重大问题……不断吸取一切科学的新经验、新思想、新成果，我们就能够对丰富和发展马克思主义作出新的贡献。”[②]其二是富有当代人权发展的开拓性。创新是一个民族进步的灵魂，是一个国家兴旺发达的不竭动力，也是一个政党永葆生机的源泉。要使党和国家的事业不停顿，首先理论上不能停顿。因此，我们只有自觉坚持“三个解放”，即自觉把我们的人权观念从那些不合时宜的观念、做法和体制中解放出来，从对马克思主义人权理论的错误的教条式理解中解放出来，从主观主义和形式主义的人权桎梏中解放出来，才能使我们的人权观念跟上时代的潮流，真正做到与时俱进。其三是把握当代人权发展的规律性。江泽民指出：“世界是丰富多彩的。各国文明的多样性，是人类社会的基本特征，也是人类文明进步的动力。应尊重各国的历史文化、社会制度和发展模式，承认世界多样性的现实。世界各种文明和社会制度，应长期共存，在竞争比较中取长补短，在求同存异中共同发展。”[③]江泽民的这一科学论述，极其深刻地揭示了人类社会文明发展的客观规律，是对人类社会文明演进历史的高度概括，也是对世界文明多样化现实的真实写照，为反对一切形式的霸权主义和强权政治，促进世界和平与发展，推动国际人权事业的健康发展，提供了科学

① 江泽民. 论“三个代表”[M]. 北京：人民出版社，2001：165.
② 江泽民. 论“三个代表”[M]. 北京：人民出版社，2001：167.
③ 江泽民. 论“三个代表”[M]. 北京：人民出版社，2001：184.

的理论武器。正是以江泽民为核心的第三代中央领导集体，具有这样海纳百川的包容精神、对外开放的大视野和宽广胸怀，在应对新老殖民主义和霸权主义"人权外交"的严峻挑战中，在与国际国内各种人权思潮的分析对比中，批判吸收世界人权文明发展的新成果，继承和发展了马克思主义人权理论，从而开辟了马克思主义人权观的崭新境界——当代中国马克思主义人权理论的最新成果。

二是旗帜鲜明的党性原则。"三个代表"重要思想系统的科学理论，创造性地继承和发展了毛泽东人民广泛性的人权思想和邓小平多数人的人权、全国人民的人权理论，从共产党执政的高度深刻地阐明了马克思主义人权观旗帜鲜明的党性原则。江泽民在党的十五大报告中第一次专门论述了共产党执政与保障人民人权的关系。他说："共产党执政就是领导和支持人民掌握管理国家的权力，实行民主选举、民主决策、民主管理和民主监督，保证人民依法享有广泛的权利和自由，尊重和保障人权。"[①]1999年10月20日，江泽民在《在英国剑桥大学的演讲》中又明确指出："中国共产党领导人民进行革命、建设和改革，就是要实现中国人民广泛的自由、民主和人权。今天中国所焕发出来的巨大活力，是中国人民拥有广泛自由、民主的生动写照。"江泽民在"99《财富》全球论坛·上海"开幕晚宴上的讲话中更加明确地指出："中华民族历来尊重人的尊严和价值。中国共产党领导人民进行革命、建设和改革，就是要实现全中国人民的自由、民主和人权。今天中国所焕发出来的巨大活力，生动地反映出中国人民具有自由、民主地发挥创造力的广阔空间。"江泽民的这些崭新的人权论述，极其深刻地阐明了共产党执政与保障人权的内在联系。保障人权，尊重人的尊严和价值，不仅是中华民族的光荣传统，更是中国共产党人的独特本质和优势。一部中国共

① 江泽民．高举邓小平理论伟大旗帜 把建设有中国特色社会主义事业全面推向二十一世纪［C］//江泽民文选：第2卷．北京：人民出版社，1997：35．

产党的历史，就是一部为广大人民争取人权、维护人权的历史。这也科学地说明了我们党对广大人民人权的高度重视和有效的维护，而管理国家也就是人民当家作主，是社会主义民主的实质所在。这既是江泽民人权重要论述的一大特色，又是对马克思主义人权理论的重大发展。

三是辩证科学的理性思维。“三个代表”重要思想科学理论体系中的人权新思想、新观点，辩证科学地反映了当代世界人权问题的方方面面，具有系统性和全面性的辩证思维特点。西方世界的政要和学者总是把“人权”孤立化、抽象化、绝对化、片面化。他们离开人权的全面性，孤立、抽象、片面夸大公民的政治权利，根本否定、抹杀公民的经济、社会、文化等方面的权利。江泽民全面系统地论述了人权是由多种不可分割的权利构成的。1997年10月30日在访美时的一次演讲中，江泽民指出：“集体人权与个人人权，经济、社会、文化权利与公民权利和政治权利，是不可分割的。”江泽民在“99《财富》全球论坛·上海”开幕晚宴上的讲话中进一步指出：“中国人民主张集体人权与个人人权、经济社会文化权利与公民政治权利紧密结合，这是适合中国国情的人权事业发展的必然道路。”在《在纪念建党八十周年的重要讲话》中，他更加明确地指出：“推进人的全面发展，同推进经济、文化的发展和改善人民物质文化生活，是互为前提和基础的。人越全面发展，社会的物质文化财富就会创造得越多，人民的生活就越能得到改善，而物质文化条件越充分，又越能推进人的全面发展。”[①]这就是说，集体人权与个人权利，经济、社会、文化权利与公民的政治权利是相互联系、相互促进、相互保障的。它们同等重要，应当辩证统一地全面发展。这些崭新的人权论述无疑是对马克思主义人权理论的创新发展。

四是高屋建瓴的战略视角。“三个代表”重要思想科学理论体系中

① 江泽民. 论“三个代表”[M]. 北京：人民出版社，2001：180.

的人权新思想、新观点高屋建瓴，具有宽广的战略视角。在联合国千年首脑会议上的讲话中，江泽民精辟地指出："回首百年，沧桑巨变。在这新世纪和新千年之交的历史时刻，国际社会有必要重新审视这两项原则。一方面，充分实现和享受人权是全人类追求的共同理想。促进和保护人权是各国政府的神圣职责。任何国家都有义务遵照国际人权文书，并结合本国国情和有关法律，促进和保护本国人民的人权与基本自由。另一方面，各国主权平等和相互尊重主权、互不干涉内政等原则仍然是现代国际关系的基本准则。国家不分大小、贫富和强弱，一律平等。维护本国的主权和安全，是每个国家政府和人民的神圣权利。各国人民有权自主选择符合本国国情的社会制度和发展道路，创造自己的生活。"在此基础上，他进一步指出："各国文明的多样性，是人类社会的基本特征，也是人类文明进步的动力。应尊重各国的历史文化、社会制度和发展模式，承认世界多样性的现实。世界各种文明和社会制度，应长期共存，在竞争比较中取长补短，在求同存异中共同发展。我们将继续同各国人民一道，为建设一个持久和平与普遍繁荣的世界而努力。"①中国人民愿意同世界各国人民一道，为促进和平与发展的崇高事业，为开创人类更加美好的未来，作出不懈的努力。我们愿意与国际社会一道，为缔造一个公正合理、和平繁荣的世界做贡献。中国作为联合国安理会常任理事国，将一如既往地为增进国际社会在人权领域的合作，尽到自己的责任，作出应有的贡献。在2000年3月1日第八届亚太人权研讨会的祝贺信中，江泽民明确指出："新世纪如何进一步加强国际人权领域的合作，促进国际人权事业的发展，是摆在国际社会面前的重要问题。"以江泽民为核心的党的第三代中央领导集体，正是在与国际国内各种人权思潮的分析对比中，借鉴吸收了世界人权文明发展的崭新成果，继承

① 江泽民．论"三个代表"［M］．北京：人民出版社，2001：184．

和发展了马克思主义人权理论，从而把马克思主义人权理论中国化推向一个崭新的发展阶段。

五是崭新的精神境界。“三个代表”重要思想科学理论体系中的一系列人权新思想、新观点，具有崭新的精神境界。江泽民坚持用马克思主义的宽广眼界观察当代世界发展的新趋势，在马克思主义人权理论体系中注入了崭新的时代内涵。“三个代表”重要思想联系当代世界发展趋势和人类文明进步潮流，联系巩固社会主义阵地、发展社会主义的历史使命，对代表中国先进生产力的发展要求、代表中国先进文化的前进方向、代表中国最广大人民群众的根本利益，作了全新的阐述。尤其是从“三个代表”重要思想相互关联的高度，极其深刻地阐明了实践“三个代表”重要思想的最终目的是为了实现中国最广大人民群众的根本利益的人权价值取向。始终代表中国先进生产力的发展要求的人权价值取向，深刻体现了唯物史观关于生产力决定生产关系、经济基础决定上层建筑的基本原理；始终代表中国先进文化前进方向的人权价值取向，深刻体现了唯物史观关于社会意识的相对独立性的基本原理；始终代表中国最广大人民群众利益的人权价值取向，深刻体现了人民群众是历史创造者的基本原理。而先进生产力、先进文化其实又都是人的本质力量的对象化体现，人民群众又正是先进生产力、先进文化的承担者和创造者。所以，江泽民精辟地指出：“人民群众是先进生产力和先进文化的创造主体，也是实现自身利益的根本力量。不断发展先进生产力和先进文化，归根到底都是为了满足人民群众日益增长的物质文化生活需要，不断实现最广大人民的根本利益。”[①]党要始终代表中国最广大人民群众的根本利益，从而使马克思主义人权理论充满鲜活的时代精神和鲜活的生命力。这是当代中国最新的马克思主义人权价值取向，也是江泽民

① 江泽民. 论“三个代表”[M]. 北京：人民出版社，2001：163.

“三个代表”重要思想所蕴含的人权科学内涵的崭新境界。

江泽民在1991年4月14日会见美国前总统吉米·卡特一行时的谈话中精辟地指出：“随着现代化建设的发展，还要实现更高层次的和更广泛的人权。”江泽民关于人权问题的这一科学论断，贯穿于他的人权论述的各个方面，集中体现了他的人权论述的时代特征和前瞻性。既满怀信心地揭示了中国社会主义人权的光明前景，又实事求是地证实了中国人权的现实状况，更指明了中国社会主义人权还必须进一步完善和发展。这就是：将生存权和发展权放在首位，在改革、稳定、发展的条件下，全面推进人权建设。这条道路的特点是：在发展人权的基本方向上，坚持发展生产力和共同富裕的原则，立足于改善全国人民的生活和促进全国人民人权的发展；在促进人权的轻重缓急上，强调生存权、发展权的优先地位，同时兼顾公民的政治、经济、社会、文化权利和个人、集体权利的全面发展；在保障和促进人权的方式上，强调稳定是前提，发展是关键，改革是动力，法制是保障；在国际人权舞台上，强调维护世界和平，反对霸权主义和强权政治，加强国际人权合作与对话。这无疑都是马克思主义人权理论在当代中国的最新发展。

3.科学发展观的人权重要论述

党的十八大报告指出：“科学发展观是中国特色社会主义理论体系的最新成果，是中国共产党集体智慧的结晶，是指导党和国家全部工作的强大思想武器。科学发展观同马克思列宁主义、毛泽东思想、邓小平理论、‘三个代表’重要思想一道，是党必须长期坚持的指导思想。”[①] 党的十六大，以胡锦涛同志为总书记的党中央，站在历史和时代的高度，以邓小平理论和“三个代表”重要思想为指导，从新世纪新阶段党和国家事业发展的全局出发，在准确把握世界发展趋势、认真总结我国

① 胡锦涛. 坚定不移沿着中国特色社会主义道路前进　为全面建成小康社会而奋斗[M]. 北京：人民出版社，2012：8.

发展经验、深入分析我国发展阶段性特征的基础上，在全面推进社会主义经济建设、政治建设、文化建设、社会建设和党的建设的同时，不断推进党的理论创新和实践创新，创造性地提出了以人为本、实现科学发展、构建社会主义和谐社会、推动建设持久和平共同繁荣的和谐世界等一系列重大战略思想，包含着丰富的人权新思想、新观点，是马克思主义人权理论中国化的最新理论成果。要全面、系统、深入地研究这些重大战略创新思想与人权科学发展的内在联系，善于从人权的角度解读我们党在改革、发展、稳定的良性互动中实现科学发展、和谐发展、和平发展的中国社会主义人权事业全面发展模式，善于把我国社会发展模式的独特优势和独特价值转化为人权发展模式和人权观的优势，善于把我国历史文化中的独特优势转化为创新人权理论的有益养料，善于借鉴世界各国和国际社会一切体现人类普遍价值的人权思想和有益经验。在历史与现实、理论与实践的有机结合中，形成一整套与科学发展观相适应的中国社会主义人权事业全面发展的人权创新理论、人权创新实践和人权创新道路以及人权创新模式。“尊重和保障人权，促进人权事业全面发展。”[①]“尊重和保障人权，依法保证全体社会成员平等参与、平等发展的权利。”以人为本，全面、协调、可持续发展的科学发展观，提升了中国社会主义人权事业全面发展的新境界，深化了中国社会主义人权事业全面发展的新内涵，指明了中国社会主义人权事业全面发展的新思路。

首先，科学发展观提升了中国人权事业全面发展的新境界。境界是人们对客观规律的深刻把握和对崇高事业的不懈追求。科学发展观提升了中国社会主义人权事业全面发展的新境界，最突出表现在当代中国人权建设进入了用以人为本科学发展观统领“人权事业全面发展”的理论

① 本书编写组.《中共中央关于制定国民经济和社会发展第十一个五年规划的建议》辅导读本［M］. 北京：人民出版社，2005：32.

创新和实践创新的新阶段。党的十五大报告明确提出了“尊重和保障人权”的新主张。2002年11月，党的十六大报告重申了这一主张并将“人民的政治、经济和文化权益得到切实尊重和保障”“促进人的全面发展”[①]等内容纳入全面建设小康社会的新目标。2003年9月，党的十六届三中全会明确提出“坚持以人为本，树立全面、协调、可持续的发展观，促进经济社会和人的全面发展”“建设社会主义民主政治，保证广大人民依法享有广泛的权利和自由”。[②]在中国共产党的修宪建议下，2004年3月，十届全国人大二次会议通过的宪法修正案第一次把“国家尊重和保障人权”的条款正式载入国家的根本大法，开创了用根本大法“尊重和保障人权”的新阶段。2004年9月，党的十六届四中全会从提高构建社会主义和谐社会能力的高度，明确提出共产党执政就是要“尊重和保障人权，保证人民依法享有广泛的权利和自由”[③]。2005年10月，党的十六届五中全会通过的《中共中央关于制定国民经济和社会发展第十一个五年规划的建议》进一步提出“尊重和保障人权，促进人权事业全面发展”[④]。2005年11月21日胡锦涛同志在接待美国总统布什访华时发表的重要讲话中明确指出：“从中国的国情出发，根据中国人民的意愿，不断建设中国特色的民主政治，不断提高中国人民享受人权的水平。”2006年3月，十届全国人大四次会议通过的《政府工作报告》也指出：“坚持以人为本，搞好‘五个统筹’，更加注重城乡、区域协调发展，更加注重社会事业建设，更加注重社会公平和社会稳定，让全体人民共享改革发展成果。”“坚持把解决涉及群众利益问题放在突出位置。”“切实维护劳动者的合法权益。”2006年4月22日，胡锦涛同志

① 本书编写组. 十六大报告辅导读本［M］. 北京：人民出版社，2002：29.

② 中共中央. 中共中央关于完善社会主义市场经济体制若干问题的决定［M］. 北京：人民出版社，2003：26.

③ 中共中央. 中共中央关于加强执政党能力建设的决定［M］. 北京：人民出版社，2004：17.

④ 本书编写组.《中共中央关于制定国民经济和社会发展第十一个五年规划的建议》辅导读本［M］. 北京：人民出版社，2005：32.

在耶鲁大学的演讲中指出："保障人民的生存权和发展权仍是中国的首要任务。我们将大力推动经济社会发展，依法保障人民享有自由、民主和人权，实现社会公平和正义，使13亿中国人民过上幸福生活。"2006年10月，党的十六届六中全会强调指出："健全民主制度，丰富民主形式，实现社会主义民主政治制度化、规范化、程序化，保障人民享有广泛的民主权利。"党的十七大总结了五年来中国人权事业的新发展和新经验，首次将"尊重和保障人权"写入党章，并从新的历史起点出发，着重强调要"尊重和保障人权，依法保证全体社会成员平等参与、平等发展的权利"，进一步突出了人权主体的广泛性和人民当家作主的主体地位，强调了平等原则在人权保障中的核心地位和法治保障的根本作用，体现了当代中国推动科学发展、促进社会和谐的内在要求，为我国人权事业的全面发展指明了方向。

科学发展观的人权论述。科学发展观的人权论述内容，概括起来主要有如下十五个方面：一是坚持以人为本，依法保证全体社会成员平等参与、平等发展的权利；二是坚持经济建设、政治建设、文化建设和社会建设的全面协调和可持续发展，促进人权事业的全面发展；三是人权发展是人类政治文明的重要标志；四是尊重和保障人权是社会主义民主政治的本质要求；五是人权充分彻底实现是未来共产主义社会的崇高目标；六是全面建设小康社会和构建和谐社会，不断提高人民群众享受经济文化权益的水平；七是"国家尊重和保障人权"，用宪法和法律维护和保障全体社会成员的合法权利；八是从中国的国情出发，不断提高中国人民享受人权的水平；九是把生存权和发展权作为首要的基本人权；十是坚持人权的普遍性和特殊性统一；十一是各国人民有权选择符合自己国情的人权发展道路和人权发展模式；十二是切实尊重和保护特殊群体的特殊权益；十三是维护国家主权尊严和领土完整；十四是维护世界文明的多样性，共建和谐世界；十五是坚持国际人权的合作与对话，促进国际人权事业的健康发展。科学发展观的这些人权新思想、新观点，是对马克思主义人权理论的继承和发展，是中国化的马克思主义人权理论的最新理论成果。

党的十六大表明：尊重和保障人权已经成为我们党的一项基本政治主张，成为国家的一项重要宪法原则。尊重和保障人权是国家的意志、人民的意志，必须始终不渝地为之努力奋斗；尊重和保障人权，同全面建设小康社会、推进中国特色社会主义事业的宏伟目标，同立党为公、执政为民的本质要求，同构建社会主义和谐社会、共建和谐世界的重大战略决策，共同构成了相互联系的有机统一整体。在这个有机统一整体中，必须自觉坚持用科学发展观统领经济社会发展的全局，推进社会主义物质文明建设、政治文明建设、精神文明建设和生态文明建设的全面协调发展，"尊重和保障人权，促进人权事业全面发展"；用科学发展观统领中国社会主义人权事业的全面发展，既是社会主义经济建设、政治建设、文化建设和社会建设全面协调发展的内在要求，也是经济社会发展的重要目标，它从人权发展的视角赋予经济社会发展以崭新的科学内涵，标志着当代中国人权事业进入了用科学发展观统领"人权事业全面发展"的新阶段。

其次，科学发展观深化了中国人权事业全面发展的科学内涵。"科学发展观，第一要义是发展，核心是以人为本，基本要求是全面协调可持续，根本方法是统筹兼顾。"[①]以人为本是科学发展观的核心本质和精神实质，全面、协调、可持续发展以及"统筹兼顾"的根本方法论，都是根据以人为本的发展理念而提出的，都是以人为本的内在要求。实现又好又快地科学发展，就是要把当代中国的发展纳入以人为本的发展轨道，从而深化了中国社会主义人权事业全面发展的新内涵。科学发展观尊重和保障人权的内在人本规定。科学发展观强调"以人为本"。所谓

① 胡锦涛．高举中国特色社会主义伟大旗帜　为夺取全面建设小康社会新胜利而奋斗［N］．北京：人民日报，2007-11-24．

"以人为本"，"就是要以促进人的全面发展为目标，从人民群众的根本利益出发谋发展、促发展，不断满足人民群众日益增长的物质文化需要，切实保障人民群众的经济、政治和文化权益，让发展的成果惠及全体人民"。人权是人依其自然属性和社会属性所应当享有的权利，其核心是与特定历史条件相联系的人之所以为人的基本尊严和自由度。尊重和保障人权就是使"全体社会成员"的人性、人格、能力、价值和精神依法获得全面的、充分的、自由的发展。"尊重和保障人权，依法保证全体社会成员平等参与、平等发展的权利。"以人为本的科学发展观，内在本质是对尊重和保障人权的科学界定。以人为本中的"人"，既指"全体社会成员"，又着重强调广大人民群众。以人为本的"本"，其题中应有之义，就是要以"全体社会成员"的权利为本，特别强调以广大人民群众的权利为本。因为人权这一概念与人这一概念具有内在直接的相关性。从逻辑上，高举"人"的旗帜，必然注重人权；从历史上看，凡在思想历史与社会历史上强调注重人的价值，就必然强调注重人权。尊重和保障人权，包括公民的政治、经济、文化权利，不断提高人们的思想道德素质、科学文化素质和健康素质；创造人们平等参与、平等发展、充分发挥聪明才智的社会环境，妥善处理人民群众根本利益和具体利益、长远利益和眼前利益的关系，使广大工人、农民、知识分子和其他群众越来越充分地享受到经济和社会发展的成果。科学发展观尊重和保障人权的内在人本要求。尊重和保障人权的内在人本要求，就是在更加自觉的层面上坚持以人权中的人为主体，以人权中的人为前提，以人权中的人为动力，以人权中的人为目的。这就意味着"以人为本"实际上就是"以人的权利为本"。因为权利和义务从来不可分割，任何人都是权利、义务的统一体。我的权利对别人来说是义务，别人的权利对我来说则是义务。人权是个体权利和集体权利的统一，并不仅仅是个体权利。人权经历了三代的演变，第一代、第二代人权仅限于个体权利，而第三代人权则发展为集体人权。作为当代第四代人权重要内容的和谐权和生态文明权，就是融人类权利与生态文明权有机统一的人权，融人类人权文明普遍性与特殊性的完美统一。尊重和保障人权的内在人本要求，具体来说，有这样几层含义：其一，充分肯定人权中的人在经济社会发展中的主体地位和作用。既要强调人在经济社会发展中的主体地位，又要强调人在经济社会发展中的主体作用。其二，经济社会发展必须坚持尊重人、解放人、塑造人和提升人。尊重人，就是尊重人的社会价值和个体价值，尊重人的独立人格、不同需求、能力差异，尊重人的创造和权利。解放人，就是不断冲破一切束缚人的聪明才智充分发挥的体制、机制、观念。塑造人，就是既把人塑造成权利的主体，又把人塑造成责任的主体。提升人，就是不断提升人的精神境界和权益境界，提升人的精神世界和精神家园。其三，在研究和解决经济社会发展问题时，既要坚持并运用历史的尺度，又要坚持并运用人的尺度，实现马克思主义“内外尺度的统一”，真正着眼于依靠广大人民群众、一切为了广大人民群众。尊重和保障人权的现实人本关怀。2006年4月22日，胡锦涛主席在耶鲁大学的演讲中精辟指出：“今天，我们坚持以人为本，就是要坚持发展为了人民、发展依靠人民、发展成果由人民共享，关注人的价值、权益和自由，关注人的生活质量、发展潜能和幸福指数，最终是为了实现人的全面发展。”人权不是天赋的，而是社会历史条件下的产物。人的价值和意义不是与生俱来的，而是由人的有目的的活动创造的。劳动和创造是一切价值的源泉，人只有在劳动和创造中才能实现自身价值，最大限度地创造价值。坚持以人为本的价值取向，就是要在肯定与重视人的价值和意义的同时，想方设法为人创造更大的价值提供条件。科学发展观的落脚点在人，归根到底是为了人的全面发展。人的全面发展程度和素质高低，决定着社会全面进步的速度和水平。尊重和保障人权的现实人本关怀，最紧迫的就是要求我们关注民生问题，把最广大、最直接、最现实的广大群众利益维护好、发展好、实现好，特别是关心、关爱弱势群体的各种合法权益。尊重和保障人权的现实人本关怀，还要求我们必须树立科学的人才观，尊重劳动、尊重知识、尊重人才、尊重创造，不唯学历、不唯职称、不唯资历、不唯身份，把品德、知识、能力和业绩作为衡量人才的标准，为人的全面发展创造良好的政策环境、工作环境和生活环境，形成鼓励人们干事业、支持人们干成事业的社会氛围，最大限度地释放人的潜能，使人们创业有机会，干事有舞台，发展有空间，激励人们为建设中国特色社会主义而奋斗，真正让“全体社会成员”共享改革发展的成果。

最后，科学发展观指明了中国人权事业全面发展的思路。科学发展观对人权的全面、协调和可持续发展，具有重要的世界观和方法论意义。让“全体社会成员”共享改革发展的成果，尊重和保障人权，是以人本为科学发展观的核心内容和本质要求。用科学发展观统领中国社会主义人权事业的全面发展，从而指明了中国社会主义人权事业全面发展的新思路。

一是推进物质文明建设的全面协调发展，不断提高广大人民群众生存权和发展权的质量水平。作为上层建筑的人权首先是建立在一定的物质文明基础之上的，总是同一定的物质文明建设水平相联系。社会主义物质文明建设是促进社会主义人权事业全面发展的物质基础和物质前提。只有自觉坚持以人为本的科学发展观，通过促进社会主义物质文明建设的全面协调发展，才能真正不断地提高广大人民群众生存权和发展权的质量水平，让“全体社会成员”共享改革发展的成果。首先，紧紧抓住科学发展观的第一要务。全面落实科学发展观，就要“转变发展观念、创新发展模式、提高发展质量，切实把经济社会发展转入以人为本、全面协调可持续发展的轨道”。用全面协调的社会主义物质文明建设成果，促进广大人民生存权和发展权的不断发展。其次，促进城乡区域协调发展。促进城乡区域的协调发展，不断提高广大农民和城镇居民生存权和发展权的质量水平，不断提高少数民族的平等权利和特有权利的发展水平，加快城乡区域经济社会发展，促进各民族共同繁荣进步。最后，完善社会保障体系和促进就业。我国社会主义初级阶段的基本国情，决定了完善社会保障体系和促进就业，在提高广大人民生存权和发展权的质量水平方面有着极其重要的特殊意义。完善社会保障体系和促进就业发展，不断提高人民享受经济、社会和文化权利的水平，大力发展各项社会事业，健全劳动保护、社会保障和社会福利制度，扩大就业机会，“依法保证全体社会成员平等参与、平等发展的权利”。尤其要加强对残疾人、妇女、未成年人、老年人合法权益的保护，尊重和维护他们的特有权益，在全社会形成尊重、关爱的和谐氛围。

二是推进政治文明建设的全面协调发展，不断提高全体社会成员平等参与、平等发展的权利的水平。人权既是政治文明的核心理念，又是政治文明的重要内容。政治文明越发达，人权事业越进步。只有自觉坚持以人为本的科学发展观，通过不断地促进政治文明建设的全面协调发展，才能不断提高全体社会成员平等参与、平等发展的权利的水平，让“全体社会成员”共享改革发展的成果。首先，民主执政。民主执政就是要在本质层面上自觉地尊重和保障人权。我国宪法规定，国家的一切权利属于人民，人民是国家和社会的主人，是一切公共权力的总源泉。中国共产党作为整个国家的领导核心，行使着重要的公共权力，其领导地位和执政能力来源于而且只能来源于人民的授予。人民之所以是国家一切权力的所有者和总源泉，是因为每一个基于人的本质和尊严所拥有的自由、平等权利即人权的自身内在本质规定，不是任何外在力量的主观强加。尊重和保障人权是人民民主的国家性质的体现，是党的执政地位的基础和执政权力的本原。坚持民主执政，最基本的就是坚持人民民主，牢记权为民所授，确保“权为民所用，情为民所系，利为民所谋”，切实尊重和保障人权。其次，依法行政。依法行政就是国家行政权力在法规层面上尊重和保障人权。随着改革的深入和发展，公众对国家政治和社会生活的参与意识、对权利和利益的保护要求、对自身能力的发挥和自身价值的追求，已呈现出越来越积极的发展趋势和发展期望。人们思想活动的独立性、选择性、多变性、差异性明显增强，对民主政治建设提出了更高的要求。依法行政和政务公开，就成了推进民主政治建设、促进人权事业发展的一项重要内容。加大依法行政力度，“推进政务公开，发展基层民主，保证人民群众依法行使选举权、知情权、参与权、监督权”。最后，人权的司法保障。在当代中国，尊重和保障人权已经不再局限在观念的层面上，而是提升到宪法和法律所保障的制度层面上，许多传统上被伦理、道德、人性所关注的一般人权，相继成为宪法和法律所保障的重要内容。在法治国家，人权实践上完全是通过法院得到保障和实施的；法官的任务就是解释宪法和成文法赋予公民的权利，以便确定他人诉讼请求是否有效，法官和法院是为宪法和法律确认的权利服务的。法院应当严格遵循罪刑相适应、平等适用刑法的原则，明确量刑根据与量刑基准，采用合理的量刑方法，实现公正量刑，从而依法保障被告人的合法权益和人格尊严权。

三是推进精神文明建设的全面协调发展，不断提高广大人民享受先进文化教育权利的水平。尊重和保障人权既是精神文明建设的重要内容，又是精神文明建设的重要目标。社会主义精神文明建设的全面协调发展，为人权建设提供了强大的精神动力和智力支持。只有自觉坚持以人为本的科学发展观，通过促进精神文明建设的全面协调发展，才能不断提高广大人民享受先进文化教育权利的水平，让全体社会成员共享改革发展的文化成果。首先，高举人权的理论旗帜。人权理论旗帜的核心内容，就是坚持以社会主义核心价值体系引领社会思潮。社会主义核心价值体系，是我国各族人民团结奋斗的共同基础，是占支配地位的国家主流意识形态，它应当也完全具备引领社会思潮的统摄和导向功能。在我国，马克思主义指导思想，中国特色社会主义共同理想，以爱国主义为核心的民族精神和以改革创新为核心的时代精神，社会主义荣辱观，代表着最广大人民群众的根本利益和整个社会的历史走向，具有任何其他价值体系都不可替代的先导性和影响力，因而必然成为我们党引领社会思潮的伟大旗帜，必然成为中国社会主义人权事业全面发展的旗帜。其次，加大人权的智力支持力度。面对构建社会主义和谐社会与共建和谐世界的新实践，我国的教育科学文化事业从总体看，与我国社会经济科技发展的要求还很不适应。因此，优先发展教育，加快人才培养步伐，提高国民素质，是实现我国现代化建设的必由之路。这就要求我们要切实把教育摆上优先发展的战略位置，坚持科教兴国战略和可持续发展战略，进一步普及义务教育，加大职业教育，提高高等教育质量和全社会的教育水平，使人人都有受教育的机会和享受先进文化教育的权利。加大政府对文化事业的投入，发展新闻出版、广播影视和文化艺术事业，创造更多更好适应人民群众需求的精神文化产品。兴起社会主义文化建设新高潮，不断提高国家文化软实力，不断提高广大人民享受先进文化生活和先进教育权利的水平，让全体社会成员共享改革发展的文化新成果。

四是推进生态文明建设的全面协调发展，不断满足广大人民享受绿色生态环境权利的需要。党的十七大报告第一次将“生态文明”写入党的主题报告，明确强调指出：“建设生态文明，基本形成节约能源资源和保护生态环境的产业结构、增长方式、消费模式……使生态文明观念在全社会牢固确立。”[①]这是我们党科学发展、和谐发展理念的一次升华，也为我们深刻理解环境友好型社会的生态文明权益奠定了坚实的理论基础。生态文明权益既是资源节约权和社会权的文明权益升华，又是与社会主义物质文明、政治文明、精神文明密不可分的整体社会文明形

① 胡锦涛．高举中国特色社会主义伟大旗帜　为夺取全面建设小康社会新胜利而奋斗[N]．北京：人民日报，2007-11-24．

态。生态文明权益是一种动态平衡的环境友好社会权，它的实质是高级文明形态的人与自然协调发展权，是人与自然、经济与生态环境的协调发展权，是人文景观与自然景观和谐相处的和谐发展权。它是既满足当代人的需要，又不对后代人满足其需要构成危害的和谐发展权，是一种既着眼于现在，更加着眼于未来的协调发展权。实现人与自然环境的友好相处，既是一场关系到人与自然和谐相处的“社会革命”，又是一场公民社会权的“深刻变革”。这种深刻变革，就由过去资源环境的改造者和征服者，转变为现在和谐相处的友好者、维护者和尊重者。这一深刻变革的公民社会权利本质，就是公民社会权的科学发展的能动自觉。

努力建设资源节约型社会。建设资源节约型社会是党的十六届五中全会的重大战略决策和长远战略方针。人均资源相对减少是我国突出的基本国情。如我国人均土地面积仅相当于世界平均水平的33%，人均耕地面积仅相当于世界平均水平的43%。我国人均水资源量，仅为世界平均水平的27%。我国不仅存在人均占有资源相对减少的问题，更为突出的是，我国的资源利用率还非常低下。我国综合能源利用效率仅为33%，是世界上单位能耗最高的国家之一。我国的资源浪费相当严重，如工业万元产值用水量是国外先进水平消耗量的10倍。国内资源供需矛盾加剧，资源对外依存度升高。因此，加快建设资源节约型社会，事关现代化建设进程和国家安全，事关人民群众的福祉和根本利益，事关中华民族的生存和长远发展。只有努力建设资源节约型社会，促进生态文明建设的全面协调发展，才能不断满足广大人民享受绿色生态环境权利的需要。

努力建设环境友好型社会。党的十六届五中全会第一次把建设环境友好型社会确定为国民经济与社会发展中长期规划和一项战略任务，这是紧密结合我国国情，借鉴国际先进的发展理念，按照落实科学发展观、全面建设小康社会和构建和谐社会的要求所作出的一项重大决策。

环境友好型社会靠人与自然和谐发展来促进人与人、人与社会的和谐。建设环境友好型社会，就是要以环境承载力为基础，以遵循自然规律为准则，以绿色科技为动力，倡导环境文化和生态文明，构建经济社会环境协调发展的社会体系。环境友好型社会既是一种环境伦理观念，也是经济社会发展和环境保护的实践指南，还是现代公民享受绿色生态环境的权利和价值选择。只有努力建设环境友好型社会，促进生态文明建设的全面协调发展，才能不断满足广大人民享受绿色生态环境权利的需要。

总而言之，中国特色社会主义人权理论的理论体系，以其强大的精神动力极大地推动了中国人权事业的创新发展和全面进步，以其鲜明的时代性、强烈的针对性、开拓的创造性品格，日益彰显其中国化的马克思主义人权理论的时代价值，这是马克思主义人权理论中国化的重要理论成果，是指导中国特色社会主义人权事业全面发展的行动指南。我们应当坚定中国特色社会主义人权理论自信。

三、马克思主义人权理论中国化的最新成果

“习近平新时代中国特色社会主义思想”，是十九大最重大的创新理论成果。十八大以来，以习近平同志为核心的党中央，进行着划时代的理论创新和实践创新，创立了习近平新时代中国特色社会主义思想。这是马克思主义中国化的最新成果，是中国特色社会主义理论体系的重要组成部分，是被实践证明了的科学真理，是进行伟大斗争、建设伟大工程、推进伟大事业、实现伟大梦想的实践指南，是中国共产党人新时代的精神支柱和力量源泉，是我们必须长期坚持的指导思想。

党的十八大以来，特别是十八届三中、四中、五中、六中全会以来，习近平同志以非凡的理论勇气、高超的政治智慧、坚韧的担当精

神，把握时代大趋势，回应实践新要求，顺应人民新期待，围绕改革发展稳定、内政外交国防、治党治国治军发表了一系列重要讲话，全面系统性地论述人权问题。他多次强调指出，人权没有最好，只有更好。在人权问题上没有完成时，只有进行时。任何国家都需要发展人权，以适应时代的发展与需要。中国人民实现中华民族伟大复兴的中国梦的过程，本质上就是实现社会公平正义和不断推动人权事业发展的进程。要坚持走符合中国国情的人权发展道路。中国坚持把人权的普遍性原则同中国实际相结合，不断推动经济社会发展，增进人民福址，促进社会公平正义，加强人权法治保障，努力促进经济、社会、文化权利和公民政治权利全面协调发展，显著提高了人民生存权、发展权的保障水平。随着中国特色社会主义建设不断取得新成就，中国人权发展的国际影响力必将更加增强。中国发展人权不需要向西方看齐，不需要西方来评判。对西方国家在人权问题上指手画脚的言行，要坚决顶回去。对党员干部、基本群众和青年学生，进行有针对性的马克思主义人权观教育是一项重要的学习任务。习总书记这一系列重要人权论述，是对马克思主义人权理论的重大创新发展，是中国化的马克思主义人权理论最新成果。以下各章具体展开论述。

第三章
新的人权思想导航

马克思在《德意志意识形态》中指出："如果从观念上来考察，那么一定的意识形式的解体足以使整个时代覆灭。"[①]是的，一个崭新的科学思想导航，同样产生崭新的时代。这就是科学理论的神奇伟力。"正像在18世纪的法国，在19世纪的德国，哲学革命也做了政治变革的先导。"[②]也就是哲学理论对社会变革的重要指导意义。同样的道理，习近平新时代中国特色社会主义思想中的系列人权新思想、新观点、新论述，给当下中国人权实践以科学导航，指明了前进的方向。新的人权实践由此开拓，新的人权理论由此产生，新的人权旗帜由此竖起。而新的人权思想导航的主要内容最集中表现为："中国梦"的人权价值引领；新发展理念的人权理性之光；人类命运共同体的人权价值先导；"三个只有"的人权辩证思维方法等等。

一、"中国梦"的人权价值引领

习近平关于"国家富强，民族振兴，人民幸福"即"中国梦"的科学论断，蕴含着深刻的人权价值引领内涵。"两个一百年"的奋斗目标，实现中华民族伟大复兴的中国梦，生动诠释了中国特色社会主义的

---

① 马克思，恩格斯. 马克思恩格斯全集：第3卷［M］. 中共中央马克思恩格斯列宁斯大林著作编译局，译. 北京：人民出版社，1972：236.

② 马克思，恩格斯. 马克思恩格斯选集：第4卷［M］. 中共中央马克思恩格斯列宁斯大林著作编译局，译. 北京：人民出版社，1995：365.

价值目标，是中国社会主义核心价值观的形象表达，是社会主义核心价值体系的生动反映，成为引领当前中国人权事业发展的进步旗帜。

1.“中国梦”的时代价值引领中国人权事业发展的根本方向

“中国梦”的时代价值引领中国人权事业发展的根本方向，方向涉及道路、目标、路径、正能量，关系全局、决定长远。习近平总书记强调：“我们的方向就是中国特色社会主义道路。”习近平关于“中国梦”的崇高历史使命担当，是凝聚全党全国各族人民团结奋斗的精神旗帜和时代强音，引领中国人权事业蓬勃发展的根本方向。

第一，“中国梦”的时代价值引领中国人权事业发展的宏伟目标。国家富强、民族振兴、人民幸福的“中国梦”，凝聚了几代中国人的夙愿，代表了中华民族和中国人民的整体利益，是每一个中华儿女的共同期盼。历史告诉人们，每个人的前途命运总是与国家和民族的前途命运紧密相联。“国家好，民族好，大家才会好。”①这是对中华民族悠久文明传承规律的透彻把握，是对近代以来中华民族发展历程和社会主义现代化大趋势的深刻揭示。“两个一百年目标”即“实现全面建成小康社会、建成富强民主和谐的社会主义现代化国家的奋斗目标，实现中华民族伟大复兴的中国梦，就是要实现国家富强、民族振兴、人民幸福”。②既有厚重的历史使命感，更有鲜活的时代感，“中国梦”与中国人权同根、同源，为中国人权事业发展指明了“依法保证全体社会成员平等参与、平等发展的权利”的新目标。中华人民共和国成立以来，特别是改革开放以来的实践证明，我国不仅成功地走出了一条不同于西方国家的人权发展道路，而且形成了一套不同于西方国家的人权制度体系。坚持和发展中国特色社会主义人权发展道路，就是要发挥人民当家作主的制度优势，保证人民当家作主的主体地位；强化人民政府自我更新完善的

① 习近平．习近平参观《复兴之路》展览时的讲话［N］．人民日报，2012-11-30．
② 习近平．习近平《在第十二届全国人民代表大会第一次会议上的讲话》［N］．人民日报，2013-03-18．

制度韧性，促进治理体系更加科学、治理能力更加有效；激发解放和发展社会生产力的制度活力，破除治理体系的陈规陋习；发掘维护社会公正的制度潜能，保证最大多数人共享治理成果的合法权益。

第二，“中国梦”的时代价值引领中国人权事业发展的根本路径。习近平强调，实现“中国梦”必须走中国道路，必须弘扬中国精神，必须凝聚中国力量。这就指明了实现“中国梦”是坚持中国道路、弘扬中国精神、凝聚中国力量的根本路径。“梦在前方，路在脚下”①，这是“中国梦”与中国道路相互关系的生动写照。“中国梦”蕴含着富强、民主、文明、和谐的价值目标，指明了弘扬中国精神的价值理想。只有大力弘扬以爱国主义为核心的民族精神和以改革创新为核心的时代精神，才能充分展现中国精神推动中国历史发展的精神动力。“中国梦”是中国各族人民利益的最佳融合剂，是中国力量的最佳着力点、聚焦点、落脚点，各族人民只有朝着“中国梦”的价值目标共同奋斗，才能真正形成中华民族大团结、大联合的磅礴力量。在改革开放实践中，不同思想认识的人、不同阶层的人，利益诉求也不相同。站在人民利益的根本立场上，就能统筹兼顾各个地区、民族、阶层、行业、部门的利益，取得利益的“最大公约数”，让更多的人受益，让更多的群众受益。只有坚持人民利益的根本立场，把最广大人民的根本利益作为改革的根本标准、根本导向，才能凝聚改革的最大共识、形成改革的强大合力、获取改革的巨大红利。正是在“中国梦”这一价值目标的引领下，中国人权事业的发展必将书写出时代崭新篇章。

第三，“中国梦”的时代价值引领中国人权事业发展的巨大正能量。“中国梦”蕴含着攻坚克难的价值支撑。富强、民主、文明、和谐的价值目标，凝结着“共同享有”的公平正义价值理念。习近平强调指

① 习近平．习近平参观《复兴之路》展览时的讲话［N］．人民日报，2012-11-30．

出："生活在我们伟大祖国和伟大时代的中国人民，共同享有人生出彩的机会，共同享有梦想成真的机会，共同享有同祖国和时代一起成长与进步的机会。"[①]这"三个共同享有"的"公正平等机会"，充分体现了公平正义尤其是机会公平的核心价值理念。个人的创业梦、个人的成长成才梦与国家振兴梦、人民幸福梦交相辉映，互动交融，这与公平正义的核心价值理念在全社会的延伸是紧密相联的。但是，深化改革中的分配不公、贫富差距、腐败现象以及民生问题，使得普通公民对公平正义的价值诉求日益强烈。全面深化改革的根本是制度创新、关系变革、结构变化，核心是利益调整。当前改革需要解决的深层次利益矛盾问题格外艰巨，都是难啃的硬骨头，难就难在打破深层次利益关系束缚，硬就硬在破除深层次利益固化藩篱。而"中国梦"的价值引领所强调的"三个共同享有"以及中共十八大报告提出的"权利公平、规则公平、机会公平"的人权价值新理念，为全体社会成员共同享有机会公平和改革红利，提供了公平正义的价值支撑，必将引领当代中国深化改革开放，凝聚走向共同富裕与和谐稳定的巨大正能量。

2."中国梦"的内核价值引领中国人权事业发展的文明走向

"中国梦"的内核价值蕴含着社会主义核心价值观"三个倡导"新理念，能够从国家、社会、个人不同的价值层面，引领中国人权事业发展的文明走向。

(1)"中国梦"的内核价值引领实现富强、民主、文明、和谐的文明国家走向

第一，"中国梦"的内核价值引领实现国家富强、人民幸福的人权梦想。一部中华民族的近现代史，既是一部民族沉吟史，更是一部民族复兴史。一个半世纪以前，西方列强用大炮轰开了中国闭关锁国的大

① 习近平. 习近平《在第十二届全国人民代表大会第一次会议上的讲话》[N]. 人民日报，2013-03-18.

门，使得中国人民陷入了屈辱、贫弱的深渊之中。正因如此，寻求民族独立富强便成了全中国人民的共同梦想。无论是洋务运动，还是戊戌变法以及辛亥革命，特别是中国共产党领导的新民主主义革命的根本目的都是为了实现民族独立、国家富强和人民幸福。中国人民追求富强的梦想既是顽强和持久的，更是艰难、曲折、漫长的。中华民族独立富强梦得以真正实现的一条最根本的原因，就是成功开辟了一条道路，形成了一个理论体系，创立了一个基本制度。民族独立、国家富强的最终目的是实现人民幸福。人民是国家的主人，人民既是国家一切公共权力的总根源，又是经济社会文化权益的享有者。这是实现富强、民主、文明、和谐的文明国家走向的人权梦之真谛。

第二，“中国梦”的内核价值引领实现政治民主的人权梦想。政治民主体现和保证了“中国梦”的社会主义性质和现代文明的价值。民主是社会主义的生命，没有民主，就没有社会主义。“中国梦”体现在政治领域就是要实现民主政治。自戊戌变法以来中国先进人士领悟到了政治民主的价值，从那时起中国历次大的社会政治文化运动都把民主与科学作为重大价值选择。辛亥革命是要实现民主，“五四”运动是要实现民主，新民主主义革命是要实现民主，社会主义革命、建设、改革开放更是自觉地高举人民民主大旗，建设社会主义政治民主。封建专权和特权以及神权的严重束缚是绝不可能实现人的自由和尊严的，也不可能实现广大人民的共同富裕。如果说社会主义市场经济能实现富裕价值的话，那么，中国特色社会主义政治民主最能充分实现广大人民群众的民主、自由和尊严。

第三，“中国梦”的内核价值引领实现精神文明的人权梦想。一个国家的文明昌盛不仅要有强大的经济实力作后盾，政治文明作保证，还要有高尚的精神文明作支撑。高尚的精神文明支撑包括广开民智，兴民德，使国民既有丰富的科学文化素养，更有高尚的思想道德情操。国民高尚的精神文明支撑，不仅包括独立自由思考的能力，更要有公平正义感、崇高境界和健康而丰富的精神文化情调。国民高尚的精神文明支撑，还要求有进取的思想创造力和创造想象力，以及宽广的胸怀和多元开放的国际视野，使中华民族的精神价值具有普遍的吸引力、感召力和引领力，努力形成中国特色的话语体系。

第四，“中国梦”的内核价值引领实现社会和谐的人权梦想。实现人与自然的和谐、人与人的和谐、人与社会的和谐、人与自我的和谐、人的内心世界的和谐，是“中国梦”的内核价值要求。社会主义市场经济的内生动力固然离不开竞争，但市场经济又是法治经济和诚信有序经济。大力发展生产力需要改造自然，但改造自然并不排斥人与自然的和谐相处。市场经济的个人主体需要拼搏奋斗，但拼搏奋斗并不排斥内心心灵健康和谐。“中国梦”的内核价值要求把竞争与和谐有机平衡起来，把改造自然和与自然和谐相处有机统一起来。由此，我们的国家和社会才会呈现出既充满发展活力又和谐有序的美好状态。

（2）“中国梦”的内核价值引领构建自由平等、公正、法治的文明社会走向

第一，“中国梦”的内核价值引领实现人的自由发展的人权梦想。马克思、恩格斯指出：未来社会人的发展终极价值追求是“每个人的自由发展是一切人的自由发展的条件。”[①]实现“每个人的自由发展”是社会主义的崇高价值目标。实现人的自由发展是“中国梦”的内核价值要求。现代文明社会的一个显著标志，就是人的自由发展表现为一系列体现自由创造的能动自觉，以及权利和义务的自觉享有和自觉遵守。

第二，“中国梦”的内核价值引领实现人的平等的人权梦想。“每个

① 马克思，恩格斯．马克思恩格斯文集：第2卷［M］．中共中央马克思恩格斯列宁斯大林著作编译局，译．北京：人民出版社，2009：53．

人的自由发展”与每个人的平等发展的自由是内在统一的。人与人之间关系的平等，是自由在社会生活中得以实现的条件。如果人与人之间是支配和被支配、压迫和被压迫的关系，那就谈不上自由发展。当然平等也不是人的活动结果上的平均主义大锅饭，而是人格、身份的平等，是机会的平等、起点的平等、规则的平等、程序的平等，是法律面前的人人平等。有了这样的平等，每个人才能更好地依靠自己的聪明才智和能动性取得应有的平等地位，才有精彩人生的机会，社会阶层才能从固化僵死走向流动和谐。

第三，“中国梦”的内核价值引领实现社会公正的人权梦想。公平正义是当下每个公民的信仰。公正的内容是自由和平等的辩证统一。如果只强调自由而无平等会失去秩序、规范，如果只强调平等而无自由会失去生机与活力。“中国梦”的价值内核就是要通过公正把自由和平等两种价值有机统一起来，更好地克服和消除贫富两极分化和平均主义大锅饭的两种片面极端，使社会对各种资源和价值的分配走向合理合法，使人们的劳动交换走向合情合理。中共十八大报告首次明确提出“逐步建立以权利公平、机会公平、规则公平为主要内容的社会保障体系”[①]的新主张。从这个意义上说，“中国梦”也就是实现广大人民的公平梦、正义梦、公正梦。

第四，“中国梦”的内核价值引领实现社会法治的人权梦想。法治的真谛是人权，法治是实现自由平等公正价值的有序方式，法治是实现公正的制度化形式，公正是法治的价值内容和规制。德国著名哲学大师康德指出，文明社会就是有序的法制社会。依法治国，建设社会主义法治国家已经成为我国的基本方略。中共十八大报告凝练出我国社会法治制度支撑的自由、平等、公正、法治的共同价值理念。这就充分体现了用法治来实现自由平等和公正，也是中国人权梦的内核价值诉求。

① 胡锦涛．坚定不移沿着中国特色社会主义道路前进 为全面建成小康社会而奋斗[M]．北京：人民出版社，2012：21．

(3)“中国梦”的内核价值指引塑造爱国、敬业、诚信、友善的文明公民走向

“中国梦”的内核价值最终都是为了人、依靠人、提升人和发展人。离开了现实的个体人，“中国梦”没有真正的现实主体，也就没有实际意义。塑造爱国、敬业、诚信、友善的个体文明公民，既是中国人权梦的内核价值具体要求，又是中国人权梦得以真正实现的伦理条件。

第一，“中国梦”的内核价值引领塑造爱国精神的社会公民的人权梦想。爱国主义是中华民族的优良传统，是民族精神的核心内容，是中华民族伟大复兴的精神动力。一部近现代中国史，也就是一部爱国主义的英雄史诗。中国人由爱国而革命，由爱国而建设，由爱国而改革开放，充分说明爱国主义精神是中华民族伟大复兴的不竭动力。

第二，“中国梦”的内核价值引领塑造敬业精神的社会公民的人权梦想。现代社会既是分工协作的严密组织体系，又是每个人爱岗敬业的活的细胞。只有每个人都爱岗敬业，干好自己的本职工作，才能形成整个民族和国家的整体合力。爱岗敬业不仅是自己成长成才的关键，也是整个民族和国家强大的聚合力。只有全社会每个个人都自觉自愿爱岗敬业，并且形成一种优良的社会风气，由人人组成的民族和国家才是美好的，才会充满生机与创造活力。

第三，“中国梦”的内核价值引领塑造诚信精神的社会公民的人权梦想。诚实守信本是中华民族的优良传统，由于现实社会中的种种负面影响，诚信缺失已成为目前人们最为焦虑的重大社会道德问题。我国每年因诚信缺失所造成的直接经济损失竟高达五六千亿元。因此，建立健全社会诚信、商务诚信、政务诚信已经成为当下国人的价值诉求和道德选择。诚信已经不是单纯的道德伦理问题，而是关乎整个社会主义物质文明、政治文明、精神文明、社会文明、生态文明战略全局性的大问题。

第四，“中国梦”的内核价值引领塑造友善精神的社会公民的人权

梦想。友善是一个要求更高、更具普遍意义的伦理价值目标追求。公正价值要求国民做到利己不损人的和谐相处，而友善则要求人与人相互关怀和相互帮助。在社会主义市场经济条件下，在由陌生人组成的公共生活领域，如果国民能够相互友善、相互关爱，这将是一个充满爱的真正友好的和谐社会。“中国梦”的内核价值就是指引人们自觉塑造友善精神的社会公民，我们坚信，在“中国梦”的指引下，大爱友善美好和谐的明媚阳光一定会普照中国大地！

3.“中国梦”的世界价值引领：推动国际人权事业健康发展的文明进程

“中国梦”既是中国的梦，也是世界和平发展之梦、合作对话之梦、互鉴双赢之梦，与世界各国人民的美好梦想互鉴共赢。中国的逐梦之路，必然与世界文明同行。“中国梦”的人权价值意义具有世界性，必将推动国际人权事业健康发展的文明进程。

首先，坚持国际人权合作对话与维护国家核心权益的有机统一，推动国际人权事业健康发展的文明进程。

第一，积极倡导建立公正合理的国际新秩序的世界人权价值新理念。当今世界不公正、不合理的国际旧秩序尚未根本改变，西方霸权主义冷战思维极端张扬，这是引发世界局部动荡和国际人权对抗的主要根源。改革开放以来，中国政府积极倡导合作共赢的人权价值理念。中国的人权合作与对话既不损害别人，更不威胁别人。讲信修睦、尊重并善待他人的优秀传统文化积淀，塑造了中华民族敦厚平和的秉性；海纳百川、兼容并包的传统哲学，孕育了中华民族推己及人的文化。近代以来，饱受帝国主义、殖民主义之害的中华民族深深懂得和谐、和平的珍贵，决不会走西方列强殖民侵略、霸权扩张的老路。中国积极为世界和平与发展作出自己的贡献，不搞侵略扩张，永远不争霸、不称霸，始终是维护世界和地区和平稳定的坚定力量。中国不仅是合作共赢的积极倡导者，更是合作共赢的切实践行者。中国已经连续成功举办九届北京人权论坛就是最好的例证。

第二，确立全球化大背景下与世界各国密切合作、携手共赢、共同维护国家核心权益的人权价值观。中国积极构建平等互信、包容互鉴、合作共赢的新型大国关系。但特别需要强调的是，坚决维护国家核心利益是我国对外交往和人权合作对话的基本底线。习近平主席强调指出，我们要坚持走和平发展的道路，但决不能放弃我们的正当合法权益，决不能牺牲国家核心权益。任何国家都不要指望我们会拿自己的核心权益做交易，不要指望我们会吞下损害我国主权、安全、发展利益的苦果。实现“中国梦”，从对外交往和国际人权对话的层面来说，底线和前提在于坚决维护我国主权、安全、发展等核心利益，既应对传统安全威胁，又维护国家发展利益；既维护领土、领海、领空安全，又维护海洋、太空、电磁空间以及其他方面的国家安全；既维护国内安全稳定，又积极参与国际和地区安全合作、联合国维和、国际反恐、国际人道主义救援等，为维护世界和平贡献力量。

其次，坚持发展自己与为人类文明做贡献的有机统一，推动国际人权事业健康发展的文明进程。

第一，坚持紧紧抓住重要战略机遇期的人权价值观。紧紧抓住大有作为的重要战略机遇期，全面深化改革开放，推动中国经济持续发展是世界经济发展的重大利好，推动国际人权事业健康发展的文明进程。改革开放30多年来，随着我国经济的迅速发展，我国对世界经济增长的贡献越来越大，成为世界经济增长的一个重要引擎。我国市场规模不断扩大，为各国企业创造了新的发展空间；我国对外贸易迅速增长，给各国消费者带来了巨大实惠；我国经济持续稳定增长，为国际人权事业健康发展提供了共同繁荣的机会。

第二，坚持发展道路多样性的人权价值观。发展道路的多样性是对人类社会发展模式的丰富和拓展，有力地推动国际人权事业健康发展的文明走势。一个国家的发展道路必须与其具体国情相适应，否则就会水土不服、归于失败。鸦片战争以来的历史告诉我们，实现“中国梦”一定要走自己的路，这条路就是中国道路。中国道路并不是以中国的特殊性否定人类社会发展的普遍性，而是对人类社会发展道路的探索和丰富。中国的成功不仅具有经济意义，为其他国家的经济发展拓宽了视野、提供了机会，也为人类社会向更高的政治文明形态演进提供了新的发展模式。

第三，坚持人类多样文明互鉴交流的人权价值观。当今世界正处于一个多样文明交融互通的时代，不同人权文明的交流合作已成为时代的紧迫要求。未来的世界更是不同人权文明进一步相互交流、不同人权文明理念互相碰撞、不同人权文明互相学习、互相提升、共同提高的过程。各国应尊重他国人权文化特色和优势，相互借鉴，取长补短，共享人类人权文明成果，使友好合作的社会基础更加坚实。中华文化曾在人类文明发展中扮演了重要的角色。在实现“中国梦”的伟大进程中，我们不仅要进一步发掘整理和发扬光大中国优秀传统文化，而且要不断提升中华文化的创造力和影响力，为人类文明进步贡献我们的智慧和思想。只有善于吸收和改造人类历史上创造的一切有价值的人权理论和人权实践成果，并在此基础上根据中国的实际加以创造性地转化和发展，我们的人权理论体系和话语体系才能真正代表时代发展精神和世界进步潮流，才能为世界各国人民所广泛理解和认同。为此，我们应当加强对国际人权文书和各国人权发展模式的研究和借鉴，加强对国际人权理论和实践前沿问题的探究，善于在国际国内人权理论与实践成果的相互转化、优势互补中进行创新，牢牢把握世界人权文明发展的历史大趋势。“中国梦”的人权价值意义，将促进世界上不同人权文明“各美其美、美人之美”，从而为不同人权文明“美美与共”“天下大同”作出积极贡献。正如习近平总书记在联合国教科文组织总部发表演讲时所指出的那样：“让中华文明同世界各国人民创造的丰富多彩的文明一道，为人类提供正确的精神指引和强大的精神动力。”[①]这恰是人类人权文明互鉴交流的必然趋势。

二、新发展理念的人权理性之光

一个执政党的发展理念，不仅关系到这个政党的生存发展，而且决定这个国家和民族经济社会发展的前进方向。十九大报告指出：“坚持新发展理念，是解决一切问题的基础和关键，发展必须坚持是科学发展，必须坚定不移贯彻创新、协调、绿色、开放、共享的发展理念。”[②]在党的十八届五中全会上，习近平总书记创造性地提出了“创新、协调、绿色、开放、共享”的发展新理念。新发展理念对于我国经济、政治、文化、社会、生态的发展将起到重要的引领作用，与此同时，我国人权事业发展也有了新理念导航，也进入了新的历史发展阶段。

1.创新：引领人权发展的动力之光

习近平总书记指出，抓住了创新，就抓住了牵动经济社会发展全局的“牛鼻子”。树立创新发展理念，就必须把创新摆在国家发展全局的核心位置，不断推进理论创新、制度创新、科技创新、文化创新等各方面创新，让创新贯穿党和国家一切工作，让创新在全社会蔚然成风。[③]创新是引领发展的第一动力，创新也是引领当代中国人权理论发展的第一动力。只有通过创新，中国人权事业才能保持旺盛的生命力与持续发展的前进动力。

第一，当代中国人权理论发展的国际国内环境正在发生重大变化。

---

① 习近平．习近平总书记系列重要讲话读本［M］．北京：学习出版社，人民出版社，2016：133．

② 习近平．决胜全面建成小康社会　夺取新时代中国特色社会主义伟大胜利［N］．人民日报，2017-10-28．

③ 习近平．习近平总书记系列重要讲话读本［M］．北京：学习出版社，人民出版社，2016：133．

当代中国人权理论需要不断创新的重要原因就是，当前国际国内环境正在发生深刻变化，只有因应这种变化而进行理论创新，人权理论才会具有生命力。改革开放以来，在马克思主义人权观指导下，当代中国人权理论在与西方人权理论辨伪与求真的过程中逐步发展。其发展过程至少受到四方面的影响：马克思主义人权观、中国的基本国情、世界政治经济发展的态势以及西方人权观念。在新的历史条件下，这四个方面都已经发生不同程度的变化。

首先，马克思主义人权观形成的问题意识与当代中国人权理论建构的问题意识已经不可同日而语。马克思主义人权观在其形成时期重在对资产阶级人权制度与人权实践的批判，至于构建何种系统的人权理论则不是理论重点。当代中国人权理论发展的重点是建构中国特色社会主义人权理论体系并以此指导中国人权事业的发展，其重心在于建构而非批判。因此，当代中国人权理论的发展必须以创新的视野对待马克思主义人权观，推进马克思人权观中国化，习近平新时代中国特色社会主义思想的人权科学内涵是马克思主义人权中国化的最新理论成果。

其次，中国的基本国情随着改革开放的深入推进正在发生深刻且深远的变化。这一变化不仅仅在经济上得到直接体现，在人们的生活态度、社会参与程度、国家治理等方面都有突出表现。中国特色社会主义进入新时代，我国社会主要矛盾已经转化为人民日益增长的美好生活需要和不平衡、不充分的发展之间的矛盾。这一重大新变化应当在当代中国人权理论上有所体现，这也要求当代中国人权理论与时俱进，不断创新。

再次，世界政治经济发展已经发生很大变化。随着我国综合国力的提升，国际影响力也日益加强，国际话语权也越来越大。这其中，提升中国人权话语体系的国际影响力问题也越来越受到重视。当代中国人权理论只有不断创新，才能顺应提升中国人权话语体系国际影响力的需求。

最后，西方人权观念自身需要不断创新。西方人权观念源自古典人权理论。古典人权理论主要在对抗封建王权、神权的基础上建构而来，是资产阶级国家立国的基础理论。可以说，古典人权理论只是论证了当时资产阶级国家存在的正当性。但随着社会的发展尤其是高科技的发展，西方人权观念的局限性也日益凸显，无法反映全球人民整体利益以及有效整合全球资源，特别是美式霸权主义制造的种种人道主义灾难，欧洲难民的人权之殇等等，都需要西方人权观进行自我检讨。

第二，创新是当代中国人权理论适应社会发展变化的内在动力。

在国际国内环境正在经历深刻变化的历史条件下，当代中国人权理论只有通过不断创新才能适应社会发展的新变化。

一是创新是当代中国人权理论发展的源泉。当代中国人权理论本身就是创新的产物。古典人权理论创立以来，人权理论一般被视为资产阶级的意识形态，是为维护资产阶级利益服务的理论。因此，从理论上讲，社会主义国家讲人权，本身就是对古典人权理论体系的突破，是人权理论发展史上的重大飞跃。而且，社会主义人权理论在所有社会主义国家都是一个新鲜的事物，基本上没有任何经验可以借鉴，需要根据社会经济文化发展而不断完善。创新既是当代中国人权理论发展的源泉，也是当代中国人权理论发展的生命力所在。

二是人权理论创新能进一步推进法治中国理论的创新与发展。全面推进依法治国，本质上就是要全面保障人权。全面保障人权则必须要有全面保障人权理论作为先导，只有人权理论符合实际、科学合理、真实可行，人权保障才会落到实处。这就要求人权理论围绕全面保障人权进行全面系统创新。人权作为法治的核心与目的，人权理论的整体提升，无疑也将极大促进法治中国理论的创新，使得法治中国建设始终以人权保障为核心。

第三，当代中国人权理论创新的具体领域与要求。

当代中国人权理论创新注重的是解决人权理论发展的动力问题。在当前国际领域人权斗争依旧激烈的形势下，只有把人权理论的发展放在创新上，形成促进创新的人权话语体系，才能不断扩大我国人权理论的国际影响力，引领当代世界人权话语体系的新发展。

一是人权研究内容的创新。人权研究内容的创新主要包括人权研究领域、人权研究观念、人权研究范畴等方面的创新。

其一，人权研究领域的创新。人权研究领域是一个开放的领域，涉及经济、政治、文化、社会、生态等诸多领域。以前人们往往将人权视为政治领域的问题，这种观念已经不符合时代发展的要求。人权不仅存在于政治领域，同样存在于经济、文化、社会、生态等领域，涵盖社会生活的方方面面。因此，人权研究内容的创新应当拓展人权研究的领域，这是人权研究获得持续发展的源泉。

其二，人权研究观念的创新。人权研究应坚持以人民为中心的发展理念，坚持人民主体地位的内在要求，彰显人民至上的价值取向，把实现人民幸福作为人权理论发展的目的和归宿，做到人权理论发展为了人民、依靠人民、发展成果由人民共享，把增进人民福祉、促进人的全面发展作为人权理论发展的出发点和落脚点。发展人民民主，维护社会公平正义，保障人民平等参与、平等发展的权利。

其三，人权研究范畴的创新。新范畴的出现是人权研究领域拓展与人权研究观念创新的内在要求。人权研究范畴的创新主要体现在两个方面：一是基本范畴的内容创新，比如人权的主体、内容、本原、本质等范畴随着社会的发展其内涵日益丰富或变化；二是出现新的范畴，比如人民主体、人民至上等概念的人权范畴价值值得深入研究。

二是人权研究方法的创新。“工欲善其事，必先利其器。”人权理论创新目的是要解决人权理论发展的动力问题，提升我国人权话语体系的国际影响力。要达到这一目的，应当实现人权研究方法的创新。在马克思主义唯物史观与辩证法的基础上，要参照、借鉴、吸收各学科、各领域的研究方法，进一步丰富与提升人权研究的水平。

三是人权研究形式的创新。当前人权研究的形式较为单一，主要以各个人权研究机构来主导人权理论研究，这使得人权研究的氛围不浓、影响不大、服务社会不够。当下应当营造人权研究氛围、扩大人权研究话题、丰富人权研究形式，以促进人权理论创新与人权实践创新。

2.协调：引领人权发展的社会之光

协调是持续健康发展的内在要求，也是当代中国人权理论发展的社会基础。通过协调各方利益，才能解决发展过程中人权保障不均衡问题，对人民的人权保障才能落到实处，人民也才会有更多的获得感。同时，协调得好与坏也直接关系到社会稳定，只有对人权保障进行合理协调才能维护安定团结的社会局面。

第一，人权的普遍性与基本国情相协调。

当代中国人权理论的发展，既要尊重人权的普遍性原则，又要从中国基本国情出发。这就要求当代中国人权理论在继承和发扬世界人权文化优秀成果的基础上，又能体现当代中国事业发展的成就、反映当代中国人民的人权理论需求、促进当代中国人权保障实践的发展。人权的普遍性原则与基本国情相结合成为当代中国人权理论发展的理论内核与基本指针。人权的普遍性原则是当代中国人权理论的科学性所在，中国基本国情是当代中国人权理论的合理性所在。人权的普遍性为当代中国人权理论的发展指明了方向，中国基本国情为当代中国人权理论的发展提供了动力。从理论上而言，人权的普遍性与中国基本国情相结合只是二者关系发展中的第二层次，是对二者关系第一层次的发展与超越。二者关系的第一层次是人权的普遍性与中国基本国情的分离，在该层次中，不可能正确理解当代中国人权理论。只承认人权的普遍性原则，人权理论的发展只会陷入迷信古典人权理论的泥潭；而只强调中国基本国情，当代中国人权理论的发展就只能是自说自话，无法在国际上产生话语权。人权普遍性与中国基本国情结合弥补了第一层次的缺陷，使得人权理论兼具科学性与合理性。二者关系发展的第三层次则是人权的普遍性与中国基本国情的融合。人权的普遍性与中国基本国情的融合表明二者已经变成辩证统一、相辅相成、不可分割的统一体。人权的普遍性与中国基本国情从结合走向融合是一个历史发展过程，是对二者关系深入认识的必然结果。而协调是人权的普遍性与中国基本国情从结合走向融合的必然要求。

首先，协调的思维是正确认识人权的普遍性与中国基本国情的基本前提。正确认识人权的普遍性或者中国基本国情，并非只顾及其中一点即可。认识人权的普遍性便要考虑中国的基本国情，认识中国的基本国情也要考虑人权的普遍性。这样才能较为全面地把握住二者的内涵和二者之间的关系。

其次，协调的方法是调适人权的普遍性与中国基本国情的基本方法。人权的普遍性与中国基本国情的结合程度受到协调水平的影响，若协调得好，则二者结合更紧密。要提高协调能力，就需要不断提高人们对人权的认识水平。只有全社会整体的人权意识、人权素质的提高以及人权实践不断推进，才能有效提高协调能力，从而使人权的普遍性与中国基本国情的结合不断加强。

最后，协调的状态是人权的普遍性与中国基本国情二者关系的常态。人权的普遍性与中国基本国情不论是结合还是融合，协调是二者关系的常态。在融合阶段，人权的普遍性与中国基本国情始终还是独立存在的事物，并没有成为一个新事物，只是其协调程度更好。

第二，各群体人权保障水平相协调。

人权是属于每个人的权利。在不同国家或一个国家的不同历史时期，由于受政治、经济、文化等各种因素的影响，各个群体的人权保障水平往往存在差异。无疑，当代中国人权理论也承认人权保障上这种差异性的存在。在此背景下，更加需要协调好各个群体的人权保障水平，使得整个社会的人权保障覆盖到全体人民。这是全面建成小康社会的基本要求。“全面小康，覆盖的人口要全面，是惠及全体人民的小康。坚持发展为了人民、发展依靠人民、发展成果由人民共享，全面小康才能真正造福全体人民。”[①]“全面建成小康社会，是没有人掉队的小康。我们到时候不能一边宣布全面建成小康社会，另一边还有几千万人口的生活水平处在扶贫标准线以下，这既影响人民群众对全面建成小康社会的满意度，也影响国际社会对我国全面建成小康社会的认可度。”[②]这其中，最为核心的是要加强对弱势群体的人权保障。人权保障的核心意涵在于对弱势群体的人权保障，弱势群体的人权保障水平是衡量一个社会人权保障状况的重要指标。当前，弱势群体人权保障水平的发展也将直接影响到全面建成小康社会的奋斗目标能否实现。“作为拥有13亿多人口的发展中大国，我国的发展仍面临不少困难和挑战，特别是到2020年全国7 000多万农村贫困人口全部脱贫，时间十分紧迫，任务相当繁重。”[③]因此，为了如期全面建成小康社会，必须提高对弱势群体的人权保障水平。只有在全面解决温饱问题的基础上，人民才能过上比较殷实富足的生活，小康社会也才名副其实。

第三，各地域人权保障水平相协调。

中国地域辽阔，各地区经济社会文化发展很不均衡，这也导致各地区人权保障水平存在较大差异。一般而言，东部发达地区的人权保障水平比西部不发达地区的人权保障水平高；大城市的人权保障水平要比农村的人权保障水平高。为了充分保障人权，全面建成小康社会，各地域

① 习近平．习近平总书记系列重要讲话读本［M］．北京：学习出版社，人民出版社，2016：60．

② 习近平．习近平总书记系列重要讲话读本［M］．北京：学习出版社，人民出版社，2016：60．

③ 习近平．习近平总书记系列重要讲话读本［M］．北京：学习出版社，人民出版社，2016：65．

人权保障水平要协调，人权保障覆盖的区域要全面。习近平总书记强调："没有农村的全面小康和欠发达地区的全面小康，就没有全国的全面小康。"[①]为了提高各地域人权保障水平，要加大统筹协调城乡发展、统筹协调区域发展的力度，协调推进城乡发展一体化，把努力缩小城乡区域发展差距，作为全面建成小康社会的一项重要任务。"缩小城乡发展差距，不仅是缩小国内生产总值总量和增长速度的差距，而且是缩小居民收入水平、基础设施通达水平、基本公共服务均等化水平、人民生活水平等方面的差距。"[②]只有统筹协调处理好各方面的差距，才能提高各地域的人权保障水平。

3.绿色：引领人权发展的自然之光

绿色是永续发展的必要条件和人民对美好生活追求的重要体现。绿色发展，就是要解决好人与自然和谐共生的问题。人类发展活动必须尊重自然、顺应自然、保护自然，否则就会遭到大自然的报复，这个规律谁也无法抗拒。绿色是当代中国人权理论发展的自然基础。通过生态保护与环境治理，当代中国人权理论的内涵更为丰富、意义更为深远。

第一，人与自然和谐共生是人权存续与发展的必然要求。

人权是人依据人的自然属性和社会本质所享有和应当享有的权利。没有人的自然属性，也不可能存在人权。人的自然属性彰显人作为自然界成员的特性。人的自然性表明，人来自于自然，人存在于自然，人最终也要回归于自然。"人与自然的关系是人类社会最基本的关系。自然界是人类社会产生、存在和发展的基础和前提，人类则可以通过社会实践活动有目的地利用自然、改造自然。但人类归根到底是自然的一部分，在开发自然、利用自然的过程中，人类不能凌驾于自然之上，人类

① 习近平. 习近平总书记系列重要讲话读本［M］. 北京：学习出版社，人民出版社，2016：60.
② 习近平. 习近平总书记系列重要讲话读本［M］. 北京：学习出版社，人民出版社，2016：60.

的行为方式必须符合自然规律。人与自然是相互依存、相互联系的整体，对自然界不能只讲索取不讲投入、只讲利用不讲建设。保护自然环境就是保护人类，建设生态文明就是造福人类。”[①]绿色发展对于人权理论发展的意义在于强调良好的自然环境对人权保障具有重要的意义。失去了青山绿水、环境遭受污染，人权必然也将面临严重危机。可以说，绿色发展对当代人权理论建构的作用是一个新的时代命题，是古典人权理论产生之初从没碰到过的新问题。因为近代人权观念主要是对抗神权与君权的产物，尽管西方天赋人权观将人权视为自然权利，但更多的是主张人权与人本身、人作为人存在不可分离的特性，并非从绿色发展或生态保护层面来解读人权。从这个角度而言，强调人权的绿色发展是当代中国人权理论总结世界人权发展的规律、解决当前世界各国人权保障因生态环境的恶化而面临危机的一个发展新思路。生态兴则人权兴，生态衰则人权衰。保护生态环境关系人民的根本利益和民族发展的长远利益。习近平总书记指出：“环境就是民生，青山就是美丽，蓝天就是幸福，要像保护眼睛一样保护生态环境，像对待生命一样对待生态环境，把不损害生态环境作为发展的底线。”[②]

第二，促进人权保障的生态文明建设。

一是保护生态环境就是促进与保护人权。

改革开放以来，我国以经济建设为中心，推动了经济的快速发展。但也有一些地方、一些领域没有处理好经济发展同生态环境保护的关系，以无节制地消耗资源、破坏环境为代价换取经济发展，导致能源资源、生态环境问题越来越突出。这种状况不改变，能源资源将难以支撑、生态环境将不堪重负，人权保障也将因此面临严峻挑战。因此，习

① 习近平. 习近平总书记系列重要讲话读本［M］. 北京：学习出版社，人民出版社，2016：273.
② 习近平. 习近平总书记系列重要讲话读本［M］. 北京：学习出版社，人民出版社，2016：127.

近平总书记指出："我们在生态环境方面欠账太多了，如果不从现在起就把这项工作紧紧抓起来，将来会付出更大的代价。"[①]要正确处理经济发展同生态环境保护的关系，更加自觉地推动绿色发展、循环发展、低碳发展，绝不以牺牲环境、浪费资源为代价换取一时的经济增长。要协调推进新型工业化、信息化、城镇化、农业现代化的绿色化，走出一条经济发展和生态文明相辅相成、相得益彰的发展道路，让良好的生态环境成为我国人权保障事业的增长点，以提高人民生活质量，维护国家良好形象。

二是以系统工程思路促进人权保障。

大自然是一个相互依存、相互影响的系统。要按照系统工程的思路，抓好生态文明建设重点任务的落实，切实把能源资源保障好，把环境污染治理好，把生态环境建设好，为人民群众创造良好的生产生活环境，进一步改善人权保障的生态状况，以切实尊重和保障人权。树立人权保障的生态红线，一旦突破人权保障的生态红线，人权保障将从根本上受到影响。优化人权保障的国土空间开发格局，给人权保障事业留下天蓝、地绿、水净的美好家园。节约人权保障的自然资源，把节约资源作为生态文明建设的根本之策，大幅提高资源利用的综合效益。加大人权保障的生态保护力度，以提高环境质量为核心，重点解决损害群众健康的突出环境问题。同时，要推动形成公平合理、合作共赢的全球气候治理体系，从全球视野加快推进生态文明建设。

三是依靠生态文明法治建设促进人权保障。

建设生态文明，是一场涉及生产方式、生活方式、思维方式和价值观念的革命性变革。实现这样的变革，必须依靠制度和法治。习近平总书记指出："只有实行最严格的制度、最严密的法治，才能为生态文明

① 习近平．习近平总书记系列重要讲话读本［M］．北京：学习出版社，人民出版社，2016：234-235．

建设提供可靠保障。”[①]当前，我国生态环境保护中存在的突出问题，大都与体制不完善、机制不健全、法治不完备有关。深化生态文明体制改革，必须构建产权清晰、多元参与、激励约束并重、系统完整的生态文明制度体系，把生态文明建设纳入法治化、制度化轨道。要完善人权保障的经济社会发展考核评价体系，要把资源消耗、环境损害、生态效益等体现生态文明建设状况的指标，纳入人权保障评价体系。建立人权保障的生态环境责任追究制度，严格落实环境保护主体责任，完善领导干部目标责任考核制度。建立健全资源生态环境管理制度，以环境人权保障为导向，促进生态文明的人权法治建设。

4.开放：引领人权发展的空间之光

实践告诉我们，要发展壮大，必须主动顺应经济全球化潮流，坚持对外开放，充分运用人类社会创造的先进科学技术成果和有益管理经验。开放是当代中国人权理论发展的国际大视野。通过人权理论的国际交流与对话，不断提升当代中国人权理论的国际影响力。

第一，当代中国人权发展应具有国际大视野。

当代中国人权理论的发展应具有国际视野主要是基于两方面的考虑：一方面，这是基于人权是人类社会每一个个体的权利。从管辖的视角而言，人权是有国界的，是属于一国的内政事务。但从人权的本原来看，只要是人便享有人权，人权是国际社会每一个个体共同享有的权利，“各国和各国人民应该共同享受尊严、共同享受发展成果、共同享受安全保障”。[②]作为个体存在的人遍布全世界，这就要求体现个体权利的人权理论应当具有国际性。另一方面，这是提升我国人权话语体系国际影响力的内在需求。自古典人权理论以来，人权话语基本上是西方的

① 习近平．习近平总书记系列重要讲话读本［M］．北京：学习出版社，人民出版社，2016：240．

② 习近平．习近平总书记系列重要讲话读本［M］．北京：学习出版社，人民出版社，2016：260-261．

人权话语，西方似乎在人权问题上具有不可置疑的话语主导地位。尽管改革开放30余年来，我国在政治、经济、制度建设等方面都取得了巨大的进步，人民的生活也得到了显著改善，但西方仍然频频借人权问题对我国施压，其中一个重要原因就是人权对外交流与宣传不够。这就要求当代中国人权理论的建构不能故步自封，应该走出去，具有国际视野，积极参与国际人权的交流与对话。通过不同文明、不同国家之间的人权对话与交流，不断提升我国的人权话语权影响力。

第二，提升当代中国人权话语体系国际影响力的措施与方法。

一是沿着法治中国建设轨道提升中国人权话语体系的国际影响力。依法治国，是坚持和发展中国特色社会主义的本质要求和重要保障，是实现国家治理体系和治理能力现代化的必然要求，事关我们党执政兴国，事关人民的幸福安康，事关党和国家的长治久安。只有实现依法治国，才能更好地发挥法治的引领和规范作用。提升中国人权话语体系的国际影响力，也必须坚持依法治国，将提升中国人权话语体系的国际影响力纳入中国特色社会主义法治体系建设之中。这既是提升中国人权话语体系国际影响力应坚持的基本政治原则，又是提升中国人权话语体系国际影响力应坚持的基本法治方法。在此框架下，努力实现人权话语体系各项建设工作法治化，向着法治中国不断前进。

二是加强和完善提升中国人权话语体系国际影响力的体制机制建设。提升中国人权话语体系的国际影响力，必须坚持依靠法律与政策的原则，做到立法先行，发挥立法的引领和推动作用。要恪守以民为本、立法为民的理念，贯彻社会主义核心价值观，使得人权话语体系的法律与政策符合宪法精神、反映人民意志、得到人民拥护。只有法律与政策对此明确规定，方能对提升中国人权话语体系的国际影响力起到根本的保障作用。有了法律和政策的保障，人们才会有所为有所不为，自觉地响应国家法律与政策的号召，参与到提升中国人权话语国际影响力的各项工作中来。

三是积极拓展提升中国人权话语体系国际影响力的各项措施和方法。这些相应的措施和方法至少包括：其一，要积极参与联合国系统与国际性人权组织的活动，加强与这些机构的联系、交流与沟通；其二，要加强与一些区域性人权机构或组织的人权事务交流与沟通；其三，要加强与有关国家的议会、议员的交流；其四，加强中国非政府组织与国际非政府组织之间的交流与沟通；其五，发挥中国公众外交的作用；其六，加强中国人权对外宣传力度。

5.共享：引领人权发展的目的之光

共享是中国特色社会主义的本质要求，也是当代中国人权理论发展的价值追求。在共享发展理念引领下，中国人权事业得到持续健康发展，人民群众的获得感不断增强。同样，在全民共享我国人权事业发展成果的基础上，当代中国人权理论也得到不断发展。

第一，全民全面共享人权成果。人权由谁享有与享有什么人权是人权概念的两个核心问题，即人权的主体与内容。对此问题的不同回答，是区分不同人权观的重要标准。古典人权理论认为，人权的主体只能是个体，人权的内容主要是指公民权利与政治权利。这种人权观念在一个很长的历史阶段影响了人们对人权的认识。改革开放以来，我们对人权主体与内容的认识进一步加深：不仅承认个体是人权的主体，同时也承认集体是人权的主体；不仅承认公民权利、政治权利是人权的内容，同时也承认经济、社会、文化权利是人权的内容。个人人权与集体人权是辩证统一关系，个人人权是集体人权的基础，集体人权则是个人人权的保障。公民权利、政治权利与经济、社会、文化权利构成了国际人权标准的重要内容。随着党的十八届五中全会更加突出以人民为中心的发展思想，人权的主体与内容得到更进一步的充实。以人民为中心的发展思想要求“把实现人民幸福作为发展的目的和归宿，做到发展为了人民、发展依靠人民、发展成果由人民共享"[①]。以人民为中心的发展思想，不仅体现了我们党全心全意为人民服务的根本宗旨，也体现了人民是推动发展的根本力量的唯物史观，同时也是逐步实现共同富裕的目标要求的体现，因此，以人民为中心的发展思想不能停留在口头、止步于思想环节，而要体现在经济社会发展的各个环节。[②]在此背景下，人权的主体与内容应当因应这一时代要求，其内涵也应当得到创新与发展。依据新发展理念"全民共享"与"全面共享"的精神，人权的主体应当强调其"全民"的意义，即强调全民共享人权。在人权的内容上应当强调其"全面"的意义，即强调全面共享人权。全民共享人权，即人权是人人享有的，不是少数人共享、一部分人共享。全面共享人权，即共享人权就是共享经济、政治、文化、社会、生态各方面建设成果，全面保障人民在各方面的合法权益，真正实现依法保障全体社会成员平等参与、平等发展的权利。

第二，共建共享人权成果。落实全民全面共享人权是一项复杂的社会系统工程，涉及国家主权、经济基础、民主政治、人权教育、法治建设等诸多方面。其中，法治建设是关键，只有全面推进依法治国，人权才能切实得到尊重和保障，这也是党的十八届四中全会关于人权方面的战略部署。在依靠法治保障人权的整体框架下，党的十八届五中全会无疑进一步深化了人权保障的整体思路，即"共建共享"与"渐进共享"的思路。体现到人权保障上，一是共建共享人权，即在人权保障问题上只有共建才能共享，共建的过程也是共享的过程。换言之，共享人权也应当共同履行义务。二是渐进共享人权，即共享发展必将有一个从低级到高级、从不均衡到均衡的过程，即使达到很高的水平也会有差别。这

① 习近平. 习近平总书记系列重要讲话读本［M］. 北京：学习出版社，人民出版社，2016：128.
② 习近平. 习近平总书记系列重要讲话读本［M］. 北京：学习出版社，人民出版社，2016：129.

一规律对于人权保障也不例外，人权保障既不能太超前也不能落后，要依据国情逐步扎实推进。总之，树立人权的共享发展理念，就必须坚持发展为了人民、发展依靠人民、发展成果由人民共享，紧密围绕切实尊重和保障人权作出更有效的制度安排，使全体人民在共建共享发展中有更多获得感，增强发展动力，将我国人权事业不断推向更高的发展水平。[①]

三、构建人类命运共同体的人权价值引领

2017年1月，习近平主席在联合国日内瓦总部发表题为《共同构建人类命运共同体》的重要演讲，全面深入系统阐述了人类命运共同体重大理念，在国际上引起热烈反响，受到各方普遍欢迎和高度评价。2017年3月1日，中国在人权理事会第34次会议上代表140国发表了题为“促进和保护人权，共建人类命运共同体”的联合声明，宣介人类命运共同体重大理念及其对推动国际人权事业发展的重要意义，引起广泛共鸣。23日，联合国人权理事会第34次会议通过关于“经济、社会、文化权利”和“粮食权”两个决议，决议明确表示要“构建人类命运共同体”。这是人类命运共同体重大理念首次载入人权理事会决议，标志着这一理念成为国际人权话语体系的重要组成部分。人类命运共同体包含的主权平等、对话协商、合作共赢、交流互鉴、绿色发展等理念深入人心，受到各方认同和支持。

习近平关于“人类命运共同体”“人类利益共同体”“人类责任共同体”的中国人权发展新理念和新战略，不仅关注当代人的发展权，而且观照后代人的发展权，不仅关注中国人的发展权，而且观照世界发展权，深刻揭示了“共享发展”，更好造福各国人民的人权文明新本质和

① 陈佑武．新发展理念引领中国人权理论的新发展［J］．人权，2016（3）：4-8．

新趋势。中国倡导"亚投行"、"一带一路"和G20杭州峰会的"中国智慧"和"中国方案"，中国对接联合国2030年发展议程，力推世界可持续发展，无疑充分证明了中国对世界发展权的卓越新贡献，对于"坚持文化自信"[①]，提升中国人权话语权的国际影响力，加快构建中国特色人权话语体系，具有十分重要的理论意义和实践价值。人类命运共同体理念植根于源远流长的中华文明，契合国际社会求和平、谋发展、促合作的共同愿望，为应对当前突出的全球性挑战指明了根本出路，对完善国际人权治理也具有重要启示。

一是适应形势发展，引领人权理论。习近平总书记提出的构建人类命运共同体重大理念，适应形势发展，进一步指出了国际人权事业发展的愿景，是对人权理论的新发展。我们可以根据人类命运共同体理念重新思考人权概念的新内涵。其一，维护国家主权的平等地位。国家没有主权，人民就不可能享有人权。其二，要维护和平与安全。和平权是一项重要人权，是国家和人民享有各项权利的保障。其三，要坚持经济上合作共赢，共同发展。发展是硬道理，是解决包括各项人权在内的一切问题的钥匙，是享有其他各项人权的基础。其四，要坚持不同文明兼容并蓄，交流互鉴。大千世界，不同种族、不同民族、不同文化、不同宗教信仰等不同文明的群体并存。其五，要加强生态文明建设。保护自然环境就是保护人类，建设生态文明就是造福人类。

生存权和发展权是一项得到国际社会广泛承认的基本人权，也是一项不可剥夺的人权。人类命运共同体理念的核心在于世界各国平等相待、协商合作、共建安全世界、共享经济繁荣。目前全球仍有8亿多极端贫困人口；在发展中国家，36%以上的人口每天生活费不足3.1美元，一半以上15岁以下的儿童生活在贫困状态中。发展不足仍然是困

① 习近平. 结合中国特色社会主义伟大实践，加快构建中国特色哲学社会科学［N］. 人民日报，2016-05-18.

扰发展中国家的主要问题。根据人类命运共同体理念，世界各国应相互帮助，极端贫困国家和落后国家一旦发展起来，发达国家也会大大受益。因此，构建人类命运共同体，可以彻底解决发展难题，最终实现发展权。“构建人类命运共同体”重大理念已经为联合国和世界上许多国家所接受，相继被载入联合国决议、联合国安理会决议、联合国人权理事会决议，成为国际人权话语体系的重要议题。

二是为世界人权事业的发展提供中国方案。构建人类命运共同体，是世界市场经济和经济全球化发展的必然要求和客观趋势，也是人权事业发展的新机遇。在经济全球化进程中，由于市场经济的作用，各个国家、各大经济体之间已经形成了多层次的利益交汇点，并在这样的利益交汇点基础上，形成了“你中有我、我中有你”的“利益共同体”。“构建人类命运共同体”就是要在利益共同体的基础上，根据共商、共建、共享的原则，进一步形成经济社会发展和生态保护中共生共荣的人类命运共同体。这一构想，顺应了世界市场经济和经济全球化发展的客观要求。

只有将人权与和平、安全以及可持续发展密切结合起来，才能够广泛、深入、真实、有效地开展和推进人权事业。中国积极引领国际人权治理。中国坚持走中国特色社会主义人权道路，主张所有人权的整体推进；国与国之间应当在平等与互相尊重的基础上开展建设性的人权对话与合作；中国支持联合国人权理事会在客观、公正、非政治化、非选择性、非对抗性的工作原则基础上开展工作。中国已经并将继续以人权领域的实际行动践行人类命运共同体理念，提出影响世界的中国方案。中国的“一带一路”和“亚投行”倡议是用人类命运共同体理念促进发展权的鲜活例子。“一带一路”和“亚投行”倡议奉行共商、共建、共享理念，主张参与国在互利共赢的前提下展开合作，兼顾各方利益和关切，实现双方和多方的共赢。中国企业已经在20多个参与国建设56个经贸合作区。中国倡议设立了亚洲基础设施投资银行，并出资设立丝路基金。中国的“一带一路”倡议得到国际社会的积极响应，将有力地促进欧亚非经济一体化，推动中亚、西亚、南亚和东非地区的经济发展，使有关国家充分享受发展权。

三是构建人类命运共同体，找到最多契合点，寻求最大公约数。不同的国际治理目标、治理模式，决定了各国及其人民能否平等、公平、公正地参与和实现经济发展和社会进步，实现人权。在全球化时代，各国之间呈现出分化加剧却又相互依赖加深的利益格局，迫切需要整体性的全球治理。但在霸权主义主导下的自由主义全球治理缺乏国际集体人权的维度和约束，导致了一系列日益严重的全球问题。习近平总书记提出的构建人类命运共同体重大理念为确立国际集体人权的人权地位提供了具有重要启发性的理论基础，不仅对反对西方霸权主义、维护各国人民和全人类的集体人权具有重要的现实意义，而且对推进全球人权治理和全球整体化治理具有重要的理论和实践意义。“大道至简，实干为要。构建人类命运共同体，关键在行动。”习近平总书记在日内瓦的演讲中指出，国际社会要从伙伴关系、安全格局、经济发展、文明交流、生态建设等方面作出努力，构建人类命运共同体。根据习近平总书记的思路及其提出的基本原则，我们在构建人类命运共同体的过程中，应该抓住经济全球化新阶段的机遇，努力推动全球人权治理形成制度化、规范化、程序化的合理机制。为了构建人类命运共同体，我们应该进一步形成以联合国为主体的多种形式多个平台的人权对话协商机制、人权经验共享机制和人权政策协调机制。在人权领域，各国有自己的政策，应秉持合作共赢的思想，在尊重各国人权政策的基础上，积极探索形成协调机制，找到最多契合点，寻求最大公约数，建设各国人权事业共同推进发展的世界新格局。

总而言之，构建人类命运共同体与全球人权治理，必将在全球范围内促进和保护人权，让人人得享人权。构建人类命运共同体的人权价值理念，能够更好地引领和推动国际人权事业的健康发展，引领和推动中国为实现“两个一百年”奋斗目标、实现中华民族伟大复兴的中国梦而努力。中国的人权梦就是国家富强、人民幸福之梦，也是促进世界和平发展、合作共赢之梦。

四、“三个只有”的人权辩证思维之魂

“在人权问题上，没有最好，只有更好。”“在人权问题上只有进行时，没有完成时。”“人权保障没有最好，只有更好。”习近平这“三个只有”的精彩论述，既唯物又辩证，既现实又未来，生动体现了马克思主义唯物世界观和辩证方法论的有机统一，是在人权问题上对我们党解放思想、实事求是思想路线的具体运用和创新发展。

“在人权问题上，没有最好，只有更好。”2012年2月14日，习近平在出席美国副总统拜登和国务卿希拉里·克林顿共同举行的欢迎午宴时，面对有的美国政要针对中国人权状况的质疑，他直率地说：“在人权问题上没有最好，只有更好。”他还形象风趣地说，各国情况不同，道路不同，“鞋子合不合适，只有穿鞋的人自己才知道”。改革开放30多年来，中国人权事业取得了有目共睹的巨大成就。“中国人口多、区域差异性大、发展不平衡，在进一步改善民生和人权状况方面还面临不少挑战。中国政府将继续从本国国情出发，坚持以人为本，始终把人民愿望和要求放在心上，采取切实有效的政策措施，大力促进社会公平、正义与和谐，推动中国人权事业不断取得新的进展。”

“在人权问题上只有进行时，没有完成时。”2014年11月12日，习近平在人民大会堂同美国总统奥巴马举行会谈。会谈后，两国元首共同会见记者。在回答有关人权问题的提问时，习近平强调指出，中华人民

共和国成立以来特别是改革开放30多年来，中国人权事业取得巨大成就，这是有目共睹的事实。在人权问题上没有完成时，只有进行时；没有最好，只有更好。中方愿同美方在平等和相互尊重的基础上就人权问题开展对话，建设性处理分歧，增进了解和合作。

“人权保障没有最好，只有更好。”2015年9月16日，习近平在致“2015·北京人权论坛”的贺信中指出：“实现人民充分享有人权是人类社会的共同奋斗目标。人权保障没有最好，只有更好。国际社会应该积极推进世界人权事业，尤其是要关注广大发展中国家民众的生存权和发展权。中国人民正在为实现中华民族伟大复兴的中国梦而奋斗，这将在更高水平上保障中国人民的人权，促进人的全面发展。”①习近平在伦敦与英国首相卡梅伦会面的谈话中更加明确地指出：“人权保障全世界来讲，没有最好，只有更好，任何国家都要改进。在人权方面，最大发言权还是所在国的大多数人民。”②

“三个只有”的人权辩证思维之魂，像“普照的光”、像一条红线贯穿于整个中国特色社会主义人权理论体系的始终。列宁在《黑格尔〈逻辑学〉一书摘要》中写道：“可以把辩证法简要地确定为关于对立面的统一的学说。这样就会抓住辩证法的核心，可是这需要说明和发挥。”③“辩证法在对现存事物的肯定的理解中同时包含对现存事物的否定的理解，即对现存事物的必然灭亡的理解；辩证法对每一种既成的形式都是从不断的运动中，因而也是从它的暂时性方面去理解；辩证法不崇拜任何东西，按其本质来说，它是批判的和革命的。”④其核心内容就是人权普遍性与特殊性的辩证统一。正如习近平形象比喻的“鞋子理论”，在

① 习近平. 习近平致“2015·北京人权论坛”的贺信［N］. 人民日报，2015-09-17.

② 习近平. 习近平在伦敦与英国首相卡梅伦会面时的谈话［N］. 人民日报，2015-10-23.

③ 列宁. 列宁选集：第2卷［M］. 中共中央马克思恩格斯列宁斯大林著作编译局，译. 北京：人民出版社，1995：556.

④ 马克思，恩格斯. 马克思恩格斯选集：第2卷［M］. 中共中央马克思恩格斯列宁斯大林著作编译局，译. 北京：人民出版社，1995：218.

中国特色社会主义人权理论体系中占有极其重要的理论地位和实践地位。

人权普遍性与特殊性的辩证统一问题，既是一个最基本的人权理论难点问题，也是一个争议最大的人权理论疑点问题，还是被西方国家搞得最混乱的人权问题之一。正确认识和处理人权普遍性与特殊性的辩证统一问题，自觉将人权的普遍性原则与中国的具体国情相结合，坚持各国人民有权自主选择符合本国国情的社会制度、发展道路和人权模式，对于“依法保障全体社会成员平等参与、平等发展的权利”“促进人权事业全面发展”，具有十分重要的现实意义。

1.人权既是普遍的又是特殊的

马克思主义关于矛盾问题的精髓原理是科学理解和正确处理人权普遍性与特殊性辩证统一问题的根本依据和立论基础。任何事物的矛盾都是普遍性与特殊性的辩证统一。既没有离开普遍性的特殊性，也没有离开特殊性的普遍性。“这一共性个性、绝对相对的道理，是关于事物矛盾的问题的精髓，不懂得它，就等于抛弃了辩证法。”①人权既是普遍的又是特殊的，是普遍性与特殊性的辩证统一。人权的普遍性和特殊性是每一种人权都同时具有的两种基本性质，而不是西方世界所歪曲的存在两种各不相干的“两种人权”：一种是所谓“普遍人权”；一种是所谓“特殊人权”。

一方面，人权的普遍性是与特殊性相联系的普遍性。也就是说，既没有离开特殊性的纯普遍性人权，也没有离开普遍性的纯特殊性人权。人权的普遍性表现在：

其一，人权主体的普遍性。无论是国内人权还是国际人权，既有普遍性（即共性），也有特殊性（即个性）。人权作为人人共同享有的权利

① 毛泽东. 毛泽东选集：第1卷［M］. 北京：人民出版社，1991：320.

和自由是普遍的，这里的“人”是“类”的概念，是指全人类，这是人权主体的普遍性。即一切人，不分种族、肤色、性别、语言、宗教、政见、国籍、社会出身、财产状况、文化状况等，都应当享有的权利。同时，每个具体人，在不同的国家和不同的民族，在不同的历史发展阶段，具体人权的具体内容又是特殊的。正如邓小平所说，我们的人权是“全国人民的人权”“多数人的人权”，而西方国家的人权则是“少数人的人权”。由于人权主体的普遍性，所以，党的十七大报告明确指出：“尊重和保障人权，依法保证全体社会成员平等参与、平等发展的权利。”

其二，人权形式的普遍性。人权作为权利的最一般的形式是普遍的，它既包括生存权、政治权，也包括经济权、社会权、文化权，还包括发展权、和平权以及环境权，这是人权内容的普遍性。在一个国家，任何人毫无例外地都应当享有生存权、发展权、平等权和自由权。在国际社会，不同社会制度的国家，普遍承认和尊重《联合国宪章》提出的保障人权的宗旨以及《世界人权宣言》和国际人权公约所确认的保障一系列基本人权与自由原则；共同签署某些国际人权条约；共同采取行动制裁某些践踏人权的国际罪行。同时，在尊重与维护人权共同标准的前提下，在尊重与维护国家主权原则的基础上，不同国家在人权观念、人权政策、人权制度、人权方式、人权模式上，可以采取一些符合自己国家具体国情的立场和做法，选择符合本国国情的人权方式和人权模式，这也是人权普遍性的特殊性。

其三，人权目标的普遍性。人权作为人类共同追求的理想是普遍的，这是人权目标的普遍性。然而，具体实现这个人权目标的普遍性又是特殊的。马克思主义的人权目标普遍性的彻底实现是以人的全面解放、人的全面自由发展、人的需要的全面满足为标志的。只有未来的共产主义社会，才可能真正实现“充分人权实现”这一人类人权的崇高目标。社会主义社会是通往这一理想境界的一个阶段。资本主义社会的人权则是以资本主义生产资料私有制为基础，财产权是其一切权利的核心，“平等地剥削劳动力，是资本的首要人权”。这是它的最大局限性。它的本质是资产阶级的特权，对无产阶级来说，这种人权目标的普遍性是极不真实的，是完全虚幻的。

其四，人权价值的普遍性。人权作为所有国家共同努力促进其实现的东西是普遍的，作为各国共同尊重的东西也是普遍的，这是人权价值的普遍性。《世界人权宣言》这样说明人权的普遍性：它是“所有人民所有国家共同努力之标准”，联合国会员国要“同心协力促进人权及其基本自由之普遍尊重与遵行”。其他一些国际文件也一再重申：“各国有义务”促进人权。同时，在尊重与维护国际文书、公约的前提下，在尊重与维护国家主权原则的基础上，不同国家、不同民族、不同时期，人们的人权观念和人权实践是各不相同的。这也是人权价值普遍性上的特殊性。

另一方面，人权特殊性与普遍性相联系的特殊性。也就是我们在承认人权普遍性的同时，更要坚持人权的特殊性。人权的特殊性表现在：

其一，人权民族性的特殊性，即各个国家、各个民族由于社会制度、历史背景、内外环境、文化传统、发展水平等具体情况不同，人们在对人权的理解上，在人权的保护和实施上，以及在人权观念上，一定会有自己的不同特点和差异性。

其二，人权阶级性的特殊性，即每一项人权的产生都有它特殊的立场、观点和方法，特别是不同阶级的根本利益和根本出发点。在人权的实施的历史过程中，不同的国家因发展水平等具体情况的差异，不可能一模一样，一定要分阶段、分步骤，既不能一步到位，也不能强求一律。这就是说，各个国家、各个民族总是根据自己的政治、经济、文化条件和各种具体制度，根据自己的历史、宗教、文化背景，形成自己的人权观念，制定适合自己的人权政策和人权制度。这就决定了人权观念、人权政策、人权制度、人权模式和人权保障不可避免的多样性，特别是阶级立场和阶级根本利益的不同，使人权具有不同的鲜明的阶级性。

其三，人权具体道路的特殊性，即不同的国家、不同的民族，具体的人权道路各有其特殊性。一个国家的不同时期，一个人权观念在不同的时期（如古代、中世纪、近代、现代与当代），人权制度、人权模式、人权观念在不同的国家、不同的民族、不同的历史发展时期所呈现出的不同特点，是人权流变性的特殊性的一种表现。如中国的现实人权道路，就是以经济建设为中心，大力发展生产力，在全面建设小康社会的新阶段，把生存权和发展权以及国家主权放在优先的地位，这是由中国的具体国情决定的。

其四，人权具体模式的特殊性。如公民政治民主权利的民主选举方式或模式就充分说明了这一点。实行普遍的民主选举，这是普遍的，但各国有着具体的国情，普遍选举的具体方式和模式是有特殊性的。“面对相同的事实，有不同的价值观念，这是很自然的。看到同样的画，不同人就有不同的理解。现在电视很发达，画面有可能歪曲事实而产生误会。对相同事实可以有不同的观点。谈到民主、自由、人权，有些人就有不同的理解，甚至误解。我和钱外长过去参加革命时，唱的革命歌曲都是争取自由、平等和博爱。欧洲文艺复兴时，人文主义的思想对中国知识分子有影响。中国人对古代极端专横的封建主义是非常反对的。我曾对美国的政界人士说，中国十一亿多人口的生存权问题，使他们吃饱、穿暖，这是最重要的人权，对稳定世界有益。美国爱谈自由移民问题。如果将中国人口的万分之一迁到美国，就会给它带来大问题……民主、自由、人权，除了一些共同点外，要根据不同的国家情况来决定。比如西方实行普选，中国十一亿人口中有二亿文盲，实行普选在中国不合适。”[①]

总之，人权既是普遍的，又是特殊的。人权是普遍性和特殊性的辩证统一，而不是普遍性与特殊性相互对立的两种根本不同的人权。我们坚持人权普遍性与特殊性的辩证统一，反对民族中心主义和文化相对主义两个极端。近代西欧中心主义特别是当代美国中心主义片面地把本民族的文化价值标准当作了一般标准；而文化相对主义则片面地强调文化的特殊性，并把本民族的文化仅仅看作是特殊的东西。事实上，任何一个民族的文化，都既有一般性，又有特殊性，而且一般性寓于特殊性之中。有一般性，不同的文化才能进行比较，但如果都只是一般性，毫无特殊性，就没有必要进行比较；反之，有特殊性，不同的文化才需要进行比较。但如果都只是特殊，毫无共同之处，也就无从进行比较。所以，比较文明之所以可能，是由于不同文化或文明既有一般性又有特殊性。人权作为一种文化也不例外。我们既不同意认为人权只有普遍性的片面观点，也不同意认为人权只有特殊性的片面观点。我们应自觉坚持人权既是普遍的又是特殊的人权辩证法。

2.将人权的普遍性原则与各国的具体国情相结合

在人权问题上坚持以马克思主义关于矛盾问题的精髓原理为理论基石，并不仅仅在于一般性地泛泛谈论什么是人权的普遍性与特殊性，更重要的是将人权普遍性原则与各国的具体实际相结合，这是马克思主义人权普遍性与特殊性辩证统一原理的基本原则和必然结论，是马克思主义人权理论中国化的根本特征。

2008年12月10日，胡锦涛同志在《致中国人权研究会的信》中更加明确地指出：“在全面建设小康社会、加快推进社会主义现代化的进程中，我们要一如既往地坚持以人为本，既尊重人权普遍性原则，又从

① 1991年5月22日江泽民会见意大利外长德米凯利斯时的谈话。

基本国情出发，切实把保障人民的生存权、发展权放在保障人权的首要位置，在推动经济社会又好又快发展的基础上，依法保证全体社会成员平等参与、平等发展的权利。”

由于历史背景、社会制度、文化传统、经济发展水平不同，各国在实现人权的普遍性原则时，从内容到形式，从方法到步骤，都各有其特点。正是这种特殊性，使我们这个星球上190多个独立主权国家的人权状况较为复杂，使各有长处与不足的国家可以相互学习，取长补短。如果离开这个特殊性，如果不与各国的具体情况相结合，要求不同国家、不同民族套用同一人权模式，沿用同一人权办法，采取同等人权步骤，甚至施行霸道的方式强行推行某种人权，都是根本行不通的。因此，只有从各个国家的实际情况出发，才能使人权的普遍性原则得到真正实现，才有各国人权自己的特色。

“观察各国的民主、自由、人权状况时，离不开那个国家的历史文化传统、经济发展状况和社会制度。因此，没有绝对意义上的民主、自由、人权。在这方面，任何国家都有它自己的问题，发达资本主义国家也不例外。就拿美国来说，经济十分发达，却有400万人无家可归；有600万人吸毒成癖，差不多每年有45万人因吸毒而死。中国的人口大约是美国的5倍，中国的在押犯总共128万，而美国就有100万。也就是说，每10万美国人中间就有426名在押犯，这在世界上也是名列前茅的。因此每个国家都应首先解决好自己的问题。”[①]“西方国家迫使别国接受它们的人权、民主、自由和价值观，这是决不能接受的。我们认为人权、民主、自由都是相对的，在每个国家都有自己的具体内容。我国实行人民代表大会制度。由于我国有两亿文盲，总的文化水平还不高，除了基层人民代表大会的代表以外，县以上人民代表大会的代表尚不能

① 1991年10月29日江泽民畅谈国际国内大事。

进行直接选举。同时，我们奉行中国共产党领导的多党合作制度。我国现有8个民主党派，它们是参政、议政党，它们不是反对党，也不是在野党。中国共产党作为领导核心，不是自封的。解放前，中国共产党同其他党派为推翻旧制度进行了长期并肩战斗和合作，形成并确立了共产党的领导地位。人民代表大会制和共产党领导的多党合作制是我国两个基本民主制度，在此基础上，我们还在不断加强民主建设。中国有11亿5千万人口，以占世界7%的耕地解决了占世界人口22%的中国人民的温饱问题，我们认为这是一个最大的人权，人的生存权。如果11亿多人民吃不饱、穿不暖，不利于国家的稳定，也不利于亚洲乃至世界的稳定。”①

“中华人民共和国成立以来，特别是改革开放以来，中国政府和人民将人权的普遍性和中国的具体国情结合起来，在促进和保护人权方面作出了巨大的努力，取得了举世瞩目的成就。”②“集体人权与个人人权、经济社会文化权利与公民政治权利紧密结合和协调发展，这是适合中国国情因而是中国人权事业发展的必然道路。”《曼谷宣言》也明确指出：“人权具有普遍性，同时要铭记各国和各地区的特点，应从国际标准在不断发展的角度来看待人权。”

人权的普遍性是由人权自身的内在要求决定的。人权的普遍性是由于人作为人共同生活在地球上，他们有共同的本性、共同的利益，在此基础上产生了共同的需要和理想。因此，从这个本来意义上讲，人权就是所有人都可以享受的权利。享受这些权利，不需要特别的资格，只要达到一个标准，即生物和社会意义上的人，就可以百分之百地享受人权了。人权同其他所有权都不一样。其他所有权实质上都有特权，是一部分人享有的权利。唯有人权打破了一切对权利主体的特殊要求，以“人类的权利”面貌出现，要求实现一种普遍的权利。在《世界人权宣言》

① 1991年6月29日会见津巴布韦副总统恩科莫时的谈话。
② 江泽民致信祝贺《世界人权宣言》发表五十周年纪念会。

等主要的国际人权文献中，在列举各项人权时，均强调享受这些权利的主体是“所有人”“任何人”。根据《世界人权宣言》第二条的规定：“人人有资格享受本宣言所载的一切权利和自由，不分种族、肤色、性别、语言、宗教、政治或其他见解、国籍或社会出身、财产、出生或其他身份等任何区别。”这个规定实际上排除了一切限制人权主体的可能性，使得任何人都不能以自然或社会的理由来剥夺其他人享受人权的权利。

世界之大，人口之众，相互间的差别不计其数。这些差别决定了个人的自我认同和社会角色，决定了个人的发展趋向。但是，不管这些差别多么大，不管一个人是否富有，每个人在享有人权方面都是平等的，都有享有人权的同等资格。人人如此，概莫能外。这是人权的一个重要特征。人权一定是人人享有的权利，一定是普遍的；否则，它可以被称作随便什么名称，如某某权利或某某特权，就是不能称为人权。普遍性是人权的内在要求。

那些体现了人的尊严和价值、对所有人都普遍适用的权利规定，一旦应用到具体的个人身上，就必须考虑个人的特殊性；否则，普遍的权利就会落空，无法实现。这些特殊性表现为种族、肤色、性别、语言、宗教、国籍、财产等方面的差别，虽然不是实现普遍人权的障碍物，但无视这些差别却的确会阻碍人权的实现。除了这些个人的特殊情况，在各个国家、民族和地区之间也存在着差别。

每个国家、每个民族和每个地区都有自己独特的宗教和历史文化传统，这就是人权特殊性的内在根据。它决定和规定普遍人权的命运和方向。

其一，各个国家、各个民族的历史文化传统都有自己特定的人权观念。尽管人们在尊重人权问题上有相当程度的一致性，但在人权的哲学基础、人权的实现形式及人权的具体内容方面仍然存在着争论。各个国家和各个民族总是从自己的文化和历史方面来实践人权、解释人权。在每一个具体的国家和民族中，人权总是融合于更大的历史文化背景之中。一些更基本的文化因素，比如，何为权利和义务、何为正义与和谐、何为社会的价值观，制约人们对人权来源的争论，这些争论反映的恰恰是各个民族历史文化传统上的区别。

其二，各个国家和地区在人权的实践方式上存在着差别。有的国家以激烈的革命手段实现了人权；有的国家以和平变革实现了人权；有的国家独立自主地实现了人权；有的国家通过国际合作实现了人权；有的国家实现的人权多一些、深入一些；有的国家则是在社会的压力下实现人权的。

其三，各个国家和地区在实现人权的优先项选择上存在着差别。人权包括很多内容，人权目标一直在不断发展。各项人权是一个统一的、不可分割的整体。人权代表一种理想，没有一个国家能够说自己已经完全实现了人权，每个国家必须要努力实现人权。但是，我们不可能按照人权目标一下子把所有人权都实现了，这不现实。各国只能根据社会需要，根据历史条件和现实可能，先发展一部分人权，然后再发展其他人权。

人权的普遍性表明，人权应该推广到所有国家和地区，推广到所有人。人权的特殊性则告诉我们，在实现普遍人权的过程中，必须高度重视各民族、各国和各地区的特殊情况，把人权的普遍性原则同当地的具体情况结合起来。任何实现了的人权都是这种结合的产物。我们既不能片面强调人权的普遍性，也不能片面强调人权的特殊性。而应该坚持人权的普遍性原则与各国、各民族的具体情况相结合。人权的普遍性正是在它的千千万万个特殊性中实现的。

这一点在1993年世界人权大会亚洲区域筹备会议上通过的《曼谷宣言》中也有精彩的论述："认为尽管人权具有普遍性，但应铭记各国和各地区的情况各有特点，并有不同历史、文化和宗教背景，应根据国际准则不断重订的过程来看待人权。”[①]《维也纳宣言和行动纲领》对此也明确指出：“所有人权都是普遍、不可分割、相互依存和相互联系的……固然，民族特性和地域特征的意义，以及不同的历史、文化和宗教背景都必须考虑，但是各个国家，不论其政治、经济和文化体系如何，都有义务促进和保护所有人权和基本自由。”[②]

总之，人权的普遍性原则必须与各国的具体情况相结合，这既是马克思主义人权理论的一个基本原则，又是“三个只有”人权辩证思维之魂，还是当今国际人权宣言、公约的一个共同认同的基本准则。

3.各国有权选择符合本国国情的社会制度和人权模式

各国有权自主选择符合本国国情的社会制度和人权模式，这既是马克思主义矛盾问题的精髓原理在人权普遍性与特殊性相结合原则中的深化，又是人权普遍性与特殊性辩证关系原理的历史必然，还是以人为本科学发展观的人权方法论对马克思主义人权理论创新发展的一个崭新结论。而各国有权选择符合本国国情的社会制度和人权模式，一个最基本的必然结论就是要继续坚持和深化中国特色的人权发展模式。

建党90多年来，中华人民共和国成立60多年来，特别是改革开放近40年的伟大社会实践，在中国特色社会主义道路和中国特色社会主义理论体系以及中国特色社会主义制度的指引下，中国特色的人权发展模式基本形成。全球金融危机后，越来越多的西方学者都在不同程度地研究“中国经验”“中国模式”，越来越多的发展中国家正在思考和参考“中国经验”“中国模式”。然而，许多西方学者却把中国模式仅仅局限在经济的成功上。受到美式“人权模式”唯我独尊和“人权外交”的严峻挑战，西方学术界的人权思潮纷纷兴起，如后现代主义的自然法说、

① 见《曼谷宣言》第九条。
② 见《维也纳宣言和行动纲领》引言部分。

功利主义、抽象的正义论、人本主义、新自由主义、社团主义和女权主义等思潮，从不同的视角进行了前瞻性的有益探索。不同世界观和方法论的人权模式探索，正随着不同人权模式的理论和实践发展而得到不断推进。中国特色的人权模式研究由此成为具有世界意义的现实课题。

中国特色社会主义的人权模式，既不同于众多的资本主义人权模式，但批判吸收了它们一切积极合理成果；也不同于一切过去传统的社会主义人权模式，但吸取了其成功经验和失误教训。因此它是科学社会主义基本原则与中国特色相统一的新型人权模式，即中国特色的人权模式：应当是人类人权文明成果的继承创新；应当是马克思主义人权理论的应用发展；应当是中国化的马克思主义人权理论风格；应当是中国化的马克思主义人权实践品格；应当是中国特色社会主义的人权发展道路；应当是中国特色社会主义的人权原则立场。

习近平总书记在致“2015·北京人权论坛”和2016年北京国际会议的贺信中指出：“中国人民正在为实现中华民族的伟大复兴的中国梦而奋斗，这将在更高水平上保障中国人民的人权，促进人的全面发展。”①中国的人权发展经历了一个由低到高，从批判排斥到自觉接受，再到不断发展完善的过程。在这一不断完善的过程中，党和政府及各人权组织团体，紧紧围绕发展中国特色社会主义的人权理论创新和实践创新，走出了一条适合中国国情的人权发展道路。党的十八大以来，随着中国经济发展步入“新常态”，中国的法治建设不断完善，中国的人权保障事业正在不断向前发展。党的十八届五中全会更加明确提出：“实现‘十三五’时期发展目标，破解发展难题，厚植发展优势，必须牢固树立并切实贯彻创新、协调、绿色、开放、共享的发展理念。”②创新、协调、绿色、开放、共享的五大发展理念，不仅是新时期引领中国经济

① 习近平．习近平致“2015·北京人权论坛”的贺信［N］．人民日报，2015-09-17．
② 见《中国共产党第十八届中央委员会第五次全体会议公报》。

发展的新思路，也是进一步推进中国人权保障事业向着更高水平发展的新的战略思想。

由此可见，习近平“三个只有”论述的人权辩证思维之魂，为我们观察和思考人权重大问题提供了科学世界观和科学方法论，是我们党解放思想、实事求是思想路线在人权问题上的具体运用和创新发展。唯物辩证性是马克思主义人权观的思维本质特征，在人权重大问题上，解放思想、实事求是，最重要的就是排除“左”和右的干扰。首先，既不能照抄照搬西方国家的人权理论和人权模式，又不能把马克思主义的人权理论教条化、僵死化，而必须从当今时代以及中国改革开放、建设社会主义现代化这一变化发展着的新情况、新问题出发，寻求当代中国人权理论与实践的新的生长点和最佳结合点。其次，既要反对那种抽象谈论人性、人道、人权，用人权的普遍性、共性否定或代替人权特殊性、阶级性的错误倾向，又要破除那种歪曲人权特殊性、阶级性，根本否认人权普遍性、共同性，在绝对不相容的对立中思考、对待人权问题的错误倾向。最后，既要破除那种因社会主义制度优越，就简单地误认为中国社会主义现实必定是完美无缺的观念，又要反对那种因社会主义制度尚不完善，中国社会主义人权还需要改善，而不能理直气壮地谈人权，以及误认为中国没有人权的错误倾向。所在国的大多数人民，既是人权的亲身实践者，又是人权的亲身享有者。因此，只有所在国的大多数人民才是人权的最大发言者。

总而言之，党的十八大以来，习近平新时代中国特色社会主义思想中的系列人权新思想、新观点、新论述，为当下中国人权理论与实践创造性地作出了：“中国梦”的人权价值引领、新发展理念的人权理性之光、人类命运共同体的人权价值先导和“三个只有”的人权辩证思维之魂，由此使得中国人权理论与实践有了崭新的科学理论指引，从而更好地彰显了中国化马克思主义人权理论的穿透力和说服力。

第四章
新的人权实践推进

新时代催生新理论，新理论引领新实践。马克思、恩格斯在《哥达纲领批判》中指出："一步实际行动比十打纲领还重要。"[①]习近平同志多次强调："空谈误国，实干兴邦。"[②]制定出一个好文件，只是万里长征走完了第一步，关键还在于落实文件，"要防止徒陈空文、等待观望、急功近利，必须有时不我待的紧迫意识和夙夜在公的责任意识抓实、再抓实"[③]。习近平新的人权实践推进内容主要包括：一是"五大建设"整体推进的人权保障。即经济建设的人权保障；政治建设的人权保障；文化建设的人权保障；社会建设的人权保障；生态文明建设的人权保障。二是"四个全面"的人权创新实践。即全面建成小康社会的人权布局；全面深化改革的人权布局；全面依法治国的人权布局；全面从严治党的人权布局。

一、"五大建设"总体布局的人权保障

十八大以来，以习近平同志为核心的党中央着眼于全面建成小康社会、实现社会主义现代化和中华民族伟大复兴的重大战略任务，对推进

① 马克思，恩格斯．马克思恩格斯选集：第3卷［M］．中共中央马克思恩格斯列宁斯大林著作编译局，译．北京：人民出版社，1995：308．

② 习近平．习近平在参观《复兴之路》展览时强调：空谈误国　实干兴邦［N］．人民日报，2012-11-29．

③ 习近平．在省部级主要领导干部专题研讨班开班上的讲话［N］．人民日报，2013-02-18．

中国特色社会主义各项事业作出经济建设、政治建设、文化建设、社会建设、生态文明建设，即“五位一体”的总体布局。而“五位一体”的人权实践创新就是其不可分割的重要组成部分。我们党和政府将人权事业的发展与经济建设、政治建设、文化建设、社会建设和生态文明建设相结合，把保障人民的生存权、发展权放在首位，努力促进经济、社会和文化权利与公民、政治权利的全面、协调发展。经过多年不懈努力和奋斗，中国的人民生活水平、民主建设水平、依法治国水平、文化发展水平、社会保障水平、环境保护水平，都迈上了一个大台阶。

1.经济建设的人权保障

《习近平关于社会主义经济建设论述摘编》开宗明义指出：“以经济建设为中心是兴国之要，发展仍是解决我国所有问题的关键。”[①]中国有13亿多人口，不发展经济，不首先解决人民的温饱问题，其他一切权利都难以实现。发展是解决中国所有问题的关键，也是推动中国人权事业发展的根本前提。只有推动经济持续健康发展，才能筑牢国家富强、人民幸福安康的物质基础，保障人民的生存权和发展权。党的十八大以来，继续坚持以经济建设为中心，深化改革开放，通过发展经济来扩大城乡就业，增加居民收入和家庭财产收入，改善人民衣食住行用等条件，维护弱势群体权益，使公民经济权利得到更加切实的保障。

经济发展新常态和供给侧结构改革的人权保障是最突出的创新亮点。2013年，习近平同志提出我国经济发展正处于“增长速度换挡期、结构调整阵痛期、前期刺激政策消化期”的“三期叠加”阶段。他要求“理性对待高速增长转向中高速增长的新常态”。2014年5月在河南考察期间，习近平同志明确指出，要“保持战略上的平常心态”，要“从当前我国经济发展的阶段性特征出发，适应新常态”。7月，在中央

① 中央文献编辑室．习近平关于社会主义经济建设论述摘编［M］．北京：中央文献出版社，2017：1.

政治局会议上，习近平同志对经济工作要适应经济发展新常态的思想作出完整的表述。在2015年底召开的中央经济工作会议上，习近平同志从九个方面全面系统地阐述了经济发展新常态的趋势性变化，强调“我国经济发展进入新常态，是我国经济发展阶段性特征的必然反映，是不以人的意志为转移的。认识新常态、适应新常态、引领新常态，是当前和今后一个时期我国经济发展的大逻辑”。习总书记关于中国经济发展新常态的论断，内涵深刻，意义深远。作为上层建筑的人权总是直接或间接地反映和表现中国经济发展新常态。与中国经济发展新常态相适应的人权发展新样式，概括起来，是各项权利的协调发展，而不是单项权利的片面畸形；是公权力与私权利的和谐互动，而不是二者的矛盾对抗；是公民权利与义务的有机统一，而不是权利与义务的分离；是公民人权本质的民生关怀，而不是人权本质的民生流失。这是马克思主义人的全面发展理论的本质规定，是习总书记关于中国经济发展新常态科学内涵的本质要求，是联合国《发展权利宣言》精神实质的生动体现。

经济建设中的人权保障主要表现在：

第一，人民生活水平不断提高。经济的平稳较快发展为改善民生奠定了基础，创造了条件。城镇居民家庭和农村居民家庭恩格尔系数分别由1978年的57.5%和67.7%，下降到2015年的29.7%和33.0%。1978年至2015年，中国城镇人均住宅建筑面积由6.7平方米增长到33平方米以上，农村人均住房面积由8.1平方米增长到37平方米以上。以公共租赁住房、经济适用住房等为主要形式的住房保障制度初步形成。2015年，国家住宅投资达到80 247.7亿元，其中全国城镇保障性安居工程基本建成住房772万套，新开工783万套；中央投入农村危房改造补助资金365亿元，支持全国432万贫困农户改造危房。2011年至2015年，全国城镇保障性安居工程累计新建住房4 013万套，累计棚户区改造2 191万户，一大批住房困难群众搬进楼房，实现“宜居”。2011年至2015

年，各级财政给予补贴，共对全国67.5万残疾人家庭进行无障碍改造，提高了残疾人生活质量。人民出行条件极大改善。1978年至2015年，公路通车里程由89万公里增长到457.7万公里，民航旅客吞吐量从231.9万人次增长到9.15亿人次。2015年，全国高速公路通车里程12.35万公里，高速铁路营运里程1.9万公里，行政村公路通畅率达94.5%，建制村通客车率达94.28%。1978年至2015年，全年国内生产总值从3 679亿元增长到685 506亿元，人均国内生产总值从200多美元增长到8 000美元以上。1978年，城镇居民家庭人均可支配收入只有343.4元，农村居民家庭人均纯收入只有133.6元。2015年，全国居民人均可支配收入达到21 966元，其中，城镇居民人均可支配收入31 195元，农村居民人均可支配收入11 422元。截至2015年底，全国电话用户总数达到153 673万户，其中移动电话用户130 574万户，普及率为95.5部/百人；固定互联网宽带接入用户21 337万户，移动宽带用户78 533万户。互联网上网人数6.88亿人，固定宽带家庭普及率达到50.3%。2015年，国内居民出境12 786万人次，其中因私出境12 172万人次。民用轿车保有量9 508万辆，其中私人轿车8 793万辆。

第二，农村扶贫开发进入新阶段。为不断提高农村贫困人口生活水平，中国政府于2011年颁布《中国农村扶贫开发纲要（2011—2020年）》，明确提出到2020年稳定实现扶贫对象不愁吃、不愁穿，以及保障其义务教育、基本医疗和住房的总目标。国家大幅度提高扶贫标准，将农民人均纯收入2 300元（2010年不变价格）作为新的国家扶贫标准，更多低收入人口被纳入扶贫范围。2011年全国扶贫对象覆盖人口1.22亿人，占农村户籍人口的12.7%。2012年，中央财政综合扶贫投入2 996亿元，比2011年增长31.9%。其中，中央财政专项扶贫资金332亿元。启动实施了武陵山、六盘山、罗霄山等11个集中连片特困地区区域发展与扶贫攻坚规划及“十二五”（2011—2015年）时期支持西藏、新疆和新疆生产建设兵团、四川云南甘肃青海四省藏区经济社会发展规划，着力解决深度贫困问题。2011年，国家扶贫开发工作重点县农村居民人均纯收入3 985元，比2009年增长40.2%，增幅高于全国农村居民平均水平。按照新的国家扶贫标准，2012年末农村贫困人口为9 899万人，比上年末减少2 339万人。国家编制出台了《扶贫开发整村推进“十二五”规划》，计划“十二五”期间，完成中西部地区3万个贫困村整村推进任务，年均6 000个村。农村贫困残疾人生活状况进一步改善。2012年国务院印发《农村残疾人扶贫开发纲要（2011—2020年）》。2012年，共扶持229.9万农村贫困残疾人，为86.1万农村残疾人提供实用技术培训，为13.2万户农村贫困残疾人家庭实施危房改造。

第三，少数民族贫困地区人民生活不断改善。根据民族地区的实际，中国政府坚持国家帮助、发达地区支援、民族地区自力更生相结合的方针，制定出台一系列优惠政策，推动少数民族地区经济发展，努力提高各民族人民生活水平。改革开放以来，中国实现了“迄今人类历史上最快速度的大规模减贫”，按照农村现行贫困标准累计减少7亿多贫困人口，超过美、俄、日、德四国人口总和，贫困发生率下降到5.7%，成为世界上率先完成联合国千年发展目标的国家。截至2015年底，中国农村贫困人口减少到5 575万人，其中，内蒙古、广西、西藏、宁夏、新疆5个自治区和少数民族分布集中的贵州、云南、青海3省农村贫困人口减少到1 813万人。中国的减贫行动有力地促进了贫困人口发展权的实现，为全面建成小康社会打下了坚实基础。2015年11月，中共中央、国务院发布关于打赢脱贫攻坚战的决定，对未来五年脱贫攻坚工作作出全面部署。2016年3月，《中华人民共和国国民经济和社会发展第十三个五年规划纲要》发布，对全力实施脱贫攻坚总体目标作出战略部署。为实现到2020年让农村贫困人口全部摆脱贫困的宏伟目标，中国正在全面实施精准扶贫、精准脱贫的基本方略。中央财政不断加大对民族地区的转移支付力度。

第四，城乡居民住房条件进一步改善。2009年以来，围绕“住有所居”和“城市化进程中人类住区的可持续发展”两大主题，在推进城镇住房市场化改革，努力通过发展商品房市场满足群众多层次住房需求的同时，中国政府把满足困难群众基本住房需要，列为政府提供基本公共服务的重要内容，通过大规模实施保障性安居工程，加快推进住房保障工作。中国的保障性安居工程，包括城镇地区的保障性住房建设、棚户区改造以及农村地区的危房改造、游牧民定居工程。在城镇保障性安居工程方面，2008年至2012年新建各类保障性住房1 800多万套，棚户区改造住房1 200多万套。到2012年底，全国累计用实物方式解决了3 100万户城镇家庭的住房困难，占城镇家庭总户数的12.5%左右。此外，全国还有近500万户城镇低收入住房困难家庭享受政府发放的廉租住房租赁补贴。2012年底，城镇和农村人均住房面积分别为32.9平方米和37.1平方米，分别比2007年增加2.8平方米和5.5平方米。为规范国有土地上房屋征收与补偿活动，维护公共利益，保障被征收房屋所有权人的合法权益，2011年1月21日，国务院颁布施行《国有土地上房屋征收与补偿条例》，同时废止了2001年6月13日国务院公布的《城市房屋拆迁管理条例》。

第五，积极促进劳动者充分就业。经济发展为扩大就业创造了条件，全国城乡就业人数持续增加，从2010年的7.61亿人增加到2015年的7.75亿人。其中，城镇就业人数从3.47亿人增加到4.04亿人，年均增加1 100余万人。2015年城镇新增就业1 312万人，年末城镇登记失业率为4.05%，延续平稳运行态势。2008年至2015年，中央财政累计投入就业补助资金3 055.11亿元。自2009年起，国家专门实施妇女小额担保贷款财政贴息政策，截至2016年6月，已累计发放贷款2 794亿元，538万名妇女获贷，带动和扶持包括贫困妇女在内的1 000多万名妇女实现创业就业。妇女就业数量和层次不断提高，2014年全国女性就业人员占全社会就业人员比重为45%，女性专业技术人员占专业技术人员总数的46.5%。国家加强技能培训，通过能力建设促进更公平地分享就业机会，截至2015年底，全国技能劳动者总量达1.67亿人，其中高技能人才4 501万人。国家积极促进农村劳动力就地就近转移就业，在县域经济范围内吸纳农村劳动力总量的65%。大力发展服务业，开发适合进城务工人员的就业岗位，建设减免收费的农贸市场和餐饮摊位，实现80%以上的进城务工人员在小微企业就业。鼓励进城务工人员返乡创业，截至2015年底，进城务工人员返乡创业累计达450万人，不计入个体工商户的农村小微企业达699万户。截至2014年底，全国民营企业达1 546万户，个体工商户近5 000万户，分别比2010年增长83%和44%，带动2.5亿人就业。目前，全国互联网创业就业总量近1 000万人，"互联网+"成为吸纳就业的重要渠道。国家采取措施引导毕业生多渠道就业、鼓励创业、强化毕业生就业服务和困难毕业生就业帮扶，近几年高校毕业生每年离校时的就业率都保持在70%以上，年底总体就业率超过90%。国家通过援企稳岗、就业帮扶、就业援助等措施，帮助失业人员、就业困难人员实现就业，全面推动零就业家庭动态清零。2011年至2015年，城镇失业人员再就业人数每年都超过550万，就业困难人员实现就业年均近180万人。残疾人就业稳中向好，"十二五"期间实现152万城镇残疾人新增就业，2014年全国城乡劳动年龄段生活能够自理的残疾人就业人数达到2 159.63万人。

第六，保障劳动者各项基本权利。国家先后修改了劳动合同法、职业病防治法，制定了《女职工劳动保护特别规定》和《最高人民法院关于审理劳动争议案件适用法律若干问题的解释（三）》，保障劳动者各项权利。工会覆盖面进一步扩大。截至2012年9月，全国建立基层工会组织266.6万个，覆盖企事业机关单位616.6万个，与2009年相比分别增长

34.9%和42.8%，其中非公经济组织工会组织185.5万个，较2009年增长47%。工会会员达2.8亿人，较2009年增长16.7%，其中非公经济组织会员达1.6亿人，较2009年增长16%。积极推进工资集体协商，保障获得公平报酬的权利。截至2012年9月，全国共签订工资专项集体合同122.8万份，覆盖企业308.2万家，覆盖职工1.5亿人，与2009年相比分别增长140%、241%和142%。2012年，全国各级劳动保障监察机构共查处违法案件41.2万件，督促用人单位与805.5万人次劳动者签订劳动合同。2012年，全国24个省份调整了最低工资标准，最低工资标准年均增幅22%。城镇非民营单位在岗职工平均工资由2007年的24 932元增加到2011年的42 452元，年均增长14.23%；城镇民营单位就业人员年平均工资由2009年的18 199元增加到2011年的24 556元，年均增长16.16%。

第七，保障人民生活和生产安全。中国重视在发展经济过程中保障人民生活和生产安全。近年来，国家努力构建完善的市政公用事业服务体系，城市人居环境质量不断提升。到2012年底，中国共21次获得联合国人居奖，有7个项目获得迪拜国际改善居住环境最佳范例奖，有30个城市获得中国人居环境奖，398个项目获得了中国人居环境范例奖。2011年，全国113个环保重点城市供水水质达标率提高到90.6%。截至2012年底，饮用水卫生监测网络已经覆盖全部省份，共设立水质监测点近3万个。2010—2012年，全国累计解决了1.72亿农村居民和2 300万农村学校师生的饮水安全问题。2008年以来，完成大中型和重点小型水库除险加固1.8万座。国家着力解决制约安全生产的突出问题和深层矛盾，安全生产法规政策体系不断完善，颁布了多项安全生产标准，严厉打击非法违法生产、经营、建设行为，深入治理违规违章行为，持续开展“安全生产年”活动，不断深化隐患排查治理。2012年，全国查处无证和证照不全从事生产经营、建设等各类非法违法行为144万起，违规违章行为305万起。平均每年培训高危行业主要负责人、安全管理人员和特种作业人员500多万人次，农民工1 300万人次，煤矿班组长13万人次。发布了1 022项重大事故防治关键技术和355项新型安全实用产品，集中推广了100个安全动态监测监控项目。安全生产事故起数和死亡人数持续下降。各类生产安全事故起数、死亡人数2011年比2010年分别下降4.3%、5.1%，2012年比2011年又分别下降3.1%、4.7%；亿元GDP事故死亡率、工矿商贸十万就业人员事故死亡率、煤矿百万吨事故死亡率、交通万车事故死亡率，2011年比2010年分别下降13.9%、11.7%、24.7%和12.5%，2012年比2011年又分别下降18%、13%、34%和11%。[①]

2.政治建设的人权保障

中国特色社会主义政治发展道路，是公民权利和政治权利在中国得到实现的根本保障和独特政治优势。党的十八大以来，深化改革，坚持积极稳妥地推进政治体制改革，扩大社会主义民主，加快建设社会主义法治国家，发展社会主义政治文明。努力健全民主制度，丰富民主形式，扩大公民有序政治参与，保证公民依法行使民主权利。不断深化行政体制改革，推进司法体制和工作机制改革，保障人民依法享有广泛权利和自由。法治中国和协商民主是十八大以来政治建设中的人权保障的最突出亮点。

保障人权是协商民主的价值追求。有效监督国家公共权力，切实尊重与保障人权，是法治思维的价值目标，是协商民主的价值追求。作为我国人民民主重要形式的协商民主，内在决定了与西方协商民主思潮有着本质的区别，但吸收了西方协商民主思潮中的积极有益成果。西方协商民主作为一种学术思潮，固然有多种协商民主形式或具体模式，但大都只不过是一种与选举民主形式相联系的具体民主形式或具体民主模式而已，没有也不可能具有我国人民民主重要形式的本质规定，更没有与

① 中华人民共和国国务院新闻办公室. 发展权：中国的理念、实践与贡献（白皮书）[N]. 人民日报，2016-12-01.

人民代表大会制度、共产党领导的多党合作和政治协商制度、民族区域自治制度和基层群众自治制度的独特本质和独特优势。作为我国人民民主重要形式的协商民主，有着人民当家作主的最独特本质规定和最独特的政治优势。其根本目的就在于高举人民民主旗帜，坚持人民主体地位，有效监督国家公共权力，切实尊重和保障人权；保证人民依法实行民主选举、民主决策、民主管理、民主监督；依法保障全体社会成员平等参与、平等发展的权利。

所谓人权，就是与特定社会历史条件相联系的，人作为人并应当具有的，以人的自然属性为基础、社会属性为本质规定的做人的基本权利和自由。[①]美国著名政治学家路易斯·亨金在他的《权利的时代》中指出："我们的时代是权利的时代。人权是我们时代的观念，是已经得到普遍接受的政治与道德观念。"[②]党的十八大报告强调指出："加强权力监督的制度建设……国家切实尊重与保障人权。"党的十八届四中全会更加明确地强调指出："不断完善法治人权的司法保障体系。"一方面，协商民主的价值追求，其实质就是保障公民公平正义的权益诉求。社会公民既应当自觉坚持法治人权的法治精神引领，又应当自觉坚持法治人权的司法保障。法治是人权的规制和保障，人权是法治的灵魂和价值。法治人权保障作为一项自觉的法治人权实践，首先要有法治人权的法治精神引领。在现代法治国家的协商民主中，只有自觉坚持法治人权的法治精神引领，才能真正实现国家公共权力与公民私人权利的和谐互动。

首先，尊重与保障人权是协商民主的价值基石。依法治国中的协商民主区别于专制独裁的本质特征，就在于自觉坚持法治人权的法治思维，切实把人民当家作主在所有政治关系中的地位与作用提高到了前所未有的法治人权高度。由此，尊重与保障人权就内在地成为协商民主的

① 鲜开林. 中国特色社会主义人权理论体系研究［M］. 北京：人民出版社，2014：4.
② 亨金. 权利的时代［M］. 信春鹰，等，译. 北京：知识出版社，1997：1.

价值基石。协商民主的价值基石，就是鼓励、促进和保护公民平等参与国家政治生活，保证人民依法实行民主选举、民主决策、民主管理、民主监督；依法保障全体社会成员平等参与、平等发展的权利。如果协商民主失去了对公民人权尊重与保障的价值基石，就从根基上动摇或丧失了协商民主的价值基石，从而也就不能成为作为我国人民民主重要形式的协商民主。

其次，尊重与保障人权是协商民主的价值指引。现代法治国家作为现代新型民主国家的政治制度，理应充分体现对公民人权的尊重与保障，一种没有充分体现对人的关怀的政治制度不应该被称作现代法治国家和法治人权的法治思维，否则就没有必要走向法治人权的新趋向。只有符合法治人权的新趋势，才能真正实现对人权尊重与保障的价值追求。毫无疑问，现代法治国家追求诸多价值，它们分属不同层次，而人权则是这一价值体系中的内核要素。十八大报告的一个突出亮点就是凝练出我国社会法治制度支撑的自由、平等、公正、法治的共同价值理念。这就是用法治思维来实现自由平等和公正，也就是核心价值观的人权价值指引。[①]

再次，尊重与保障人权是协商民主的价值准则。著名的德国法学家拉德布鲁赫看到了法与人权的博弈问题，于是他写了一篇文章，叫作《法律的不法与超法律的法》。法官们从他的思想里获得启示，最后得出的结论是："凡是展示人类的共同理性、以维护人权为特征的法才叫法，背离了人类的共同理性以剥夺和践踏人权、侵犯人的尊严的法不叫法。"这就深刻地揭示出人权的法理本质规定性，以人为本的人权法理本质规定更是对它的超越和升华，从而赋予了中国特色社会主义人权法理本质的时代新内涵。法律制度的人权规定性，集中表现在根本大法对

① 鲜开林．中国特色社会主义人权理论体系研究［M］．北京：人民出版社，2014：288.

人权的规定性。人权是法制的核心内容和人性基础，法制是人权的法律确认和法律保障。国家根本大法的基本人权规定更加充分地体现人权的法理本质，“国家尊重和保障人权”的条款写进宪法，不仅是中国宪法人权本质的日益彰显，更是中国人权发展的里程碑。宪法历来被称为人权保障书，人权的实现和保障离不开宪法和宪政制度。列宁精辟地指出：“宪法就是一张写着人权权利的纸。”[①]

最后，尊重与保障人权是协商民主的价值功能。协商民主的价值功能：第一，有助于培养公民权利意识，促进公民依法、有序、理性的政治参与，推动公民社会的健康发展。第二，有助于拓展公民权益表达渠道，推动公民个体、社会组织与政府的合作对话与沟通交流。第三，有助于形成健康民主社会所需要的协商政治文化，形成一种宽容、理解、对话、倾听和理性的民主氛围。归根到底就是有助于推进和完善中国特色社会主义民主与法治的伟大历史进程，实现中华民族的伟大复兴。

另一方面，协商民主是保障人权的有效方式。“事必有法，然后可成。”这是人们常说的一句话。毛泽东同志把科学的领导方法形象生动地比作桥和船，认为“不解决桥和船”的问题，过河就是一句空话，不解决方法问题，任务也只是瞎说一通。其实，协商民主就是保障有效人权的“桥和船”。作为我国人民民主重要形式的协商民主，不断拓宽国家政权机关、政协组织、党派团体、基层组织、社会组织的协商渠道，深入开展立法协商、行政协商、民主协商、参政协商、社会协商。以这些具体协商形式为平台，就经济社会发展重大问题和涉及群众切身利益的实际问题在全社会进行广泛协商，增进和达成共识。作为协商民主的重要渠道，中国人民政治协商会议积极推进协商民主建设，创新以专题为内容、以界别为纽带、以专委会为依托、以座谈为方法的协商形式，

① 列宁．列宁全集：第12卷［M］．中共中央马克思恩格斯列宁斯大林著作编译局，译．北京：人民出版社，1972：50.

积极开展专题协商、界别协商、对口协商、提案办理协商，推动协商活动的多样化，约请有关部门负责人直接听取意见，推动建言献策成果的转化等等。这不仅是我国协商民主的民主模式创新，而且是“加强权力监督”“切实尊重与保障人权”的有效方式。放眼世界各国的协商民主实践，协商民主也同样是现代法治国家有效监督公共权力和尊重与保障公民基本人权的有效方式。这主要包括：

一是公民共识会议（consensus conference）。公民共识会议是丹麦在20世纪80年代中期逐步发展出来的一种新兴民主决策模式，它尝试建构一个公共讨论的场域，邀请不具专业知识的公众，平等自主地去讨论具争议性的公共议题，事前阅读相关资料，然后由专家学者从旁补充背景知识，帮助公民加强对议题的认识。在掌握一定知识背景的基础上，参与者对争议性议题公开相互辩论并作判断，并将他们讨论后的共识观点写成正式报告，向社会大众公布，得出结论提供给政府决策参考。丹麦法律规定，凡是涉及重大社会争议的科技政策，在作出决策之前，必须先进行公共讨论。1986年依法成立的“丹麦科技委员会”（Danish Board of Technology）便负责推动科技议题的公共讨论，公民共识会议是他们所采用的诸多公民参与模式之一。公民共识会议的召开，是举国瞩目的公共事件，会议结论送交国会，虽无立法拘束力，但许多国会议员都以之作为立场的指引，公民共识会议的结论对决策具有重大影响力和监督力。

公民共识会议的基本程序包括：议题挑选；组成执行委员会；挑选公民小组；挑选专家小组；预备会议；正式会议及结论报告。公民共识会议的整个过程必须由独立与公正的机构来组织，以确保能够实现公开、平衡和具有建设性的辩论。当提供的议题比较清晰，在决策制定过程中碰到技术问题需要向专家咨询，同时又需要听取公民意见时，公民共识会议的协商形式就能适用。首先，公民小组的招募过程应该公开透明，通过媒体网络或报纸杂志说明召开会议的目的与讨论主题，征求志愿者参加。参与者的挑选应当反映人口差异，包括性别、年龄、受教育程度、职业、居住地等条件，进行随机抽样，排除具有特殊利益背景的对象，确保讨论过程的独立性。其次，公民小组的每位成员必须全程参与2天的预备会议及3天的正式会议。最后，参与的民众便针对未来的政策方向提出几个可能的做法，并且针对这些可能的政策选项进行讨论，最终得出与会民众最为合意的处理方式。在进行讨论时，所有成员被分为3～5个小组深入地交换意见，接着再进行全体讨论，对于管理、规划与评估的部分表达意见，或是提出新的建议。由此可见，公民共识会议蕴涵的民主价值在于，希望参与者在认真考虑各种意见后寻求彼此均能接受的共识；在寻求共识的过程中，公开讨论的过程所呈现的意见，为实现人权创设沟通渠道。

二是民意测验机制（deliberative polling）。协商民意测验是一种基于信息对等和充分协商基础上的民意调查，它旨在克服传统民意调查的局限性。组织者会通过随机抽样产生参与者，然后将他们召集起来共同参与1～3天的协商论坛。美国斯坦福大学菲什金教授已在许多国家运用并发展了协商民意测验方法。我国浙江省温岭市泽国镇在多年运用"民主恳谈会"进行决策听证的基础上，引入"协商民意测验"方法，通过一个具有代表性的微观世界（部分群体）而反映出每个人经思考之后的判断意见，为科学民主的公共政策的制定和重大公共事项的决策提供了一套可信赖的程序和模式。

协商民意测验的运作程序具有如下特点：参与者由随机抽样产生；参与者具有代表性；参与者人数较多（通常为几百人），组织规模较大；在协商之前，向参与者提供详细的、公正的、中立的说明材料让其充分了解协商议题的相关背景和信息；小组讨论和大会讨论相结合；参与者在协商前后两次填写民意测量表，两次民意调查问卷的制作和分析需要专业人士的参与以保证可靠、中立和科学；通过比较两次民意调查问卷的差别，可反映协商对参与者偏好的影响。事先随机抽样产生的代表、开放式的程序和辩论使得协商的结果通常难以被操纵。

三是专题协商小组（focus group）。专题协商小组有时也称为“焦点组”，作为制订计划的一种协商方法，专题小组由与该议题有关联的、知晓该议题的人员组成，这一群体里面可能包含各种利益集团。他们在这一议题上各有利益取向，各自坚持己方观点。专题小组讨论能够与其他协商模式结合运用，其可作为计划制订的前置程序，以便于确定议程，然后可采用前述的公民共识会议或者协商民意测验的方法。

专题协商小组讨论有以下主要特点：这种协商方法的影响力或结果并不覆盖全社区，它只涉及社区中的某一特殊利益的分配问题，并且参与者通常不是通过随机抽样而产生的；参与者团体由当地的公共机构或非政府的中立机构指定，各种利益群体的成员都有可能参与到协商中来；参与人数相对较少；专题讨论可以根据需要进行一次、多次或者有规律性地定期举行；利益群体可以通过他们各自的参与人员向专题小组提供各自特殊的信息，各种形式的信息或者书面材料再反馈给委员会。由于代表各自利益群体的参与者在专题讨论前已充分掌握了议题的相关信息，这就使其能在短时间内进入深入协商的状态；而且，各利益群体所掌握的独特知识或信息有助于构想出独树一帜的观点或解决方法。但是，利益群体内部成员，并不能必然地代表整个利益群体，不同利益集团基于既有知识不易退让或妥协，容易造成协商时间过长、共识难以形成。

四是城镇居民协商大会（town meeting）。城镇大会也称作“大规模协商会议”和“21世纪城镇大会”，最先出现在17世纪20年代末的马萨诸塞湾殖民地，并因其参与和推动了“波士顿茶叶事件”在美国历史上留下了不朽功勋。随着计算机信息技术的发展，由非营利性组织“美国开讲（America Speaks）”策划、组织新型城镇会议，将计算机联网技术与小组协商讨论相结合，讨论小组将讨论结果输入电脑，然后用电子数据的形式把这些信息传输给主题中心，由该中心综合各小组的讨论结果并将该总结后的结果展现在大屏幕上。每个参与者都要提交他们个人的偏好意见，其中的重要问题将被优先考虑。

澳大利亚珀斯市组织了一次有1 100名公民参与的大规模的协商民主试验，共同协商讨论如何促进珀斯地区的发展。每10个参与者组成一个讨论小组，同时配备1名经过培训的主持人。在每个小组的参与者当中选出1名记录员进行记录，每个小组有30～40分钟的时间对议程中所给出的问题进行回应和讨论，并将他们的意见输入电脑。在讨论开始前，每个参与者都有机会将自己的看法写在活动面板上；讨论开始后，每个参与者的意见、小组共识和少数人的异议都将被输入电脑。中心根据所得信息将其综合成为10条主要的意见或议题展示在大屏幕上。每个参与者都被要求对遭遇两难困境的计划问题提出实用性的解决方法；参与者必须通过充分的互相协商和权衡完成对建筑物、工业、公共空间和交通运输线的规划。为了保证实现参与者继续对这些议题进行跟踪关注，在大会结束之后，每个参与者会收到一份写有所有重要建议的初步报告。几周之后，他们又收到他们各自所在小组所作出的城市蓝图的复印件，以及经综合过的城市蓝图，同时还有一份具有深度的最后分析报告。其中的100多名参与者在9个多月之后被分成几个小组再次聚在一起共同商讨，为社区发展献计献策。讨论后的结果再一次分发给所有参与者寻求他们的反馈。一年之后，州内阁在综合考虑反馈意见后通过了新的规划。此方法运用当代电子技术进行大规模的民意咨询和协商讨论，参与面非常广，并能立即通过计算机技术处理综合各种看法，效率高；但同时存在成本高、技术难度大的不足。

五是寻找美好未来会议（future search conference）。此模式认为，主办单位应保持中立，不去影响参与者对于行动方案或会议结论可能达成的共识；参与者自行讨论，并且界定与解决问题息息相关的外在趋势并寻求解决方案。寻找美好未来会议的召开至少需要三天，最理想的状态是有64位参与者，并且将他们分为8组进行。每个小组必须包括不同的团体，并且始终保持8个成员。会议成功的关键，在于参与者必须以采取进一步行动为前提的态度来参加会议。一般来说，3种类型的团体不可或缺：拥有知识与信息的人士、拥有权威与采取行动所需资源的人士和会受到会议结果影响的人们。

会议的过程大致可分为如下5个阶段：第一阶段，参与者首先回忆过往；第二阶段，思考现在；第三阶段，构想未来图景；第四阶段，探讨参与者皆能同意的观点与计划；第五阶段，制订行动方案。在第一阶段，参与者在讨论主题的同时也要关注全球或区域范围的重大事件，以参与者过去共同的经验为基础，并作为第二阶段的起点；在第二阶段，通过众人的讨论，参与者共同建立一张思想地图，界定影响讨论主题的现象，每位参与者分别陈述他们认为与讨论主题关系最为密切的现象，并进行排序；在第三阶段，要从大型思想地图中，分离出重要的走向，并且指出对于参与者本身而言最为重要的趋势，焦点应放在现在哪些措施是正确的，以及未来可以改进的方向；在第四阶段，每个小组开始思索在既定主题下他们所渴望的未来，寻求一致同意的理想图景，各组在此阶段将提出相关的观点，并且重新总结这些观点，使其符合参与者一致同意的行动计划；在第五阶段，主办单位要求参与者指出哪些提案是他们想继续讨论的，从而界定行动计划的短期目标与长期目标，并在会议结束之后提出可行的行动方案与报告。

应当指出的是，现代法治国家中的协商民主的实际操作方式，因各国历史文化传统、政治经济发展水平、社会情境与文化条件等的不同，其适用范围和运作模式也各不相同。“不一样的文化，却有相同的人权尊严。”[①]“在人权问题上没有最好，只有更好。”[②]不仅是至理名言，而且是历史事实。协商民主模式除了上述五种，还包括公民陪审团、角色扮演、愿景工作坊、观点工作坊、表决会议、对话网络、居民听证会及公民评议会等。中外协商民主实践说明了这样一个道理：现代法治国家中的协商民主正越来越多地被运用到宪政国家的民主政治生活之中，发挥着越来越突出的公共权力监督和公民人权的尊重与保障作用。多姿多彩的协商民主形式无疑是保障人权的有效方式。

第一，保障各项人权的法律制度不断完善。建立中国特色社会主义法律体系，依法保障人权，是中国人权事业发展的重要基础。经过多年不懈努力，到2010年年底，一个立足中国国情和实际、适应改革开放和社会主义现代化建设需要、集中体现中国共产党和中国人民意志，以宪法为统帅，以宪法相关法、民法商法、行政法、经济法、社会法、刑法、诉讼与非诉讼程序法等多个法律部门的法律为主干，包括行政法规、地方性法规等多个层次的法律法规构成的中国特色社会主义法律体系已经形成。截至2016年9月，全国人大及其常委会共制定宪法和现行有效法律252部。截至2016年7月，有立法权的地方人大及其常委会共制定现行有效的地方性法规9 915件。近年来，中国建立了权力清单、负面清单和责任清单三大制度。2013年以来，国务院公开了各部门行政审批事项汇总清单，规定各部门不得在公布的清单之外实施行政审批，取消和下放618项行政审批事项，坚决消除权力设租寻租空间，完善权力运行程序。中国特色社会主义法律体系的形成，是中国人权事业发展的一个重要标志，实现了中国人权保障的法制化。近年来，国家十分注重从保障人权的要求出发修改有关法律法规。2012年修订的刑事诉讼法写入了“尊重和保障人权”内容，并在证据制度、辩护制度、强

① 罗豪才．在第四届“北京人权论坛”开幕式上的致辞［N］．光明日报，2011-09-27.
② 习近平．人权问题上没有最好只有更好［N］．南方都市报，2012-02-16.

制措施、侦查措施、审查起诉、审判程序、执行程序的修改完善和增加规定特别程序中，贯彻了尊重和保障人权的精神。这是中国人权事业的重大进步，对于惩罚犯罪，保护人民，保障公民的诉讼权利和其他合法权利，具有重大意义。2012年修订的民事诉讼法，进一步保障了当事人的诉讼权利，完善了起诉和受理程序、开庭前准备程序、简易程序、审判监督程序和执行程序，完善了保全制度、证据制度和裁判文书公开制度，增加了公益诉讼制度、对案外被侵害人的救济程序。

第二，人民群众通过各级人民代表大会有效行使国家权力。人民代表大会制度是中国的根本政治制度。中国人民通过全国人民代表大会和地方各级人民代表大会，参与国家管理，行使国家权力。人民代表大会行使立法、监督、决定、任免等职权。2010年以来，全国人大及其常委会制定和修改了45部法律，包括刑法、刑事诉讼法、全国人民代表大会和地方各级人民代表大会选举法、全国人民代表大会和地方各级人民代表大会代表法、国家赔偿法、村民委员会组织法、行政强制法等法律，进一步完善了保障各项人权的法律制度。2010年3月，全国人大通过了修改全国人民代表大会和地方各级人民代表大会选举法的决定，规定城乡按照相同人口比例选举人大代表，人大代表具有更广泛的代表性，进一步完善了选举制度，更好地体现了人人平等、地区平等和民族平等。中国立法机关通过公布法律草案、听证会、论证会、座谈会等多种形式，保证公众广泛参与立法。2011年修改个人所得税法，向社会公布征求意见后，一个多月共收到意见23万多条。在通过网络发表意见的公众中，83%的人希望在原方案基础上适当上调工薪所得减除费用标准。全国人大常委会对草案作了修改，将工薪所得减除费用标准由每月2 000元提高至3 500元。2010年以来，全国人大及其常委会依法加大监督力度，监督工作的针对性和实效性切实增强。2010年以来，全国人大常委会共开展了13次执法检查，安排听取和审议了国务院和最高人民法院、最高人民检察院的31个专项工作报告，开展了9次专题询问。

第三，协商民主使公民享有管理国家事务更充分的权利。社会主义协商民主是中国人民民主的重要形式。中国形成了政党协商、人大协商、政协协商、人民团体协商、基层协商和社会组织协商构成的广泛多层、制度化的协商民主体系，扩大了公民有序的政治参与，保障了发展权的实现。中国人民政治协商会议是中国实行协商民主制度的重要机构，涵盖了包括中国共产党在内的9个党派、8个人民团体、56个民族、5大宗教、34个界别，共有各级政协组织3 000多个，各级政协委员60多万名。2015年全国政协共举办41项重要协商活动、107项视察调研活动，形成了以全体会议为龙头、专题议政性常委会议和专题协商会为重点、双周协商座谈会为常态的协商议政格局。2015年全国政协十二届三次会议上，有1 948名政协委员提交提案，占委员总数的87.5%；提案总计5 857件，立案4 984件，占总数的85.1%。全国政协十二届一次会议以来，提案办复率达99.5%以上。

第四，充分保障民族自治地方依法行使自治权。民族区域自治制度是中国的一项基本政治制度，也是中国解决国内民族问题的基本政策。中国成功创设了单一制国家结构下的民族区域自治制度，有效保障少数民族的各项民主权利。在55个少数民族中，有44个建立了自治地方，实行区域自治的少数民族人口占少数民族总人口的71%，民族自治地方的面积约占全国国土总面积的64%。截至2016年7月底，共制定和修改现行有效的自治条例和单行条例967件，进一步夯实了少数民族发展权实现的法律基础。全国5个自治区、30个自治州、120个自治县（旗）的行政首长全部由实行区域自治的少数民族公民担任。民族自治地方的各级党委、人大、政府、政协领导班子及其职能部门都配有一定数量的少数民族干部，少数民族干部比例普遍接近或超过少数民族人口占当地总人口的比例。截至2015年年底，少数民族公务员已达76.5万人，比1978年增长了近3倍。在全国公务员队伍中，少数民族占10.7%，其中县处级以上的少数民族公务员占同级公务员总数的8.3%。

第五，基层民主建设使公民参与权进一步扩大。基层民主是人民当家作主的一种有效形式，它通过以村民自治为核心的农村基层民主、以社区居民自治为核心的城市基层民主和以职工代表大会为核心的企事业单位的基层民主等形式，保障全体公民广泛和直接参与社会生活各项事务。农村村民委员会和城市社区居民委员会的换届选举工作实现制度化、规范化和程序化。中国建立了以农村村民委员会、城市居民委员会为主要形式的基层群众自治制度。在农村地区，58.1万个村委会98%以上实行直接选举并制定村规民约和村民自治章程，村民平均参选率超过95%，6亿农民参加选举。在城市地区，全国已有社区居民委员会10万个，社区居委会干部51.2万名，志愿者540万名。通过直接选举、网格化管理平台、志愿服务、听证会、协调会、评议会、社区联络员、社区网络论坛、民情信息站等多种途径，大大拓宽了居民民主参与的空间，提高了居民的自治能力和水平，形成了中国特色的基层群众自治制度。在企事业单位，职工代表大会制度广泛推行。全国已建立工会的企事业单位单独建立厂务公开制度的有464.3万家。全国基层工会组织总数275.3万个，工会会员总数达2.8亿人，其中进城务工人员会员总数1.09亿人。截至2016年6月，全国在民政部门正式登记的社会组织共有67万个，其中社会团体32.9万个，基金会5 028个，民办非企业单位33.6万个。这些社会组织的服务与影响范围涉及教育、科技、文化、卫生、体育、社区、环保、公益、慈善、农村经济等社会生活的各个领域。

第六，切实保障公民的知情权和表达权。随着改革的深化以及信息技术的迅猛发展，中国公众的知情范围日益扩大，表达空间不断拓展。国家制定了《政府信息公开条例》，政务公开制度体系基本形成。公共参与是公民直接参与发展决策的便捷渠道。国家深入推进民主立法，健全公众参与立法的途径和方式，建立委托第三方起草和由第三方居中评估的立法制度，健全法律法规规章草案公开征求意见和公众意见采纳情况反馈机制。一些地方出台了重大行政决策程序规定，把公众参与作为重要法定程序，明确了公众参与行政决策的方式方法，广泛采用公开征求意见、听证会、座谈会、问卷调查等方式。2007年，国务院公布《政府信息公开条例》，重点推进行政审批、财政预决算、保障性住房、食品药品安全、征地拆迁等信息的公开，使公民及时、准确地获取信息，保障知情权，进行有效监督，不断提高政府工作透明度和执法效能。公众参与司法渠道逐步拓宽。目前，全国人民陪审员总数已超过22万人。自2003年开展人民监督员制度试点工作以来，截至2016年4月，共选任人民监督员4.8万余人次，监督各类职务犯罪案件4.9万余件。截至2015年年底，全国共有人民调解委员会近80万个，人民调解员390余万人，近8年来排查化解矛盾纠纷6 700多万件。公众信访渠道进一步丰富，政治参与途径进一步拓宽。国家信访信息系统正式开通，实现公民信访网上投诉、办理、评价，并开通手机信访、微信公众号。2015年全国网上信访141万件次，其中建议意见14万件次。

第七，司法领域人权保障取得新进展。中国不断加强发展权的司法保护与司法救济，构建起发展权司法救济机制，防止和惩治对发展权的侵害。首先，深化国家司法救助制度改革，切实保障困难群体的发展权利。对遭受犯罪侵害或民事侵权，无法通过诉讼获得有效赔偿的当事人，国家提供司法救助，重点解决符合条件的特定案件当事人生活面临的急迫困难。国家司法救助以支付救助金为主要方式，同时与思想疏导、宣传教育相结合，与法律援助、诉讼救济相配套，与其他社会救助相衔接。探索建立刑事案件伤员急救“绿色通道”、对遭受严重心理创伤的被害人实施心理治疗、对行动不便的受害人提供社工帮助等多种救助方式，进一步增强救助效果。2014年，国家颁布《关于建立完善国家司法救助制度的意见（试行）》后，司法救助的范围与数量大幅上升。2014年、2015年，中央和地方安排司法救助资金总额分别为24.70亿元、29.49亿元，2014年共有8万余名当事人得到司法救助。各级法院2013年至2015年共为诉讼当事人减免诉讼费6.25亿元，保障生活困难群众依法参与诉讼的权利。其次，强化法律援助实效，确保贫困人口享有获得司法救济的权利。1994年，中国开始探索法律援助制度，为困难群众无偿提供咨询、代理、刑事辩护等法律服务。2003年，国务院公布施行《法律援助条例》，明确了法律援助事项范围，省、自治区、直辖市人民政府可以补充规定法律援助事项，并根据本行政区域经济发展状况和法律援助事业的需要规定公民经济困难的标准。目前，全国已有23个省份扩大补充事项范围，19个省份调整了经济困难标准。2012年修订后的刑事诉讼法将法律援助的范围从被告人扩大到犯罪嫌疑人、被告人。近五年法律援助案件平均年增长11.4%，妇女、儿童、老年人、残疾人、进城务工人员等群体获得了优质便捷的法律援助服务。2015年5月，中央全面深化改革领导小组第十二次会议审议通过《关于完善法律援助制度的意见》，进一步扩大民事、行政法律援助覆盖面，降低法律援助门槛，使法律援助覆盖人群逐步拓展至低收入群体，惠及更多困难群众。再次，加大司法救济力度，保护弱势群体发展权。中国一直注重发展权等基本人权的刑事司法保护，以法律构筑保护发展权的牢固防线。国家依法制裁对妇女、儿童、老年人、残疾人、进城务工人员等的犯罪，强化保障特定群体身心健康发展的权利以及经济社会权利。国家坚持不懈预防、打击拐卖妇女儿童犯罪，拐卖妇女儿童犯罪得到有效遏制。国家颁布《关于依法惩治性侵害未成年人犯罪的意见》和《关于依法处理监护人侵害未成年人权益行为若干问题的意见》，不断加大对未成年人权益司法保护力度。国家出台《关于在检察工作中切实维护残疾人合法权益的意见》，依法从重打击侵害残疾人权益的犯罪活动，保障残疾人合法权益。最后，重视发挥仲裁功能，保护特定群体平等发展权。通过依法定纷止争、制裁侵权强化权利的程序性保护。截至2015年年底，全国各地乡镇街道劳动就业社会保障服务所（中心）劳动争议调解组织组建率达80%，比2014年增加14%；共建劳动人事争议仲裁院2 919家，总体建院率为91.1%，比“十一五”末期的946家增加了208%。2010年至2015年，全国各地调解仲裁机构共处理争议案件756.6万件，仲裁结案率保持在90%以上。①

3.文化建设的人权保障

保障公民文化权益的充分实现，是中国人权建设的重要内容。党的十八大以来，中国继续深化文化体制改革，解放和发展文化生产力，激发全民族文化创造活力，人民的社会文化生活更加丰富多彩，公民基本文化权益保障不断取得新进展。中国人民享受文化成果的权利、参与文化活动和文化事务管理的权利、开展文化创造的权利以及文化成果受法律保护的权利，均得到前所未有的提升。

第一，保障公民文化权利的服务体系初步形成。2015年，中国发布《关于加快构建现代公共文化服务体系的意见》和《国家基本公共文化服务指导标准（2015－2020年）》，对加快构建现代公共文化服务体系，推进基本公共文化服务标准化、均等化，以及保障人民群众基本文化权益作出全面部署。加快公共数字文化建设，实施国家公共文化数字支撑平台、国家数字文化网等一批重点项目。截至2015年年底，文化信息资源共享工程已建成1个国家中心、33个省级分中心、2 843个市县支中心、35 719个乡镇（街道）基层服务点、70万个村（社区）基层服务点。完善公共文化设施网络，加强基层文化服务能力建设。截

① 国务院新闻办公室．发展权：中国的理念、实践与贡献［N］．人民日报，2016-12-02.

至2015年年底，全国文化系统共有艺术表演团体2 037个、公共图书馆3 139个、文化馆3 315个、博物馆2 981个，数字图书馆推广工程已在40个省级馆、479个地市级馆实施。继续推进公共文化设施免费开放，各级公共美术馆向公众免费开放，各级图书馆、文化馆（站）向公众免费提供基本公共文化服务项目。通过农村广播电视村村通、户户通工程，乡镇综合文化站工程，农村电影放映工程，农家书屋工程及农村数字文化工程等惠民工程，农村公共文化服务能力大大增强。

第二，推进公共文化服务均等化。首先，文学艺术、新闻出版、广播影视和体育事业蓬勃发展。2015年，出版各类报纸430.09亿份、期刊28.78亿册、图书86.62亿册（张），人均图书拥有量6.32册（张）。有线电视实际用户达2.36亿户，其中有线数字电视实际用户1.98亿户。年末广播节目综合人口覆盖率为98.2%，电视节目综合人口覆盖率为98.8%。2015年，生产电视剧395部16 560集，电视动画片134 011分钟，故事影片686部，科教、纪录、动画和特种影片202部。对农村取得电影放映收入，免征增值税。支持小微文化企业发展，实施中西部地区县级城市影院建设资金补贴政策、金融支持政策和影院建设的差别化用地政策。开展全民阅读活动，“2016书香中国”系列活动惠及8亿多人次，全社会“爱读书、读好书、善读书”的阅读氛围更加浓厚。加快体育产业发展，构建政府、社会、企业共同兴办体育的格局，实施全民健身计划，社会化全民健身组织网络基本形成，体育健身场地设施实现较大幅度增加。2015年，国家下拨补助资金8.7亿元，鼓励大型公共体育设施免费或低收费开放。2014年，国家体育彩票累计销售1 746.04亿元，全年共筹集公益金455.11亿元。其次，少数民族地区文化事业发展迅速。国家大力支持少数民族地区文化事业发展，通过实施万里边疆文化长廊建设、文化信息资源共享工程等，完善民族地区公共文化服务体系。截至2015年年底，布达拉宫等9项分布在民族地区的自然、文化遗产被列入《世界文化遗产名录》。新疆维吾尔木卡姆艺术等14项和羌年等4项少数民族项目分别入选联合国教科文组织《人类非物质文化遗产代表作名录》和《急需保护的非物质文化遗产名录》，在民族地区建成10个文化生态保护实验区。在已经公布的四批国家级非物质文化遗产代表性项目名录和四批国家级非物质文化遗产代表性项目代表性传承人名单中，全国共有479项少数民族非物质文化遗产代表性项目、524名非物质文化遗产代表性项目传承人入选。全国少数民族古籍解题书目套书《中国少数民族古籍总目提要》于2014年全部出版。推进少数民族语言文字的规范化、标准化和信息处理，立项研制了蒙古、藏、维吾尔、哈萨克、彝等少数民族人名汉字音译转写规范，建设中国少数民族濒危语言数据库，设立并实施“中国语言资源保护工程”。截至2015年年底，全国有54个少数民族使用80余种本民族语言，21个少数民族使用28种本民族文字，近200个广播电台（站）使用25种少数民族语言播音，出版民族文字图书的各类出版社有32家，11个少数民族语言电影译制中心可进行17个少数民族语种、37种少数民族方言的译制，2012—2015年共完成3 000余部（次）电影的少数民族语言译制。2015年，出版少数民族文字图书9 192种、6 912万册（张），报纸19 609万份，期刊1 245万册。另外，广泛开展针对特殊群体的公共文化服务，加强对进城务工人员、老年人、未成年人、低收入人群、残障人群文化权益的保障。积极依托公共图书馆、文化馆等公共文化设施开办老年大学，创办了一批示范性老年大学，满足老年人多层次的文化需求。残疾人参与文化体育活动的环境不断改善。截至2015年年底，助残志愿者联络站已发展到30多万个，登记在册助残志愿者共计850万人，受助残疾人上亿万人次。颁布《国家信息化发展战略纲要》，加快政府网站信息无障碍建设，鼓励社会力量为残疾人提供个性化信息服务。国务院门户网站设立“残疾人服务”专栏，国家级盲文图书馆、盲人数字图书馆上线，截至2014年年底，全国各级公共图书馆设立盲人阅览室1 515个。截至2015年年底，全国已建成公共电子阅览室65 918个，重点为老年人和进城务工人员等群体提供服务。

第三，公民宗教信仰自由权利得到切实保障。中国坚持宗教信仰自由政策，从保障人权的高度保障公民宗教信仰自由权利，依法管理宗教事务，维护宗教界合法权益，促进宗教关系和谐，发挥宗教界人士和信教群众在促进经济社会发展中的积极作用。在《宗教事务条例》的基础上，国家宗教事务局已先后制定实施9个配套部门规章。政府积极推进宗教领域依法行政，规范行政权力。2012年，取消宗教事务方面的行政审批项目3项，调整3项，修改《宗教事务方面部分行政许可项目实施细则》。继续帮助全国性宗教团体和宗教院校改善办公办学条件。妥善解决宗教教职人员社会保障问题，基本实现应保尽保。依法处理伤害信教群众宗教感情的事件，妥善处理城市建设中涉及拆迁宗教团体、宗教活动场所房产的问题。重视保护宗教文物和优秀宗教文化的传承。目前，中国有宗教教职人员约36万人，依法登记并开放的宗教活动场所达到14万处，基本满足了信教群众的需求；宗教团体已达5 500个，各宗教的教务活动有序开展；经批准恢复和建立的各类宗教院校已达97所，基本形成了较为完善的宗教院校教育体系。支持宗教经典、宗教类期刊等宗教出版物依法印制流通。截至2012年，中国《圣经》印刷数量达1亿多册，成为世界上印刷《圣经》最多的国家之一。支持宗教界开展宗教交流。2011年10月在湖南举办国际道教论坛，2012年4月在香港举办第3届世界佛教论坛。

第四，切实保障少数民族文化权益。国家编制实施《少数民族事业“十二五”规划》。中国55个少数民族有515个代表性项目列入国家级非物质文化遗产保护名录，少数民族524人成为国家级非物质文化遗产项目代表性传承人，5个少数民族文化生态保护实验区先后建立。18个少数民族项目入选联合国《人类非物质文化遗产代表作名录》和《急需保护的非物质文化遗产名录》。到2012年5月，民族自治地方有广播电台73座，节目441套，民族语节目105个；电视台90座，节目489套，民族语节目100个。截至2011年年底，出版23个文种的少数民族文字图书，有84种民族文字报纸，223种民族文字期刊。全国民族自治地方有各类文化机构50 834个，其中包括图书馆653个、文化馆784个、文化站8 153个、博物馆385个。国家举办全国少数民族文艺汇演和全国少数民族传统体育运动会。2009年以来，中央财政累计投入5.1亿元实施少数民族特色村寨保护与发展项目，在全国28个省、自治区、直辖市600个村寨开展试点。少数民族语言受到特殊保护。中央人民广播电台和地方广播电台每天用21种少数民族语言进行播音。全国共有1万多所学校使用21个民族的29种文字开展双语教学，在校生达600多万人。2011年编译出版的民族语言教材达3 665种，总印数达4 703万多册。

第五，文化遗产保护和传承取得重要进展。2011年，全国人大常委会制定了《中华人民共和国非物质文化遗产法》，将非物质文化遗产的保护、保存、传承与传播工作纳入了法制化轨道，为继承和弘扬中华民族优秀传统文化提供了法律保障。2011年，国家完成了第三次全国文物普查，调查登记不可移动文物近77万处。国务院公布6批全国重点文物保护单位，共计2 352处，历史名城119座，历史文化名镇、名村350个；公布三批1 219项国家级非物质文化遗产名录项目。文化部命名四批1 986个国家级项目代表性传承人，设立15个国家级文化生态保护实验区。中国非物质文化遗产项目达38个，总数居世界第一。29个项目列入《人类非物质文化遗产代表作名录》，7项列入《急需保护的非物质文化遗产名录》，1项入选非物质文化遗产优秀实践名册。[①]

① 国务院新闻办公室. 发展权：中国的理念、实践与贡献［N］. 人民日报，2016-12-02.

4.社会建设的人权保障

党的十八大以来，中国不断加强社会建设，切实解决好人民最关心、最直接、最现实的利益问题，维护最广大人民根本利益，公民的社会保障权利、健康权利和受教育权利等获得了更好保障。在社会建设中，以保障和改善民生为重点，进一步健全基本公共服务体系，基本公共服务水平和均等化程度明显提高，教育事业迅速发展，社会保障体系建设成效显著，全面医保基本实现，保障性住房建设加快推进，社会保持和谐稳定。

第一，社会保险覆盖面不断扩大。国家制定了社会保险法，修改了工伤保险条例。中国从制度上实现了基本养老和基本医疗保障对城乡居民的全覆盖。目前，各项养老保险参保达到7.9亿人，13 075万城乡老年居民按月领取养老金，企业退休人员基本养老金从2004年人均每月700元提高到现在的1 721元。各项医疗保险参保超过13亿人，其中，参加新型农村合作医疗保险人数超过8亿人。参加全国工伤保险的人数达18 993万人，比2011年增加了1 297万人，其中农民工参保人数达7 173万人。参加失业保险的人数15 225万人，比2011年增加908万人。参加生育保险的人数15 445万人，比2011年增加1 553万人。中国全面建立了养老保险省级统筹制度，实施基本养老保险关系跨省转移接续办法，总体实现了包括农民工在内的参保职工养老保险关系的有序转移。失业保险金标准和物价上涨挂钩联动机制也已建立。新型农村合作医疗和城镇居民基本医疗保险政府补助标准分别从最初的年人均20元人民币、40元人民币提高到2012年的240元人民币。城镇职工基本医疗保险、城镇居民基本医疗保险和新型农村合作医疗政策范围内住院费用报销比例分别提高到75%以上、70%以上和75%左右，最高支付限额分别提高到当地职工年平均工资的6倍以上、当地居民年人均可支配收入的6倍以上、全国农民人均纯收入的8倍以上，且均不低于6万元，保障范围由住院延伸到门诊。2012年，在全面推开尿毒症、儿童白血病等8类大病保障试点的基础上，将肺癌、食道癌、胃癌等12种大病纳入重大疾病保障试点范围，费用报销比例最高可达90%。

第二，公民获取社会救助的权利进一步得到保障。在低保救助方面，国家先后出台了《国务院关于进一步加强和改进最低生活保障工作的意见》《最低生活保障审核审批办法（试行）》等一系列规范性文件。2012年，中央财政共安排城乡低保补助资金875亿元，比2011年增长16.8%。截至2012年年底，全国共有城市低保对象2 142.5万人，农村低保对象5 341万人；城市、农村平均低保标准分别为每人每月330元、每人每年2 068元，较2010年分别增长31.5%和47.3%。全国共有农村五保供养对象545.9万人，平均供养标准为集中供养年人均4 061元，分散供养年人均3 008元，较2010年分别增长37.6%和43.1%。在自然灾害救助方面，全面落实国家《自然灾害救助条例》和《国家自然灾害救助应急预案》，颁布了《关于加强自然灾害社会心理援助工作的指导意见》。2012年，安排下拨中央自然灾害生活救助补助资金116亿元，比2011年增长34.3%，救助受灾群众7 800万人次，有效保证了受灾群众基本生活。在医疗救助方面，国家制定了《关于开展重特大疾病医疗救助试点工作的意见》，并在全国273个试点地区开展试点工作。2012年，全国医疗救助人次9 134万，支出资金221亿元。在流浪乞讨人员救助方面，国家发布了《关于加强和改进流浪未成年人救助保护工作的意见》，开展了“接送流浪孩子回家”专项行动。截至2012年，全国共有救助机构（救助管理站、流浪未成年人救助保护中心）1 788个。2010—2011年，全国共救助流浪乞讨人员4 128 709人次。

第三，公民的健康权利进一步得到保障。中国已建立起覆盖城乡的医疗卫生体系，包括公共卫生服务体系、医疗服务体系、医疗保障体系和药品供应保障体系。人民健康权利保障水平大幅提高。婴儿死亡率从中华人民共和国成立之初的200‰下降到2015年的8.1‰，孕产妇死亡率从1 500/10万下降到20.1/10万。1978年至2015年，国家卫生总费用从110.21亿元增长到40 974.64亿元，其中政府卫生支出从35.44亿元增长到12 475.28亿元；人均卫生费用从11.50元增长到2 980.80元；医疗卫生机构从169 732个增长到983 528个；卫生人员总数从788.30万人增长到1 069.39万人。2015年，社区医疗卫生服务机构数达到36.10万个，覆盖率为52.9%。提供住宿的社会服务机构床位从1991年的82.80万张增长到2015年的732.90万张，其中养老服务床位从78.30万张增长到672.70万张，儿童床位从0.70万张增长到10万张。1988年至2015年，通过实施国家重点康复工程，累计为2 797.80万各类残疾人提供康复服务。截至2015年年底，残疾人康复机构达7 111个，专业人员达19.20万人；为智力、精神和重度残疾人提供服务的各级各类托养机构达到6 352个，比2010年增加了2 323个。2016年10月，中国发布《“健康中国2030”规划纲要》，提出“全民健身生活化”。

第四，公民受教育权利进一步得到保障。教育公平得到更好落实，城乡教育差距进一步缩小。深入推进义务教育均衡发展，统筹推进县域内城乡义务教育一体化改革发展，实施贫困地区义务教育薄弱学校改造等工程，全面改善农村义务教育学校和教学点基本办学条件。严格落实义务教育免试就近入学法律规定，推行学区制和九年一贯对口招生。2015年，国务院印发《关于进一步完善城乡义务教育经费保障机制的通知》，建立城乡统一、重在农村的义务教育经费保障机制，惠及1.40亿学生，其中包括1 300多万进城务工人员随迁子女、3 000万以上寄宿制学生、1 200万左右民办学校就读学生、500万左右小规模学校的学生和特殊教育学生。从2011年秋季学期起，实施农村义务教育学生营养改善计划，每年惠及3 000多万学生。增加农村学生上重点大学的人数，自2012年起实施国家农村和贫困地区定向招生等专项计划，2015

年共招收7.50万名学生，比2014年增长了10.50%。

第五，妇女儿童权利得到更好保障。女性教育获得长足发展，2013年女性15岁及以上文盲率为6.70%，比1995年降低17.40个百分点，女性文盲人口比1995年减少7 000多万，女性人均受教育的增幅和文盲率的下降幅度均大于男性。确保流动儿童平等接受义务教育，2015年全国义务教育学校共接纳进城务工人员随迁子女1 367万人，在公办学校就读比例保持在80%，另有近6%通过政府购买学位在民办学校就读。2016年，国务院公布《关于加强农村留守儿童关爱保护工作的意见》和《关于加强困境儿童保障工作的意见》，维护未成年人合法权益。扩大残疾人受教育机会，基本实现30万人口以上且残疾儿童较多的县都有1所独立设置的特殊教育学校，支持建立特殊教育资源中心，鼓励普通学校接收特殊儿童，为残疾学生参加普通高考提供合理便利，促进整合教育，盲、聋、智障三类残疾儿童义务教育入学率接近90%。健全家庭经济困难学生资助体系，实现从学前教育到研究生教育全覆盖，2015年全国共资助各级各类学生8 433.31多万人次，比2009年增长29.36%；资助总额超过1 560.25亿元，是2009年的2.25倍。

第六，残疾人社会保障体系和服务体系不断完善。2010年3月，国务院办公厅转发了《关于加快推进残疾人社会保障体系和服务体系建设的指导意见》。中央财政安排的“十二五”残疾人事业发展资金总量比“十一五”增长近4倍。2012年，在全国2 794个区县开展社区康复，通过实施一批重点康复工程，760.20万残疾人得到不同程度的康复；1.50万名残疾儿童得到国家和地方各级学前教育资助；为29.90万人次城镇残疾人提供职业培训；资助14.10万户贫困残疾人家庭进行无障碍改造；各级法律援助和救助机构为残疾人提供法律服务近10万人次；239.10万和36.30万符合条件的城乡残疾人分别享受到稳定的生活补贴和护理补贴；为55.40万残疾人发放了残疾人机动轮椅车燃油补贴。截至2012年年底，城乡1 070.50万残疾人纳入最低生活保障范围，残疾人低保家庭救助水平得到提高；280.90万城镇残疾职工参加了各类社会保险。全国已建立残疾人寄宿制托养服务机构和日间照料机构7 275个，以机构和居家托养等多种形式为74.70万名残疾人提供托养服务。开展残疾人文化周、健身周、“残疾人文化进社区”等各项活动，残疾人文化体育生活更加丰富活跃。汇集社会资源制定信息无障碍标准。开通“中国残疾人服务网”，在资讯、就业、康复、救助等领域提供无障碍网上服务。

第七，社会组织在促进人权事业发展中发挥积极作用。近年来，中国各类社会组织健康有序发展，维护和促进人权事业发展的积极作用进一步显现。截至2012年年底，全国依法登记的社会组织有49.20万个，其中社会团体26.80万个，民办非企业单位22.10万个，基金会2 961个。全国社会组织数量较2009年年底的43.10万个增长14.2%；其中基金会较2009年年底的1 843个增长60.70%。每万人拥有社会组织数量由2009年年底的3.20个提高到3.70个。全国性社团已经在152个国际组织中担任领导职务，在25个国际组织中担任专门委员会领导职务，在92个国际组织中担任理事。广大社会组织发挥其优势，在教育科技、文化卫生、社会管理、社会福利、慈善公益等方面发挥了重要作用。据不完全统计，全国6万多个行业协会联系会员2 000多万家（含个体工商户），447 364个基层老年协会覆盖了广大城市社区和农村，有1.10亿老年人参与。4万多个学术社团联系专家学者500多万人，4万多个农村专业经济协会联系农户1 000多万个，各类职业性社会组织的会员超过1亿人。2012年社会组织吸引、凝聚了2 500多万名志愿者活跃在公益慈善领域。[①]

① 国务院新闻办公室．2014年中国人权事业的进展［N］．人民日报，2015-06-08．

5.生态文明建设的人权保障

建设生态文明，是关系人类未来的大事。面对资源约束趋紧、环境污染严重、生态系统退化的严峻形势，中国坚持树立尊重自然、顺应自然、保护自然的生态文明理念，将生态文明建设放在突出地位，作为全面建成小康社会总体布局的五大目标之一，努力建设美丽中国，切实保障公民的环境权益。党的十八大以来，以习近平同志为核心的党中央，更加自觉地坚持绿色发展理念，加快推进生态文明建设进程，让中华大地天更蓝、山更绿、水更清、环境更优美，让良好生态环境成为人民生活的增长点，让可持续发展成果惠及全体人民。

第一，加大生态文明的顶层制度设计，用基本国策的法制理念保障绿色发展。1973年，中国召开第一次全国环保工作会议。1979年，通过第一部环境保护法。1983年，将保护环境确立为基本国策。1994年，审议通过《中国21世纪议程》，成为世界上第一个制定实施本国可持续发展战略的国家。2000年，将保护生态环境全面纳入国民经济与社会发展规划。2013年以来，中国全面加快推进生态文明建设，提出《关于加快推进生态文明建设的意见》。目前，已经形成了资源节约和环境保护法律体系，包括32部法律、48部行政法规、85件部门规章。共有各级环保系统机构14 257个。截至2015年年底，全国森林面积达2.08亿公顷，森林覆盖率达21.66%，草原综合植被覆盖率达54%，城市建成区绿化覆盖率为40.10%。自然保护区建设实现统筹发展，全国自然保护区总数达到2 740个，总面积约14 703万公顷。

第二，环境治理改善绿色发展。建立国家生态环保综合决策机制和区域协调机制，形成政府、企业和公众共治的生态环境治理体系。生态环保技术研发水平不断提高，生态环境监控强度和环境污染治理能力不断增强。大气污染控制呈现良好发展趋势，煤炭消费量占能源消费量的比重显著下降，水电、风电、核电、天然气等清洁能源消费量不断上升。“十一五”以来，万元国内生产总值能耗累计下降34%，累计节能15.70亿吨标准煤，累计形成的节能量占全球同期节能量一半以上。2015年，城市污水处理率达到91.90%，城市生活垃圾无害化处理率达到94.10%，人均公园绿地面积达到13.35平方米。

第三，生态经济推动绿色发展。全国建成了由2个国家站、33个省级站、300多个地市级站和1 700多个县级站组成的农业环境保护工作体系。先后在太湖、巢湖、洱海和三峡库区等污染防治重点流域建设了农业面源污染综合防治示范区，设立106个国家级绿色防控示范区，带动绿色防控面积5亿亩以上。建设了两批国家级生态农业示范县共计100余个，带动省级生态农业示范县500多个，建成生态农业示范点2 000多处。农业高新技术产业长效发展，农业灌溉水利用系数提高到0.536。持续加大技术改造投资力度，积极推动新型工业发展进程。2016年1—9月，全国工业完成技术改造投资达6.6万亿元，同比增长13.4%，占工业投资的比重达到40%。大力发展第三产业以增加绿色国内生产总值，拓展网络经济空间，2015年全国网上零售额达38 773亿元，比2014年增长33.3%。

第四，政策扶持促进绿色发展。国家通过整体规划、分类治理、强化补偿，积极保护生态脆弱区可持续发展，区域生态环境已步入良性循环轨道。中国中度以上生态脆弱区占全国陆地国土空间的55%，其中约2/3集中分布在西部地区。2005年国务院明确提出生态脆弱区实行限制开发，2008年制定实施《全国生态脆弱区保护纲要（2009—2020年）》。到2015年，生态脆弱区战略环境影响评价执行率达到100%，新增治理面积达30%以上，生态产业示范已在生态脆弱区全面开展。

第五，履行国际公约推进全球绿色发展。中国率先制定实施应对气候变化国家方案，先后向国际社会承诺2020年应对气候变化目标任务和2030年国家自主贡献，多年来积极采取强有力的政策行动，探索低碳发展道路。颁布实施《中国淘汰消耗臭氧层物质国家方案》。超额完成《蒙特利尔议定书》规定的含氢氟烃（HCFCs）第一阶段淘汰任务，累计淘汰的消耗臭氧层物质约占发展中国家的50%。在《斯德哥尔摩公约》26种受控持久性有机污染物中已全面淘汰了17种的生产、使用和进出口，三个行业二噁英排放强度降低超过15%。成立“中国生物多样性保护国家委员会”，发布实施《中国生物多样性保护战略与行动计划（2011－2030年）》。签署并批准《关于汞的水俣公约》。积极建设性参加气候变化国际谈判，认真履行《联合国气候变化框架公约》，积极推动《巴黎协定》的达成和生效，使《巴黎协定》成为历史上批约生效最快的国际条约之一，为全世界可持续发展作出了新贡献。[①]

二、“四个全面”的人权创新实践

党的十八大以来，以习近平同志为核心的党中央从坚持和发展中国特色社会主义全局出发，提出并形成了全面建成小康社会、全面深化改革、全面依法治国、全面从严治党的战略新布局。“四个全面”的人权战略布局，为推进中国人权事业的全面发展指明了崭新思路。

1.全面建成小康社会的人权兴国之目的

第一，全面建成小康社会是实现“中国梦”的关键一步。习近平指出：“中国已经进入全面建成小康社会的决定性阶段。实现这个目标是实现中华民族伟大复兴中国梦的关键一步。”[②]这是我们党第一次明确把全面建成小康社会放在“中国梦”的大格局中，把全面建成小康社会目标升华成民族复兴的重要目标。党的十六大、十七大确立了全面建设小康社会的奋斗目标和要求。党的十八大根据国内外形势新变化，顺应我

① 国务院新闻办公室. 2014年中国人权事业的进展［N］. 人民日报，2015-06-08.

② 习近平. 在中阿合作论坛第六届部长级会议开幕式上的题为《弘扬丝路精神，深化中阿合作》的讲话［N］. 人民日报，2014-06-05.

国经济社会新发展和广大人民群众新期待，对全面建设小康社会目标进行了充实和完善，提出了更具明确政策导向、更加针对发展难题、更好顺应人民意愿的新要求。确立了“两个一百年”奋斗目标，就是到2020年实现国内生产总值和城乡居民人均收入比2010年翻一番，全面建成小康社会；到21世纪中叶建成富强民主文明和谐的社会主义现代化国家，实现中华民族伟大复兴。这里把“全面建设小康社会”调整为“全面建成小康社会”，使过去过程性的表述更加凸显出目标性、意志性。这一奋斗目标，细化了“三步走”发展战略，既与时俱进、鼓舞人心，又立足现实、切实可行，向世人清晰勾画了实现民族复兴的路线图和时间表，是激励中华儿女团结奋斗的一面光辉旗帜。

第二，全面建成小康社会的核心是“实现人民权益的‘全面协调发展’”①。全面建成小康社会，涉及的领域和内容是全面的。党的十八大确立了中国特色社会主义“五位一体”的总布局，就是要坚持以经济建设为中心，在经济不断发展的基础上，全面协调推进政治建设、文化建设、社会建设、生态文明建设以及其他各方面建设。根据这一总布局，全面建成小康社会，要努力实现“经济持续发展，人民民主不断扩大，文化软实力显著增强，人民生活水平全面提高，资源节约型、环境友好型社会建设取得重大进展”②。这都是为了人民生活得更加幸福，更加尊严，更加公平，更加和谐。“努力促进经济、社会、文化权利和公民、政治权利全面协调发展。”③

第三，全面建成小康社会关键看“老乡”的民生权益“普惠性”。习近平同志提出全面建成小康社会的显著特征是民生权益的“普惠性”，是绝大多数老百姓生活在程度更高的小康状态，而不是笼统的

① 胡锦涛．坚定不移沿着中国特色社会主义道路前进　为全面建成小康社会而奋斗［M］．北京：人民出版社，2012.

② 胡锦涛．坚定不移沿着中国特色社会主义道路前进　为全面建成小康社会而奋斗［M］．北京：人民出版社，2012.

③ 习近平．习近平致“2015·北京人权论坛”的贺信［N］．人民日报，2015-09-17.

"人均小康"。消除贫困、改善民生、实现共同富裕，是社会主义的本质要求。全面建成小康社会，最艰巨最繁重的任务在农村，特别是在贫困地区。没有农村的小康，特别是没有贫困地区的小康，就没有全面建成小康社会。习近平反复强调："小康不小康，关键看老乡。"①习近平总书记在中国延安干部学院主持召开的陕甘宁革命老区脱贫致富座谈会上指出："我们实现第一个百年奋斗目标、全面建成小康社会，没有老区的全面小康，特别是没有老区贫困人口脱贫致富，那是不完整的。这就是我常说的小康不小康、关键看老乡的含义。"②从2014年开始，国家把每年的10月17日设定为"扶贫日"，号召全社会共献爱心。实现全面建成小康社会时不我待，决不能让困难地区和困难群众在全面建成小康社会的过程中掉队。要以更加明确的目标、更加有力的举措、更加有效的行动，深入实施精准扶贫、精准脱贫，让贫困群众真正得到实惠，让全面小康"跑赢"贫困。

第四，全面建成小康社会的根本目的就是让老百姓过上好日子，实现人民的幸福权。习近平指出："人民对美好生活的向往，就是我们的奋斗目标。"③"让老百姓过上好日子是我们一切工作的出发点和落脚点。"④在发展经济的基础上不断提高人民生活水平，是党和国家一切工作的根本目的，也是全面建成小康社会的根本目的。兴党兴国的标志，在于最终都要看人民是否真正得到了实惠，人民生活是否真正得到了改善，人民合法权益是否真正得到了切实保障。人民生活水平的全面提高是具体的、实际的，主要表现在基本公共服务均等化总体实现、全民受

① 习近平在海南考察时强调：加快国际旅游岛建设　谱写美丽中国海南篇［N］. 人民日报，2013-04-11.

② 把革命老区发展时刻放在心上——习近平总书记主持召开陕甘宁革命老区脱贫致富座谈会侧记［N］. 人民日报，2015-02-14.

③ 国务院新闻办公室，中央文献研究室，中国外文局. 习近平谈治国理政［M］. 北京：外文出版社，2014：4.

④ 中共中央宣传部. 习近平总书记系列重要讲话读本［M］. 北京：学习出版社，人民出版社，2016：108.

教育程度和创新人才培育水平明显提高，就业更加充分，收入分配差距缩小，社会保障全民覆盖，社会和谐稳定，人民安居乐业。“在全面建成小康社会进程中，人民群众期盼有更好的教育、更稳定的工作、更满意的收入、更可靠的社会保障、更高水平的医疗卫生服务、更舒适的居住条件、更优美的环境，期盼孩子们能成长得更好、工作得更好、生活得更好。”[①]习近平用“十个更”表达了亿万人民群众对美好生活的向往和追求。十八届五中全会“共享发展”的新理念，更加彰显了我们党对人民幸福美好生活的高度关注和执着追求的为民本质。

2.全面依法治国的法治人权之道

十八届四中全会是首次以全面依法治国为主题的中央全会。习近平创造性地提出和阐发了“法治中国”这一具有深远影响和极富创新的命题。“法治中国”的提出，标志着中国法治建设进入了一个崭新阶段，即全面依法治国阶段，由此开启了法治人权的崭新阶段。

第一，谱写了良法善治的人权新篇章。“法律是治国之重器，良法是善治之前提。”[②]这是习近平在党的十八届四中全会上提出的一个新颖命题，“良法”一词也是首次在党的全会文件中提出来的。法律、法治、良法、善治，是一个层层递进的逻辑联系。而人权像一条红线贯穿于整个逻辑关系的始终。人权是灵魂，是真谛。“良法善治”既是法治的内在本质规定，又是法治精神的基本特征和基本属性。就二者关系而言，“良法”是法治的直接目标和理性追求，“善治”是法治的运作方式和实现路径。“良法”与“善治”的有机结合，构成了现代法治本质，尤其是社会主义法治人权的精神实质。依法治国必须是“良法”，亦即体现和反映人民权益和权益意志的法律；“善治”应当是公共权力与公民权利和谐互动的治理方式，这是国家治理体系和治理能力的重要标

① 习近平. 在2015年春节团拜会上的讲话［N］. 人民日报，2015-02-17.
② 习近平. 中共中央关于全面推进依法治国若干重大问题的决定［N］. 人民日报，2014-10-29.

志。同时，“良法”与“善治”必须符合中国国情和广大民意，才能被人们从内心真正信仰。依法治国，首先是依宪治国。宪法是国家的根本大法，是人民权利的根本保障。“如果法治可以称作法学的皇冠，那么人权就应当是皇冠的明珠。”[①]而要真正实现法治皇冠与人权明珠的有机结合，就应当紧扣十八届四中全会“依法治国”的主题精神实质，自觉确立依法治国的法治思维和法治方式。

第二，建构了法治人权的新体系。“法治中国”是依法治国的升级版，既概括了“依法治国”与“法治国家”的科学内涵，又实现了“法治中国”的法治人权理论自觉与自信。习近平在十八届四中全会上明确指出：“完善以宪法为核心的中国特色社会主义法律体系”，“形成完备的法律规范体系、高效的法治实施体系、严密的法治监督体系、有力的法治保障体系，形成完善的党内法规体系”。[②]与之相适应的法治人权体系内容：一是围绕形成完备的法律规范体系，推进人权保障制度化进程。完善人权立法体制，加强民生、社会保障等重点领域立法，保障公民人身权、财产权、基本政治权利等各项权利不受侵犯，保障公民经济、文化、社会等各方面权利得到落实，实现公民权利保障全面法治化。二是围绕形成高效的法治实施体系，全面落实宪法“国家尊重和保障人权”的原则。健全宪法实施制度，维护宪法尊严，保障宪法实施。“坚持法治国家、法治政府、法治社会一体建设”，[③]切实尊重和保障人权。三是围绕形成严密的法治监督体系，强化对国家权力的制约和监督。加强党内监督、人大监督、政协监督、民主监督、行政监督、司法监督、审计监督、社会监督、媒体监督的制度建设，努力形成科学有效的权力运行制度和监督体系，让权力更好地为保障人权服务。四是围绕

① 李步云. 论人权［M］. 北京：社会科学文献出版社，2010.
② 习近平. 中共中央关于全面推进依法治国若干重大问题的决定［N］. 人民日报，2014-10-29.
③ 国务院新闻办公室，中央文献研究室，中国外文局. 习近平谈治国理政［M］. 北京：外文出版社，2014：144.

形成有力的法治保障体系，加强人权司法保障。司法是保障公民人权、维护社会公平正义的最后一道防线。加强人权司法保障，重点是保护诉讼中的人身、财产权利，强化诉讼权利的制度保障，规范处置涉案财物的司法程序，健全公民权利救济渠道和方式，切实有效解决人民群众最关心、最直接、最现实的权益问题。五是围绕形成完善的党内法规体系，加强和改进党对人权的领导。党的领导是全面推进依法治国、推进人权保障的最根本保障。切实提高党员干部法治思维和依法办事能力，增强党员干部人权意识和人权观念，充分发挥党在人权保障中的关键作用。

第三，实施了公正司法的人权保障体系。人权的执法和司法保障体系是人权立法体系的实践形态，是衡量一个国家人权真实状况的基本标志之一。它充分反映了一个国家人权保障制度化、法制化的实际水平和司法实践程度。按照十八届三中全会决定明确提出的“让人民群众在每一个司法案件中都感受到公平正义”①的目标，并从维护宪法法律权威、深化行政执法体制改革、确保依法独立公正行使审判权检察权、健全司法权力运行机制和完善人权司法保障制度等多个方面推动司法体制改革：一是确保依法独立公正行使审判权检察权，将改革司法管理体制，推动省以下地方法院、检察院人财物统一管理，探索建立与行政区划适当分离的司法管辖制度，保证国家法律统一正确实施。二是健全司法权力运行机制，将改革审判委员会制度，推进审判公开、检务公开，录制并保留全程庭审资料，增强法律文书说理性，公开法院生效裁判文书。三是广泛实行人民陪审员、人民监督员制度，拓宽人民群众有序参与司法渠道。四是完善人权司法保障制度，进一步规范查封、扣押、冻结、处理涉案财物的司法程序。五是健全错案防止、纠正、责任追究机制，严禁刑讯逼供、体罚虐待，严格实行非法证据排除规则。逐步减少

① 习近平. 中共中央关于全面深化改革若干重大问题的决定［N］. 人民日报，2013-11-17.

适用死刑罪名。六是废除劳教制度，完善对违法犯罪行为的惩治和矫正法律。七是健全国家司法救助制度，完善法律援助制度。八是发挥律师在依法维护公民和法人合法权益方面的重要作用。十八届四中全会《决定》更加明确地强调指出："保障公正司法，提高司法公信力。""完善确保依法独立公正行使审判权和检察权的制度，建立领导干部干预司法活动、插手具体案件处理的记录、通报和责任追究制度，建立健全司法人员履行法定职责保护机制。优化司法职权配置，推动实行审判权和执行权相分离的体制改革试点，最高人民法院设立巡回法庭，探索设立跨行政区划的人民法院和人民检察院，探索建立检察机关提起公益诉讼制度。推进严格司法，推进以审判为中心的诉讼制度改革，实行办案质量终身负责制和错案责任倒查问责制。绝不允许法外开恩，绝不允许办关系案、人情案、金钱案。"①

3.全面深化改革的强国人权之路

习近平指出，全面深化改革的重点，就是要紧紧"围绕解决好人民群众反映强烈的问题，回应人民群众呼声和期待"②，"以促进社会公平正义、增进人民福祉为出发点和落脚点"。③这就科学地回答了全面深化改革与全面保障人权的逻辑关系，生动体现了"尊重和保障人权"的宪法原则，是全面深化改革的根本目的。

第一，重点解决好损害群众权益的突出问题。习近平一针见血地指出："这些年来，群众对司法不公的意见比较集中，司法公信力不足很大程度上与司法体制和工作机制不合理有关。"因此，改革司法体制，"对确保司法机关独立行使审判权和检察权、健全权责明晰的司法权力

① 习近平. 中共中央关于全面推进依法治国若干重大问题的决定［N］. 人民日报，2014-10-29.

② 国务院新闻办公室，中央文献研究室，中国外文局. 习近平谈治国理政［M］. 北京：外文出版社，2014：74.

③ 中共中央宣传部. 习近平总书记系列重要讲话读本［M］. 北京：学习出版社，人民出版社，2014：109.

运行机制、提高司法透明度和公信力、更好保障人权都具有重要意义”[①]，明确强调“要重点解决好损害群众权益的突出问题，决不允许对群众的报警求助置之不理，决不允许让普通群众打不起官司，决不允许滥用权力侵犯群众合法权益，决不允许执法犯法造成冤假错案”。[②]这样才能有效提升司法公平正义的公信力，有效维护人民群众在司法实践中的合法权益。

第二，通过制度安排更好地保障人民群众的合法权益。人权与经济制度、政治制度、文化制度、社会制度紧密相关。“没有坚定的制度自信就不可能有全面深化改革的勇气，同样，离开不断改革，制度自信也不可能彻底、不可能久远。”[③]“要通过创新制度安排，创造更加公平正义的社会环境，不断克服各种有违公平正义的现象，保证人民平等参与、平等发展权利，使改革发展成果更多更公平惠及全体人民。”[④]人民群众的各种合法权益问题需要制度安排和政府的积极作为。如在农民的土地财产权上，习近平指出，农村土地制度改革要“赋予农民更多财产权利。主要是依法维护农民土地承包经营权，保障农民集体经济组织成员权利，保障农户宅基地用益物权，慎重稳妥推进农民住房财产权抵押、担保、转让试点”。[⑤]又如2015年7月，面对股市风险投资者特别是中小投资者的合法权益问题时，习近平指出：“股市涨跌有其自身的运行规律，一般情况下政府不干预。政府的职责是维护公开、公平、公正的市场秩序，保护投资者特别是中小投资者的合法权益，促进股市长期稳定发展，防止发生大面积恐慌。前段时间，中国股市出现了异常波

① 国务院新闻办公室，中央文献研究室，中国外文局．习近平谈治国理政［M］．北京：外文出版社，2014：82-83.
② 习近平．在中央政法工作会议上的讲话［N］．人民日报，2014-01-09.
③ 中共中央宣传部．习近平总书记系列重要讲话读本［M］．北京：学习出版社，人民出版社，2014：49.
④ 中共中央宣传部．习近平总书记系列重要讲话读本［M］．北京：学习出版社，人民出版社，2014：45.
⑤ 国务院新闻办公室，中央文献研究室，中国外文局．习近平谈治国理政［M］．北京：外文出版社，2014：81.

动，这主要是由前期上涨过高过快以及国际市场大幅波动等因素引起的。为避免发生系统性风险，中国政府采取了一些措施，遏制了股市的恐慌情绪，避免了一次系统性风险。境外成熟市场也采取过类似做法。在综合采取多种稳定措施后，市场已经进入自我修复和自我调节阶段。发展资本市场是中国的改革方向，不会因为这次股市波动而改变。”[①]

第三，使改革发展成果更多更公平惠及全体人民。习近平指出："抓住人民最关心最直接最现实的利益问题。"[②]党的十八届五中全会更加明确地指出："坚持共享发展，必须坚持发展为了人民、发展依靠人民、发展成果由人民共享，作出更有效的制度安排，使全体人民在共建共享发展中有更多获得感，增强发展动力，增进人民团结，朝着共同富裕方向稳步前进。按照人人参与、人人尽力、人人享有的要求，坚守底线、突出重点、完善制度、引导预期，注重机会公平，保障基本民生，实现全体人民共同迈入全面小康社会。"[③]

4.全面从严治党的立国人权之本

习近平指出："党的领导是中国特色最本质的特征，是社会主义法治最根本的保证。"[④]全面从严治党是立国之基，是推进中国人权事业全面发展的最根本保障。

第一，共产党执政的合法性本质就在于尊重和保障人权。共产党合法执政有两层含义：一方面，中国共产党执政是历史的选择、人民的选择，也是现实的选择，这叫合法性；另一方面，中国共产党执政的过程和手段必须合法，即在宪法与法律范围内活动，这叫合法律性。人权是法治的真

① 习近平接受《华尔街日报》采访［EB/OL］.［2015-09-22］. http://news.xinhuanet.com/world/2015-09/22/c_1116642032.htm.

② 中共中央宣传部. 习近平总书记系列重要讲话读本［M］. 北京：学习出版社，人民出版社，2014：113.

③ 国务院新闻办公室，中央文献研究室，中国外文局. 习近平谈治国理政［M］. 北京：外文出版社，2014：4.

④ 习近平. 中共中央关于全面推进依法治国的若干重大决定［N］. 人民日报，2014-10-29.

谛和灵魂。党的领导是人民当家做主和依法治国的根本保证，人民当家做主是社会民主政治的本质和核心。“切实保证国家的一切权力属于人民，以民主的制度、民主的形式、民主的手段支持和保证人民当家作主。”[①]习近平指出共产党执政为民的本质就是“必须坚持立党为公、执政为民，把实现好、维护好、发展好最广大人民的根本利益作为党的建设必须始终遵循的宗旨、方向和目的，始终保持党同人民群众的血肉联系。全心全意为人民服务是我们党的根本宗旨，也是我们党区别于其他一切政党的根本标志”[②]。因此，共产党执政的合法性本质就在于尊重和保障人权，这是由党的性质、宗旨和“尊重与保障人权”的宪法原则决定的。

第二，中国共产党和中国政府始终尊重和保障人权。习近平指出，“中国共产党和中国政府始终尊重和保障人权。长期以来，中国坚持把人权的普遍性原则同中国实际相结合，不断推动经济社会发展，增进人民福祉，促进社会公平正义，加强人权法治保障，努力促进经济、社会、文化权利和公民、政治权利全面协调发展，显著提高了人民生存权、发展权的保障水平，走出了一条适合中国国情的人权发展道路”[③]。毛泽东领导中国各族人民的革命和建设，使中国人民从此站起来了，获得了一个做人的资格；作为改革开放的总设计师，邓小平让中国人民富裕起来，极大地改变了中国人民生存权和发展权的质量和水平；胡锦涛提出了以人为本的科学发展观，提升了中国人权全面发展的新境界。一部党领导全国各族人民革命、建设、改革开放、科学发展的历史，其实就是一部党领导全国各族人民维护和实现人民各项基本权益的历史。

第三，党的十八大以来中国人权事业的创新发展。十八大以来，以习近平同志为核心的党中央，在“五位一体”的基础上，创造性地提出和实施了“四个全面推进”的重大战略布局，与时俱进地进行人权理论

① 见《中共中央关于制定国民经济和社会发展第十三个五年规划的建议》（讨论稿）。
② 习近平．关于新中国60年党的建设的几点思考［N］．学习时报，2009-09-29.
③ 习近平．习近平致“2015·北京人权论坛”的贺信［N］．人民日报，2015-09-16.

创新与人权实践创新。习近平总书记一系列重要讲话中的人权新思想、新观点，与马克思主义人权观、毛泽东人权思想和中国特色社会主义人权理论体系，既一脉相承，又有所创新，为在整个马克思主义人权谱系中的指导地位提供了坚实而科学的逻辑学理支撑。具体体现如下：关于“中国梦”的人权价值引领；两个一百年的人权奋斗目标；经济新常态的平等财产权；协商民主的平等参与权；文化自觉自信的平等话语权；权利公平、机会公平、规则公平的平等社会权；形成完备的法律规范体系，推进人权保障制度化进程；形成严密的法治监督体系，强化对国家权力的制约和监督；形成有力的法治人权司法保障体系，努力让人民群众在每一个司法案件中感受到公平正义；依法保障全体社会成员平等参与、平等发展的权利；坚持人权普遍性与特殊性统一，走适合自己国情的人权道路；坚持国际人权交流互鉴的平等对话，反对制裁与对抗；人权问题没有最好，只有更好；讲好中国人权故事，传递好中国人权声音，构建好中国人权话语体系；增强全社会尊重和保障人权意识，让人权成为人民的一种习惯和追求等新思想、新论断，无疑是对马克思主义人权理论的创新发展。

第四，腐败是对公民人权的严重侵害，反对腐败就是对公民人权的公正维护。习近平指出：“‘物必先腐，而后虫生。’近年来，一些国家因长期积累的矛盾导致民怨载道、社会动荡、政权垮台，其中贪污腐败就是一个很重要的原因。大量事实告诉我们，腐败问题越演越烈，最终必然会亡党亡国！我们要警醒啊！”[①]“在我们的一些干部中，特权思想、特权现象还是比较严重的。从上到下，违规占有多套住房的，违规占用公家车辆的，以各种形式侵占公共利益的，违规侵害群众利益的，明里暗里为亲属升官发财奔走的，以权枉法的，这样的干部不乏其人

① 习近平. 紧紧围绕坚持和发展中国特色社会主义　学习宣传贯彻党的十八大精神：在十八届中共中央政治局第一次集体学习时的讲话［N］. 人民日报，2012-11-18.

啊！这些特权现象严重损害了社会公平正义，引起了群众极大不满。我们决不能见怪不怪啊！”[①]腐败是对公民人权的严重侵害，反对腐败是对公民人权的公正维护。“卢梭说，一切法律中最重要的法律，既不是刻在大理石上，也不是刻在铜表上，而是铭刻在公民的内心里。”“从严治党，惩治这一手决不能放松。要坚持‘老虎’‘苍蝇’一起打，既坚决查处领导干部违纪违法案件，又切实解决发生在群众身边的不正之风和腐败问题。要坚持党纪国法面前没有例外，不管涉及到谁，都要一查到底，决不姑息。”[②]

① 习近平．紧紧围绕坚持和发展中国特色社会主义 学习宣传贯彻党的十八大精神：在十八届中共中央政治局第一次集体学习时的讲话［N］．人民日报，2012-11-18.

② 习近平．紧紧围绕坚持和发展中国特色社会主义 学习宣传贯彻党的十八大精神：在十八届中共中央政治局第一次集体学习时的讲话［N］．人民日报，2012-11-18.

第五章
新的人权面貌呈现

事物面貌是事物内在本质的外在表现。事物内在本质的多种规定性，决定事物外在面貌呈现形态的多姿多彩。人权发展的多样性，必然呈现出人权面貌的多姿多彩。唐代张彦远在《历代名画记·论鉴识收藏购求阅玩》中指出："其有晋宋名迹，焕然如新，已历数百年，纸素彩色未甚败。"面貌一新或面貌呈现一般是指事物变化发展的新形式或新形态。十八大以来，以习近平同志为核心的党中央，坚持以"五大发展"理念为引领，实施"五大建设"整体推进，"四个全面"战略格局，从而使得中国社会主义人权事业呈现出"美丽中国"的生态文明权，"健康中国"的生存发展权，"法治中国"的人权保障等焕然一新的新面貌。

一、"美丽中国"的生态文明权

自2012年11月党的十八大首提"美丽中国"并将生态文明纳入"五位一体"总体布局以来，习近平在各类场合有关生态文明的讲话、论述、批示近80余次。"绿水青山就是金山银山""APEC蓝""乡愁"等"习式生态词汇"深入人心。习近平生态文明系列重要论述是对人类文明发展规律的深刻总结。"生态兴则文明兴，生态衰则文明衰。生态环境保护是功在当代、利在千秋的事业。"①"建设生态文明是关系人民

① 习近平. 在主持中共中央政治局第六次集体学习时重要讲话［N］. 人民日报，2013-05-24.

福祉、关乎民族未来的长远大计。”“必须把生态文明建设放在突出地位，融入经济建设、政治建设、文化建设、社会建设各个方面和全过程，努力建设美丽中国，实现中华民族永续发展。”“努力走向社会主义生态文明新时代。”[①]这是我们党科学发展、和谐发展、可持续发展理念的又一次战略性转变，不仅彻底颠覆了西方工业文明以来的人类中心主义价值观，而且彻底自我否定了唯GDP的形式主义政绩观；不仅与国际社会生态环境权的法律条文和现代西方生态文明的学术语境一脉相承，而且更具中国特色、中国风格、中国气派的科学发展新理念和全体社会成员的实践创新；不仅蕴含了“天人合一”的中国传统文化的历史基因，而且更加适应了当代人类生态文明发展的历史大趋势。这就由人与自然环境的严重对抗转变为人与自然环境的和谐相处，由人对自然环境的放纵改造转变为人与自然环境的尊重协调，无疑彰显了生态文明权的权利文明新形态。正如恩格斯所指出的那样：“随着自然科学领域中的每一个划时代的发现，唯物主义也必然要改变自己的形式。”[②]

1.生态文明权的科学界定

生态文明权的内涵如同人类文明内涵一样，有着极其丰富的深刻内涵。

(1) 生态文明权的含义

其一，生态文明权是人类权利文明的高级形态。生态文明权是生态文明在公民基本权利上的深刻反映和集中体现，是公民社会权的重要组成部分，它是当下公民在科学发展观的指导下，依法要求和享有其所置生态环境资源具有的生态功能的基本尊严和自由度。它是人与生态环境和谐相处的高级权利文明形态。有无公民权利的自觉能动性，有无深刻

---

① 胡锦涛. 坚定不移沿着中国特色社会主义道路前进　为全面建成小康社会而奋斗[M]. 北京：人民出版社，2012：39.

② 马克思，恩格斯. 马克思恩格斯选集：第4卷［M］. 中共中央马克思恩格斯列宁斯大林著作编译局，译. 北京：人民出版社，1972：224.

的文明内涵是区别一般环境权与生态文明权的显著标志。

其二，生态文明权是社会权的重要组成部分。生态文明权是社会权的重要有机组成部分，也是社会权的客观环境基础和客观环境前提。生态文明权以生态环境作为权利媒体，要求实现人类价值观的彻底转换，它是建立在人与自然和谐共处、相互尊重基础上的新型社会权利。生态文明权中的“生态环境”一词主要是指人类生活的自然环境。根据我国《环境保护法》(1989) 的规定，它“是指影响人类生存和发展的各种天然的和经过人工改造的自然因素的总体，包括大气、水、海洋、土地、矿藏、森林、草原、野生生物、自然遗迹、人文遗迹、自然保护区、风景名胜区、城市和乡村等”①。

其三，生态文明权是公民环境保护的应有权利。生态文明权是为公民环境保护所需要，而传统法学理论与制度又未加规定的一项应有权利。正是从这个意义来说，我们又可以将生态文明权称为“公民依法诉求和应当享有其所置生态环境资源具有生态功能的应有权利。公民享有的在不被污染和破坏的环境中生存及利用环境资源的权利”。

其四，生态文明权的权利主体是动态性的全体公民。它不仅包括公民、法人及其他组织，国家以及全人类，还包括尚未出生的各国后代人。从这种权利主体的前后相继来看，生态文明权的权利主体既包括当代人，又包括后代人。因为生态环境并不是祖先只留给我们当代人的，它同属于我们的后代子孙，所以生态文明权应由当代人和后代人共同享有。这种权利主体的对象包括人类环境的整体和谐。它既包括天然的环境和谐要素和人文的环境和谐要素，还包括各环境要素所构成的环境系统的功能和效应，如生态效益、环境的优美舒适等。

---

① 见1989年12月26日第七届全国人民代表大会常务委员会第十一次会议通过的《中华人民共和国环境保护法》。

（2）生态文明权的本质

生态文明权益的内涵丰富性，内在地决定了生态文明权本质的多重规定性。

首先，生态文明权的属人本质规定性。从表象看，生态文明权好像是生态问题，但其本质是人类文明问题。人类文明是生态文明权的深层本质。这一深层本质决定了生态文明权的属人本质规定性。

其次，生态文明权的文明本质规定性。生态文明权是环境权基础上的人与生态环境和谐相处的高级文明形态。它蕴含了公民权利的自觉能动性，是协调人与自然和谐相处的属人文明本质规定性。正是这种人和自然和谐相处的属人文明本质规定性，才使生态环境打上了文明形态烙印，才具有了生态文明权的性质；否则，就是自然环境权。正是从这个意义上说，有无公民权利的主观能动性，有无深刻的文明本质是区别环境权与生态文明权的显著标志。这一文明本质决定了生态文明权的有机协调性。生态文明权不仅包含了人类对自己（现时当代及未来后代）生存权、发展权和生命健康的重视，而且包含了人类对人、动物、微生物、植物等一切生命体，以及大气、矿物、山川、河流、海洋等一切无机物其生态规律的尊重和维护。它的文明真谛就是人类对自身与自然和社会三者和谐关系的深刻把握。

再次，生态文明权的辩证性。生态文明权既不是单纯的自然景观，又不是单纯的人文景观，而是自然景观和人文景观的辩证统一。正是自然景观与人文景观的统一，才催生出了生态文明权。生态文明权是物质文明、政治文明、精神文明和生态文明辩证统一的公民基本权利的深刻反映和升华。这一文明本质，决定了社会主义四大文明建设的有机统一的整体文明推进，是我们党科学发展、和谐发展理念的又一次升华。

（3）生态文明权的内容

一是生态环境享有权，即公民有要求享受优美（即绿色、清新、人文和舒适）生态的权利。1995年修订的《挪威宪法》增设了110b条，第一款规定“每个人有权获得一种有益于健康的和有益于自然条件的生产力和多样性得到保护的环境”[①]。2003年6月25日，法国政府内阁会议通过了由古生物学家伊夫·考蓬领导的宪章委员会起草的《环境宪章》草案，其第一条就规定了“人人都有在平衡和健康的环境中生活的权利”。目前现有的各国生态环境立法中关于日照权、眺望权、静稳权、清洁空气权、享有自然权、环境审美权、户外休闲权等都是关于环境享有权的规定，这些权利都是为了满足人的健康、精神振奋和愉悦以及对生活的幸福感受等需要。

二是恶化生态拒绝权，即公民有拒绝恶化生态环境（即土地、水、空气和食品污染，自然景观和人文景观破坏等）的权利。

三是生态文明知情权，即公民有知晓生态现实状况和发展趋势的权利。《挪威宪法》第110条第二款规定“公民享有被告知自然环境状况和任何已经计划或着手的对自然的侵蚀所产生的后果的权利”。这一权利既是公民参与国家环境管理的前提，又是环境保护的必要民主程序。环境知情权主要是由法定程序加以保障的一项权利，也是对政府环境行政机关权力的限制，要求环境行政机关负有披露信息的义务，是监督权的一种表现。

四是生态环境参与权，即公民有参与生态环境保护的权利。公民有参与环境决策的权利，具体包括参与国家环境管理的预测和决策过程，参与开发利用的环境管理过程以及环境保护制度的实施过程。参与权是联系集体环境权与个人环境权的纽带，是通过国家立法建立一种沟通和协调不同利益集团的利益的谈判机制和协调机制。一方面使各个利益集团能够充分表达其不同的利益诉求；另一方面建立了公众监督机制，防

① 薛晓源，李惠斌．生态文明研究前沿报告［M］．上海：华东师范大学出版社，2007：41.

止因行政机关的违法或不当行为引起的生态环境污染和破坏。

（4）生态文明权的特点

一是人与自然的互动性和交融性的有机统一。人与自然的关系是人类生存与发展的基础关系，一部人类社会的发展史，也是人与自然的关系史。人与自然共处在地球生物圈之中，人类的繁衍与社会的发展离不开大自然，必须以大自然为依托，尊重、利用自然；同时又必须改造、协调自然，让大自然造福于人类，服务于人类。生态文明权中的人与自然环境关系，是一种双向互动、制约和交融的统一关系，二者统一的基础是人类的能动性活动，即人的实践活动。生态文明权作为一项法律权利，是通过法律的形式规范人们的实践活动，禁止或限制不利于生态环境保护的行为，实现人与自然环境的和谐相处。

二是生态文明权的实体环境权和程序环境权的有机统一。生态文明权不仅包括实体环境权，而且包括程序环境权。程序环境权是指公民、法人或其他组织依法享有的参与环境决策过程、诉诸司法救济的权利，如环境信息权。实体环境权是指公民享有的与环境质量有关的权利，如防止环境危害发生的请求权、环境赔偿请求权等。一方面，公民享有法定生态权；另一方面，公民享有参与有关生态管理和决策的程序性环境权。1998年6月25日，由联合国欧洲经济理事起草的《关于在环境问题上公众获得信息、参与决策与获得司法救济的公约》获得了通过，在程序设计方面向世界昭示了公民环境权的实施大步向前推进的具体方案，使实体环境权和程序环境权得到有机统一。

三是生态文明权的公权力与私权利的有机统一。生态文明权作为当代社会的一种新型权利，具有公权和私权的双重品格。其中的通风权、采光权等，加害人和受害人容易确定，“私权性”最强，同时受公法（如建筑法、城市规划法等）和私法的保护；清洁空气权，加害人和受害人往往均难以确定，“公权性”最强，仅受环境法等公法的保护；至于生态文明权中的其他“亚权利”，如清水权、宁静权、安稳权等，则介于以上两种类型之间，兼有公权和私权的性质。当生态环境权遭受侵害时，法律为其提供了私法和公法的多种保护途径。

四是生态文明权的多数权利和少数权利的有机统一。生态文明权是一项主体广泛的权利，它既是个人权利，也是一项集体权利。它适用于对有生命的个人的环境权益的保护，也适用于对具有复合性质的人的某类法人及其他组织、国家乃至全人类的集体的环境利益的保护，同时还适用于对尚未出生的后代人的权益的保护。生态文明权不仅是普遍意义上的公民权利，即多数人的权利，也是少数人生态文明权益的体现，包括：妇女的生态文明权——男女平等；儿童的生态文明权——保护儿童的特殊利益；土著民族的生态文明权——保障土地所有权等。

五是生态文明权的人类性和自然权利的自然性的有机统一。生态文明权是一项价值取向多重的权利，它既体现人的权利，也反映自然的权利。人与自然具有不可分割性，人有享用适宜环境的权利，意味着环境具有满足人需要的功能和价值；人有保护环境的义务，意味着环境有受到人尊敬的权利。联合国《世界自然宪章》指出：“每个生命形式都是独特的，无论其对人类的价值如何，都应得到尊重，为了给予其他机体这样的承认，人类必须受行为道德准则的约束。”[①]生态文明权既反映了人类对自然的权利和义务，也反映了自然对人类的价值和作用，从而体现了生态文明权的人类性和自然权利的自然性的有机统一。

六是生态文明权的整体性与个体性的有机统一。任何人在当今社会都不可能脱离生态环境独善其身，也不可能以任何方式独占生态环境利益。因此，生态文明权具有强烈的整体性，是通过个人权利形式体现的真正公共权利或“人类权利”。但生态文明权的整体性中又包含着个体

① 见《世界自然宪章》“一般原则”第2条。

性，其核心是人的生存权，这一权利不能受到限制或剥夺。虽然其他权利可能因种种原因而丧失，如财产权可能因处分而转移，公民的政治权利可能因受刑事处罚而被剥夺，但是公民的生态文明权则是与生俱来、不可剥夺的。正因如此，生态文明权益是整体性与个体性的统一。

七是生态文明权的长远利益和眼前利益的有机统一。每个公民都有生态权利，即平等地享有生态资源、生存空间等权利，同时都应负生态责任，即保护生态、偿还生态债务的责任。人们要在保证代内公平和代际平等的原则下发展，一个区域、一个国家的发展，不能妨碍和影响其他地区、国家的发展，个人财富更不能建立在损害他人利益的基础上，也不能牺牲下一代人环境利益。代际公平可以通过生态环境保护来实现，而代内公平首要和基本的问题是必须解决弱势群体的生存条件，即赋予公民基于生存需要的环境资源开发利用权。生态文明权所包含的利益是多重的，其实现的目的是保障当代人和后代人的持续生存和发展，因而生态文明权所体现的是整体利益、长远利益和个人利益、眼前利益的结合。

八是生态文明权的权利与义务的有机统一。任何权利都是或应当是与义务相互依存的，而且权利的实现往往是以义务的履行为条件的。在生态环境保护中，任何人都是权利主体，同时也是义务主体。因此，每个公民的生态文明权是平等的，每个人在享受环境权的时候，都必须尊重和维护他人的权利。生态环境保护是与科学技术发展紧密联系的，公民生态文明权利与义务的确定，都必须具有环境科学依据和符合生态规律，因此，生态文明权益的权利与义务统一性使得生态环境法具有强烈的科学技术性。

2.生态文明权的时代价值

一是生态文明权彰显了社会和谐发展的新本质。生态文明权的前提是人与自然和谐，是人的权益与自然权益互相交换、协调发展。胡锦涛同志指出，社会主义和谐社会应该是人与自然和谐相处的社会，生态文明权是构建社会主义和谐社会的重要内容和重要目标。《中华人民共和国宪法》（以下简称《宪法》）第九条第二款、第十条、第二十六条的规定明确要求人的发展应该建立在合理利用自然资源的基础上，保护生态环境。在人类社会发展中找到一条使生态环境和人类社会经济发展之间和谐发展之路，从法律规范和社会发展价值理念中反映生态环境对人类社会的重要性，反映出人类对自然生态环境的关怀，坚持“以人为本，以自然生态环境为基础”的科学发展观，走可持续发展之路。

二是生态文明权彰显了人类把握客观规律的新境界。生态文明权是以环境为权利客体的，它的建立以人类的环境观为基础，深刻地体现了人类把握客观规律的新境界。生态环境权益理论与实践在国外两度引起重视，均与人类环境观的变化直接联系。众所周知的《人类环境宣言》被认为是人类新的环境权观念产生的标志，它明确宣布了公民环境权，这不能说是巧合，而是充分证明生态文明权是现代环境观的产物和升华。

三是生态文明权彰显了人与自然和谐相处的新趋向。生态文明权是人类生存权和发展权的必要前提条件和客观基础，它的文明诉求，它的权益表达，反映了当代社会人与自然的和谐相处的崭新历史趋向。生态文明权是以生态系统的整体利益为最高价值，提倡人类生态中心主义价值观，坚持以人为本的科学发展为理论基础，而不是以西方工业文明的人类中心主义为理论基础、以人类的利益为价值判断之终极尺度。生态文明权以生态整体主义或生态整体观作为指导考察自然与人的关系，它对人类所有与自然有关的思想、态度和行为的判断标准是：是否有利于生态系统的整体利益，即生态系统和谐、稳定和持续地自然存在。不把人类作为自然界的中心、不把人类的利益作为价值判断的终极尺度，并不意味着生态文学蔑视人类或者反人类；恰恰相反，生态灾难的恶果和生态危机的现实使生态文学家认识到，只有把生态系统的整体利益作为根本前提和最高价值，人类才有可能真正有效地消除生态危机，而凡是有利于生态系统整体利益的，最终也一定有利于人类的长远利益或根本利益。

3.维护生态文明权的对策性

第一，树立与生态文明权相适应的文明观念。党的十八大报告指出："必须树立尊重自然、顺应自然、保护自然的生态文明观念。"生态文明观念是指人们对客观环境的看法和观点、观念的总和，它是科学处理人与生态环境和谐相处的崭新理念。迄今为止，人类社会大致经历了三个历史阶段和三种观念形态：第一阶段是古代生产力水平发展低下条件下人类畏惧自然、崇拜自然的阶段；第二阶段是随着生产力的发展和科学技术的进步而出现的"无视自然、主宰自然的观念"和"人类中心主义的价值取向"；第三阶段是现代科学技术的发展、人类受到环境危机的威胁阶段，促使人们开始由无视自然的陈旧观念向重视自然、与自然和睦相处的观念过渡，从"人类中心主义"的片面价值取向，过渡到人与自然和谐相处与发展的全面、协调、可持续发展的价值取向。现在的生态文明权就是建立在全新的环境观上的全新理论，这种新的生态文明观主要包括五个方面的内容：一是人类是地球生态系统中的普通成员，是自然界的一部分。毁坏环境，就等于毁坏自己。二是自然界能够为人类发展提供的资源是有限的。因此，人类在寻求发展、改造自然的时候，必须自觉约束自己，尊重自然和自然规律。三是生态环境和自然资源属于每一个人。因此，人人都有享受良好环境与开发使用资源的权利，同时也应承担起保护与改善环境的义务。四是环境与资源不仅属于当代人，更应属于后代人。所以，当代人应当在寻求自己的利益与发展中保护好环境，为后代人的发展留下更加适宜的机会，确保自然资源的继续利用，实现人类持续发展。五是人类应彻底纠正"以自然界主人自居”的错误观念，建立起一种“既符合人类持续发展的主观需要，又符合生态环境自然规律客观要求”的人与自然的新型关系——“和睦、协调、统一、尊重的关系”。

第二，加强生态文明建设的制度建设。制度具有全局性、稳定性和规范性功能。生态文明权的制度建设极为重要。为此，十八大报告指出：“建立国土空间开发保护制度，完善最严格的耕地保护制度、水资源管理制度、环境保护制度。深化资源性产品价格和税费改革，建立反映市场供求和资源稀缺程度、体现生态价值和代际补偿的资源有偿使用制度和生态补偿制度。加强环境监管，健全生态保护责任追究制度和环境损害赔偿制度。”加强生态文明建设的制度建设，是十八大报告的一个重要创新亮点。

第三，构建与生态文明权相适应的法律法规。一是从立法上明确生态文明权，确立其宪法地位。在《宪法》“公民的基本权利和义务”一章中明确规定“中华人民共和国公民有享用适宜环境的权利和保护环境的义务”；在民法的权利清单中增加生态文明权，赋之与人格权、财产权等同等的法律地位；在各环境保护单行法中对公民享有的日照权、通风权、安宁权、清洁空气权、清洁水权、观赏权等作列举性规定，以完善公民生态文明权利系统；对诉讼法作出相应的调整，放宽环境诉讼的起诉资格，使所有公民均享有对污染和破坏环境行为提起诉讼的权利。二是应进一步充实法人及其他组织的生态文明权内容。在《宪法》中明确规定，法人及其他组织有对良好环境进行无害使用的权利和保护生态环境的义务：通过各种污染防治法对排放生产废物权作出详细规定，通过劳动环境保护法对享有的清洁适宜的生产劳动环境权作出具体规定。三是应完善国家环境权。我国的国家环境权只是在《宪法》和《环境保护法》等法律、法规中进行了规定，因此，要从立法上加强和谐社会的法治制度建设。一要把生态文明的内在要求写入《宪法》，在根本大法上保证生态文明建设的健康发展；二要制定一个统一的《自然资源保护法》，使自然资源的合理利用得到法律上具体而切实的保障；三要在各种经济立法中突出生态环保型经济的内涵，使经济发展与生态文明的协调发展在经济立法中得到充分体现。

第三，建立健全与生态文明权相适应的运行机制。环境法设计了一系列具体的技术工具和配套的法律制度，对生态环境的状态进行技术性的描述和量化界定，这些制度主要包括：一是建立健全生态环境标准制度及运行机制。在环境法中，主要有环境质量标准和污染物排放标准两类。环境质量标准给大气环境、水环境、声环境等提供了判断标准和一系列技术评价指标。清洁水、清洁空气、宁静的生活环境和室内环境等，都以是否符合人的健康、安全、愉悦等需要为基本出发点和归宿点。二是建立健全生态环境影响评价机制。它是对政策、规划和建设项目实施后可能造成的环境影响进行分析、预测和评估，提出预防或减轻不良环境影响的对策和措施，进行跟踪监测的方法与制度。生态环境影响评价也是政府履行环境义务、保障公民良好环境权的有效方法。三是建立健全清洁生产制度及运行机制。1998年《国际清洁生产宣言》宣称，“清洁生产是将综合的预防战略持续应用于生产过程、产品设计和服务中，以减小风险，寻求经济、健康、安全和环境等方面的利益”。采用清洁能源以及对废弃物进行循环利用和回收利用，以消除和减少企业对生态环境的污染，从而将水环境、大气环境、声环境、土环境等保持在最佳和良好状态。四是建立健全自然保护区制度和历史文化保护区制度及运行机制。通过建立自然保护区，对森林、草原、内陆湿地和水域、海洋和海岸的生态系统、野生动植物、地质遗迹和古生物遗迹等进行整体保护，禁止人为活动的干扰，使这些区域的环境保持或者恢复其本来面貌，即保持或者恢复生态环境的良好状态。通过对历史文化遗产的保护，可以保留、继承和弘扬人类文化传统，将人文精神融入自然环境，营造人与自然的和谐气氛，实现当代公民和未来世代人类的生态文明权。

第四，积极创建与生态文明权相适应的社会实践活动。我国目前实施公众参与的主要任务是通过宣传教育提高和强化全民族的生态文明意识和环境法制观念，使广大群众认识到生态环境保护关系到各行各业和每个公民的切身利益，动员和正确引导公众参与生态环境保护和建设，在全社会树立起保护生态环境人人有责的风尚。我国的生态文明权过于注重公民对国家的服从关系，从而忽略了公民对国家的监督关系。党的十六届六中全会提出“发展依靠人民”的要求，扩大信息公开，在法的制定和实施中扩大公众参与的广度和深度。为此，我国宜在立法中保障公众参与权并具体体现公民环境监督权的内容，以充分调动广大群众保护环境的积极性，提高全体公民的环保意识，并通过全体人民的共同努力来实现人与自然和谐发展，把保护生态环境变成全体公民的自觉行动，其关键是“从我做起，从现在做起，从点滴做起”。着力推进绿色发展、循环发展、低碳发展的生态文明战略任务，切实把环保低碳作为每个公民自觉自愿的崭新生产方式和生活方式。“提高资源利用效率，控制污染物排放总量，努力形成集约发展、清洁发展的国民经济体系，实现自然生态系统和社会经济系统良性循环。”①努力形成全体社会成员自觉“坚持节约资源和保护环境的基本国策”②的新实践和新氛围。

第五，扎实有效地推动形成绿色发展方式和生活方式。习近平指出，“推动形成绿色发展方式和生活方式，是发展观的一场深刻革命。这就要坚持和贯彻新发展理念，正确处理经济发展和生态环境保护的关系，像保护眼睛一样保护生态环境，像对待生命一样对待生态环境，坚决摒弃损害甚至破坏生态环境的发展模式，坚决摒弃以牺牲生态环境换

① 胡锦涛．携手共同努力　推动经济发展——在2008年亚太经合组织工商领导人峰会上的演讲［N］．人民日报，2008-11-23．

② 胡锦涛．在省部级主要领导干部专题研讨班开班式上的重要讲话［N］．人民日报，2012-07-24．

取一时一地经济增长的做法，让良好生态环境成为人民生活的增长点、成为经济社会持续健康发展的支撑点、成为展现我国良好形象的发力点，让中华大地天更蓝、山更绿、水更清、环境更优美”[①]。习近平具体指出了六点新要求：一要加快转变经济发展方式。根本改善生态环境状况，必须改变过多依赖增加物质资源消耗、过多依赖规模粗放扩张、过多依赖高能耗高排放产业的发展模式，把发展的基点放到创新上来，塑造更多依靠创新驱动、更多发挥先发优势的引领型发展。这是供给侧结构性改革的重要任务。二要加大环境污染综合治理。要以解决大气、水、土壤污染等突出问题为重点，全面加强环境污染防治，持续实施大气污染防治行动计划，加强水污染防治，开展土壤污染治理和修复，加强农业面源污染治理，加大城乡环境综合整治力度。三要加快推进生态保护修复。要坚持保护优先、自然恢复为主，深入实施山水林田湖一体化生态保护和修复，开展大规模国土绿化行动，加快水土流失和荒漠化石漠化综合治理。四要全面促进资源节约集约利用。生态环境问题，归根到底是资源过度开发、粗放利用、奢侈消费造成的。资源开发利用既要支撑当代人过上幸福生活，也要为子孙后代留下生存根基。要树立节约集约循环利用的资源观，用最少的资源环境代价取得最大的经济社会效益。五要倡导推广绿色消费。生态文明建设同每个人息息相关，每个人都应该做践行者、推动者。要加强生态文明宣传教育，强化公民环境意识，推动形成节约适度、绿色低碳、文明健康的生活方式和消费模式，形成全社会共同参与的良好风尚。六要完善生态文明制度体系。推动绿色发展，建设生态文明，重在建章立制，用最严格的制度、最严密的法治保护生态环境，健全自然资源资产管理体制，加强自然资源和生态环境监管，推进环境保护督察，落实生态环境损害赔偿制度，完善环

① 习近平．在主持中共中央政治局第四十一次集体学习时的重要讲话［N］．人民日报，2017-05-28．

境保护公众参与制度。

总之，生态文明权是作为适应人与自然和谐相处的需要而产生的一种新的权利内容和形态。和谐社会的构建，以及环境保护的严峻形势迫切需要使生态文明权法律化，建立健全环境法律体系、提高公民的环境意识、保障公民的生态文明合法权益，“努力走向社会主义生态文明新时代”[①]。

二、“健康中国”的生命健康权

旧中国长期处于帝国主义、封建主义、官僚资本主义压迫之下，广大人民群众毫无人权可言。旧中国一直被西方殖民者羞辱地称为“东亚病夫”，再加上自然灾害和战乱连年不断，劳动人民的生命健康权和人格尊严权得不到最起码的基本保障，更谈不到幸福权。中华人民共和国成立前的1949年，全国人均寿命只有35岁，低于美国的68.6岁和印度的41岁。中华人民共和国成立后，特别是改革开放近40年来，这一切发生了历史性的变化。党的十八大以来，习近平明确提出了“切实保障老百姓的生命健康权益”“没有全民健康，就没有全面小康”[②]系列重要论述，党中央、国务院先后制定了《“健康中国2030”规划纲要》，制定并实施了《国家人权行动计划（2016—2020年）》关于健康权的规划目标，极大地促进了中国健康事业与人权进步的飞跃发展。第六次全国人口普查数据显示，2015年全国人均寿命为75.99岁；国家卫生计生委在《“健康中国2020”战略研究报告》中提出，2020年全国人均预期寿命将达到77岁，2030年全国人均预期寿命将达到79.0岁。

① 胡锦涛．坚定不移走中国特色社会主义道路　为全面建成小康社会而奋斗［M］．北京：人民出版社，2012：41.

② 习近平：主动把握和积极适应经济发展新常态［EB/OL］．［2014-12-14］．http：//news.xinhuanet.com/politics/2014-12/14/c_1113636703.htm.

1.健康权的科学界定

（1）健康权的定义

健康权是每个公民的一项基本人权。“健康不仅是疾病与体虚的匿迹，而且是身心健康社会幸福的总体状态，是基本人权。”①健康是公民最基本的权益，是伴随一个人生命全过程的最重要的基本资源。健康问题是人的权利与尊严的核心内容，也是人权的核心内容。因此，健康权常被视为行使其他人权不可或缺的一项最基本、最起码的人权内容。对健康权的不同认识，是直接关系到一国医疗保险、药物管理、卫生管理等健康保障制度构建与改革的重大问题。因此，获得并享受健康是每个公民基本人权的起码要求和内在规定。《经济、社会和文化权利国际公约》第12条规定，人人有权享有最高标准的健康。《世界人权宣言》第25条规定，人人有权享受为维持其健康所需的生活水准。目前，我国行政机关是确定我国公民健康最低标准的主要主体。我国最高行政机关——国务院分别于2009年、2012年和2016年出台《国家人权行动计划（2009—2010年）》（以下简称《人权计划》（2009））、《国家人权行动计划（2012—2015年）》（以下简称《人权计划》（2012））和《国家人权行动计划（2016—2020年）》（以下简称《人权计划》（2016））。在《人权计划》（2009）中，指明2010年预计达到的主要健康指标，这些指标已经借鉴了国际社会的有益经验。

（2）健康权的基本内容与分类

一是健康维护权。健康不仅是免于疾病和衰弱，而且是保持体格方面、精神方面和社会方面的完美状态。所以，当今社会将健康视为基本人权，在世界范围内均认为它是文明社会的共同利益所在，故对健康的维护也成了一项权利。也就是说，公民健康权应当包括心理健康、生理

① 见国际初级卫生保健大会通过的《阿拉木图宣言》头条。

健康、社会健康三方面的基本内容。二是“劳动能力保有、利用和发展权”。劳动能力保有、利用和发展是一个动态过程。三是健康利益支配权。

（3）公民健康权与政府责任

健康权既是公民享有的一项基本人权（公民享有一切权利的基础之一，如果健康权得不到保障，那么公民的其他权利就无法实现或很难实现），也是国家、政府、组织的责任和义务。这些义务可以归纳为三项：一是尊重，是指不得干预公民享有健康权；二是保护，是指确保第三方（非国家行为者）不得侵害公民享有健康权；三是实现，是指采取积极措施实现公民健康权。

根据这三项义务，公民健康权还具有一项“核心内容”，即权利的最低基本水平。由于这是一项国家义务，所以不能抽象地确定这一水平，但是，应提出关键要素以指导重点制定工作。这项核心内容包括基本初级卫生保健、最基本和有营养的食物、卫生条件、安全的饮用水，以及基本药物。另一项核心义务是采取和实施国家公共卫生战略和行动计划。这项战略和计划必须解决整个人口的卫生关注；应在参与和透明的基础上得到制定和定期审查；应包括指标和标准用以随时监测取得的进展；应特别注意各种脆弱或边缘群体。

各缔约方必须根据逐步实现的原则向前推进。这就要求各缔约方有义务单独或通过国际援助和合作，最大限度地使用现有资源，尽可能迅速有效地向前推进。在这方面，必须区分缔约方是无能力遵守还是不愿意遵守其健康权方面的义务。

保护公民的健康权是我国刑法、民法等多项部门法的共同义务。非法侵害公民的健康权，必须承担相应的民事、刑事法律责任。健康权不是指身体健康的权利，而是要求政府必须创造条件使人人能够尽可能健康。这些条件包括确保获得卫生服务、健康和安全的工作条件、适足的住房和有营养的食物。因此，健康权载于诸多国际和区域人权条约以及世界各地的国家宪法。

2.中国健康事业发展与人权进步成就

党的十八大以来，遵照习近平同志关于“切实保障老百姓的生命健康权益”“没有全民健康，就没有全面小康”的重要论述，各地认真贯彻落实党中央、国务院《“健康中国2030”规划纲要》精神和《国家人权行动计划（2016—2020年）》关于健康权的规划目标，中国的健康事业与人权进步成果显著。

（1）公民健康水平不断提高

婴儿死亡率从中华人民共和国成立之初的200‰下降到2015年的8.1‰，孕产妇死亡率从1 500/10万下降到20.1/10万。1978年至2015年，国家卫生总费用从110.21亿元增长到40 974.64亿元，其中政府卫生支出从35.44亿元增长到12 475.28亿元；人均卫生费用从11.50元增长到2 980.80元；医疗卫生机构从169 732个增长到983 528个；卫生人员总数从788.30万人增长到1 069.39万人。2015年，社区医疗卫生服务机构数达到36.10万个，覆盖率为52.9%。提供住宿的社会服务机构床位从1991年的82.80万张增长到2015年的732.90万张，其中养老服务床位从78.30万张增长到672.70万张，儿童床位从0.70万张增长到10万张。1988年至2015年，通过实施国家重点康复工程，累计为2 797.80万各类残疾人提供康复服务。截至2015年年底，残疾人康复机构达7 111个，专业人员达19.20万人；为智力、精神和重度残疾人提供服务的各级各类托养机构达到6 352个，比2010年增加了2 323个。2016年10月，中国发布《“健康中国2030”规划纲要》，提出“全民健身生活化”。

（2）覆盖全社会的保障体系基本建成

中国在全国范围内建立统一的城乡居民基本养老保险制度，制定了劳动者特别是进城务工人员参加城镇职工和城乡居民基本养老保险的制度衔接政策。2015年全国参加基本养老保险人数为8.58亿人，城乡居民实际领取养老待遇人数为1.48亿人。中国建立了覆盖全体国民的医疗保障体系，截至2015年年底，包括城镇职工基本医疗保险、新型农村合作医疗保险和城镇居民基本医疗保险在内的基本医疗保险参保人数达13.36亿人，参保率保持在95%以上，职工基本医疗保险、城镇居民基本医疗保险、新型农村合作医疗政策范围内住院医疗费用报销比例分别达80%以上、70%以上和75%左右，基金最高支付限额分别提高到当地职工年平均工资和当地居民年人均可支配收入的6倍。1994年至2015年，失业保险参保人数从7 967.80万人增长到17 609.20万人，2015年保险基金收入达1 364.63亿元，基金支出736.45亿元，每人每月平均领取失业保险金增加到968.40元；工伤预防、补偿、康复“三位一体”的工伤保险制度初步形成，参保人数从1 822万人增长到21 432万人；生育保险参保人数从916万人增加到17 771万人。[①]

（3）社会救助力度不断加大

1997年，中国开始在全国范围内建立最低生活保障制度，先后颁布了《城市居民最低生活保障条例》《社会救助暂行办法》，保障全体公民平等获取社会救助的权利。城市居民最低生活保障人数从1996年的84.90万人增长到2015年的1 701.10万人，农村居民最低生活保障人数从1999年的265.80万人增长到2015年的4 903.60万人。中国不断提高最低生活保障标准，2011年正式建立城乡低保标准动态调整机制，2015年城市低保平均标准为每人每月451元，月人均补助水平317元；农村低保平均标准为每人每月265元，月人均补助水平147元。中国先后制定了一系列的防灾减灾救灾规划和法规，灾害救助工作水平不断提

① 国务院新闻办公室.《发展权：中国的理念、实践与贡献》白皮书［N］. 人民日报，2016-12-01.

高。2009年至2015年，累计下拨中央自然灾害生活救助资金694.60亿元，年均99亿元。2015年全国实施医疗救助9 523.80万人次，支出医疗救助资金298.50亿元。为遭遇突发性、紧迫性、临时性生活困难，而其他社会救助制度暂时无法覆盖或救助之后基本生活暂时仍有严重困难的群众提供临时救助，2015年共有667.10万户次家庭获得临时救助。安全生产应急救援体系不断完善，全国共建立32个省级、316个市级应急救援指挥机构，煤矿、非煤矿山、化工等重点行业领域应急救援基地和应急救援队伍964个，2015年参与12 438起救援，抢救遇险44 344人。①

3.维护和保障公民生命健康权的主要对策

（1）切实提高对保障公民健康权重大意义的认识

健康是促进人的全面发展的必然要求，是经济社会发展的基础条件。实现国民健康长寿，是国家富强、民族振兴的重要标志，也是全国各族人民的共同愿望。

党和国家历来高度重视人民健康。中华人民共和国成立以来特别是改革开放以来，我国健康领域改革发展取得显著成就，城乡环境面貌明显改善，全民健身运动蓬勃发展，医疗卫生服务体系日益健全，人民健康水平和身体素质持续提高。2015年我国人均预期寿命已达76.34岁，婴儿死亡率、5岁以下儿童死亡率、孕产妇死亡率分别下降到8.1‰、10.7‰和20.1/10万，总体上优于中高收入国家平均水平，为全面建成小康社会奠定了重要基础。同时，工业化、城镇化、人口老龄化、疾病谱变化、生态环境及生活方式变化等，也给维护和促进健康带来一系列新的挑战，健康服务供给总体不足与需求不断增长之间的矛盾依然突出，健康领域发展与经济社会发展的协调性有待增强，需要从国家战略

① 国务院新闻办公室.《发展权：中国的理念、实践与贡献》白皮书［N］. 人民日报，2016-12-01.

层面统筹解决关系健康的重大和长远问题。

推进健康中国建设，是全面建成小康社会、基本实现社会主义现代化的重要基础，是全面提升中华民族健康素质、实现人民健康与经济社会协调发展的国家战略，是积极参与全球健康治理、履行2030年可持续发展议程国际承诺的重大举措。未来15年，是推进健康中国建设的重要战略机遇期。经济保持中高速增长将为维护人民健康奠定坚实基础，消费结构升级将为发展健康服务创造广阔空间，科技创新将为提高健康水平提供有力支撑，各方面制度更加成熟更加定型将为健康领域可持续发展构建强大保障。

《“健康中国2030”规划纲要》是为推进健康中国建设，提高人民健康水平，根据党的十八届五中全会战略部署而制定的。该规划纲要是推进健康中国建设的宏伟蓝图和行动纲领。全社会要增强责任感、使命感，全力推进健康中国建设，为实现中华民族伟大复兴和推动人类文明进步做出更大贡献。

（2）切实明确中国公民健康权的基本目标

第一，2020年的公民健康目标：

建立健全覆盖城乡居民的基本医疗卫生制度，到2020年，实现人均预期寿命增加1岁。

——促进基本公共卫生服务均等化。完善国家基本公共卫生服务项目和重大公共卫生服务项目，提高服务质量效率和均等化水平，适时调整基本公共卫生服务项目经费标准，项目经费继续向基层倾斜。鼓励社会力量兴办健康服务业，推进非营利性民营医院和公立医院同等待遇。

——提升基层医疗卫生服务能力。以中西部地区为重点，每县重点办好1~2所县级公立医院（含县中医院），基层医疗卫生机构标准化建设达标率达95%以上。打造30分钟基层医疗服务圈。加强并规范化培养住院医师，每万人口全科医生数达到2名，每千人口执业（助理）医师数达到2.5名。

——加强重大疾病防控。加快推进国家和省级慢性病综合防控示范区建设，重大慢性病过早死亡率降低10%。肺结核发病率降至58/10万。降低全人群乙肝病毒感染率，控制艾滋病疫情在低流行水平，基本消除血吸虫病危害，消除疟疾、麻风病危害。加强严重精神障碍诊断报告、随访管理服务，严重精神障碍患者管理率达到85%。做好重点地方病防控工作，强化突发公共事件卫生应急和突发急性传染病防治能力建设。加强口岸卫生检疫能力建设，严防外来重大传染病传入。增加艾滋病防治等特殊药物免费供给。全面开展重特大疾病医疗救助。

——保障用药安全。完善基本药物制度，健全药品供应保障机制。健全药品检查、检验检测体系，加强药品不良反应监测。

——落实《全民健身计划（2016—2020年）》。推动城市社区15分钟健身圈建设，实现基本公共体育服务乡镇常住人口全覆盖和行政村农民体育健身工程全覆盖。到2020年，每周参加1次及以上体育锻炼的人数达到7亿，经常参加体育锻炼的人数达到4.35亿，全国人均体育场地面积达到1.8平方米以上。[①]

第二，健康中国建设2030年主要指标

领域：健康水平　指标：人均预期寿命（岁）　2015年：76.34　2020年：77.3　2030年：79.0

领域：健康水平　指标：婴儿死亡率（‰）　2015年：8.1　2020年：7.5　2030年：5.0

领域：健康水平　指标：5岁以下儿童死亡率（‰）　2015年：10.7　2020年：9.5　2030年：6.0

① 中共中央，国务院．“健康中国2030”规划纲要［N］．人民日报，2016-10-26．

领域：健康水平　指标：孕产妇死亡率（1/10万）　2015年：20.1　2020年：18.0　2030年：12.0

领域：健康水平　指标：城乡居民达到《国民体质测定标准》合格以上的人数比例（%）　2015年：89.6（2014年）　2020年：90.6　2030年：92.2

领域：健康生活　指标：居民健康素养水平（%）　2015年：10　2020年：20　2030年：30

领域：健康生活　指标：经常参加体育锻炼人数（亿人）　2015年：3.6（2014年）　2020年：4.35　2030年：5.3

领域：健康服务与保障　指标：重大慢性病过早死亡率（%）　2015年：19.1（2013年）　2020年：比2015年降低10%　2030年：比2015年降低30%

领域：健康服务与保障　指标：每千常住人口执业（助理）医师数（人）　2015年：2.2　2020年：2.5　2030年：3.0

领域：健康服务与保障　指标：个人卫生支出占卫生总费用的比重（%）　2015年：29.3　2020年：28左右　2030年：25左右

领域：健康环境　指标：地级及以上城市空气质量优良天数比率（%）　2015年：76.7　2020年：>80　2030年：持续改善

领域：健康环境　指标：地表水质量达到或好于Ⅲ类水体比例（%）　2015年：66　2020年：>70　2030年：持续改善

领域：健康产业　指标：健康服务业总规模（万亿元）　2015年：-　2020年：>8　2030年：16。[①]

（3）强化维护公民健康权的原则与核心

一是健康优先。把健康摆在优先发展的战略地位，立足国情，将促

① 中共中央，国务院．“健康中国2030”规划纲要［N］．人民日报，2016-10-26.

进健康的理念融入公共政策制定实施的全过程，加快形成有利于健康的生活方式、生态环境和经济社会发展模式，实现健康与经济社会良性协调发展。

二是改革创新。坚持政府主导，发挥市场机制作用，加快关键环节改革步伐，冲破思想观念束缚，破除利益固化藩篱，清除体制机制障碍，发挥科技创新和信息化的引领支撑作用，形成具有中国特色、促进全民健康的制度体系。

三是科学发展。把握健康领域发展规律，坚持预防为主、防治结合、中西医并重，转变服务模式，构建整合型医疗卫生服务体系，推动健康服务从规模扩张的粗放型发展转变到质量效益提升的绿色集约式发展，推动中医药和西医药相互补充、协调发展，提升健康服务水平。

四是公平公正。以农村和基层为重点，推动健康领域基本公共服务均等化，维护基本医疗卫生服务的公益性，逐步缩小城乡、地区、人群间基本健康服务和健康水平的差异，实现全民健康覆盖，促进社会公平。

“共建共享、全民健康”，是实现公民健康权的核心本质。核心是以人民健康为中心，坚持以基层为重点，以改革创新为动力，预防为主，中西医并重，把健康融入所有政策，人民共建共享的卫生与健康工作方针，针对生活行为方式、生产生活环境以及医疗卫生服务等健康影响因素，坚持政府主导与调动社会、个人的积极性相结合，推动人人参与、人人尽力、人人享有，落实预防为主，推行健康生活方式，减少疾病发生，强化早诊断、早治疗、早康复，实现全民健康。

三、“法治中国”的人权保障

习近平指出：“公民的基本权利和义务是宪法的核心内容，宪法是每个公民享有权利、履行义务的根本保证。宪法的根基在于人民发自内心的拥护，宪法的伟力在于人民出自真诚的信仰。只有保证公民在法律面前一律平等，尊重和保障人权，保证人民依法享有广泛的权利和自由，宪法才能深入人心，走入人民群众，宪法实施才能真正成为全体人民的自觉行动。”“我们要依法保障全体公民享有广泛的权利，保障公民的人身权、财产权、基本政治权利等各项权利不受侵犯，保证公民的经济、文化、社会等各方面权利得到落实，努力维护最广大人民根本利益，保障人民群众对美好生活的向往和追求。”[①]党的十八大以来，以习近平同志为核心的党中央，坚持人民主体地位，坚持以人民为中心的发展思想，坚持全面推进依法治国与切实尊重和保障人权相结合，开拓法治中国的人权保障新时代，使我国人权发展的法治保障水平不断提高，形成了具有中国特色的社会主义法治人权保障体系，为丰富和发展人类文明多样性作出了重大贡献。

1.法治人权保障：人权发展的秩序

党的十八大以来，中国特色社会主义法治人权保障制度体制有了创新发展，特别是十八届三中全会通过的《关于全面深化改革若干重大问题的决定》，对中国特色社会主义人权司法保障制度体制作出了重大改革部署。

2013年8月22日至9月26日的36天时间里，国内一批备受瞩目的案件接连开庭公开审理，其中包括薄熙来案、李某某案、“表哥”杨某某案、“房叔”蔡某案、北京摔婴案、首都机场爆炸案、南京饿死女童案、“房姐”龚某某案，其公审公判频率之高，曝光程度之大，关注度之集中，是近些年来罕见的。这不仅反映出公众对社会上腐败现象的深恶痛绝，对生存环境、民生问题、法治国家、司法公正的热切关注，而

① 习近平. 在首都各界“纪念现行宪法公布施行30周年大会”上的讲话［N］. 人民日报，2012-12-04.

且彰显出中国特色社会主义法治人权司法保障制度体制的日益完善，折射出中国特色社会主义法治人权司法审判制度和司法审判实践的公平正义光辉。

尊重客观事实，公开透明依法公正审判，是法治社会应该有的法治思维与法治实践。司法机关秉公执法，无论违法者是谁，不管其权势的大小，是否有舆论的压力，都依法公正审判，这都体现出司法公正审判的透明与公正，反映了中国特色社会主义司法制度体制和司法程序的成熟与进步。继2004年“国家尊重与保障人权”条款被写进宪法之后，2013年十八届三中全会的决定明确作出全面贯彻完善人权司法保障制度的改革部署，这说明，法治人权已经不仅仅停留在立法方面，标志着我国进入法治人权保障的新阶段。2013年8月，由中国人权研究会编写的《中国人权事业发展报告（2013）》（人权蓝皮书）正式发布，首次推出了《中国大众人权观念调查报告》，此次调查覆盖全国125个城市，涉及15 111个受访者，是迄今为止规模最大的大众人权观念调研。此次调研显示，中国公众人权观念明显增强，尊重和保障人权的社会氛围日渐成熟，中国人权事业的发展正在向更高目标迈进。

中国的法治社会正在不断完善，法治人权保障日益成熟。切实维护和保障全体社会成员平等参与、平等发展的权利，就必须依据依法治国的十六字方针，即“科学立法、严格执法、公正司法、全民守法”。法治人权保障正日益彰显中国特色社会主义法治人权的新境界。

第一，日益彰显中国共产党执政为民宗旨的人权发展新境界。十八届三中全会决定明确提出，全面深化改革，必须“以促进社会公平正义、增进人民福祉为出发点和落脚点”。为人民服务一直是我党执政的宗旨，我国有13亿多人口，每个人都有不同的追求、不同的利益，这些表现在现代的法治社会就是人权。如果要很好地保障每一个人的权益，就需要人权法制化，即法治人权。如果不实行法治人权，就可能会出现厚此薄彼等不平等的现象。只有人权进入法治的阶段，才能真正实现中国共产党执政为民的宗旨，使人民获得尊严和幸福。

第二，日益彰显社会主义政治文明本质的新境界。政治文明基本上可以概括为民主政治、法治政治、责任政治等。有学者提出，人权是政治文明的组成部分，是政治文明的发展成果，是政治文明内涵的应有之义。我们一直努力朝着法治政治迈进，因此法治人权成为其中的重要任务。也就是说，我们要保障人民在政治上平等地享有权利，无论生活在城市还是农村，无论是学者还是工人。同时，十八届三中全会提出完善人权司法制度，我国的政治文明将进入新的发展阶段。

第三，日益彰显人本法律观的新境界。党的十八大以来，科学发展观成为党和国家的指导思想。科学发展观的核心是以人为本，应当将以人为本作为法治建设的指导思想。这就是"人本法律观"。"人本法律观"，最终也是为了维护和保障最广大人民群众的合法权益。法治中国的建设，最重要的是实现人的法治化。法治人权的建设，有利于更好地推进法治中国的建设，更好地落实依法治国的方针政策。把人权纳入法律体系，形成完整的制度体系，不仅有利于权力机关加强依法执政、依法行政，也有利于引发大众对法治人权的共鸣，加强对法治人权更深层次的理解，从而更好地推进法治中国的人本法治建设。

第四，日益彰显中国特色社会主义司法公正审判的新境界。深化司法体制改革，就要加快建设公正、高效、权威的社会主义司法制度，维护人民权益，让人民群众在每一个司法案件中都感受到公平正义；就要坚持法律面前人人平等，任何组织或者个人都不得有超越宪法和法律的特权，一切违反宪法和法律的行为都必须予以追究。司法公正是社会公平公正的基础和底线。要通过深化司法体制改革，建立确保依法独立公正行使审判权检察权的制度，让人民群众真切地在司法实践中感受到司法的公平正义。

2.法治人权保障：人权发展的目标

“法治的终极追求就是人权保障”，法治中国一定是每个人的权利和自由都得到依法保障的中国，法治中国必定建立在充分保障人权的根基之上，并以促进人权更好实现为其最终目标。当前，人权保护的理念和目标业已融贯于各项法律的制定、修改之中，并逐渐成为立法的主线，人权保护经由科学的立法程序和先进的立法理念指导而获得了越来越坚实的法律制度支撑。在全面推进依法治国进程中突出人权保障，是建设法治中国和推进中国人权事业大发展共同的题中之义。党的十八大以来，法治人权保障集中表现为既自觉坚持法治人权的法治精神引领，又自觉坚持法治人权的司法保障。这两个亮点的有机统一，书写了十八大以来中国特色社会主义人权理论创新与实践创新发展的新境界。

自觉坚持法治人权的法治精神引领。法律是人权的规制和保障，人权是法律的灵魂和价值趋向。法治人权保障作为一项自觉的法治人权实践，首先要有法治人权的法治精神引领。只有自觉坚持法治人权的法治精神引领，才能真正实现公权力与私权利的和谐互动。2004年，“国家尊重与保障人权”的条款写进宪法，使中国特色社会主义人权事业进入了新的起点。宪法作为我国的根本大法，包含经济、政治、文化、社会等各方面的内容，核心都是为了保护人民的利益，即保障公民人权的真正实现。然而在现实生活中，在法治建设上还有违背法治价值一元化的现象，立法、执法、司法、守法等对法治价值的理解和追求各不相同，即使在司法中，也有割裂现象。事实上，中国特色社会主义法治人权保障的特点，就是有其法治精神的自觉引领。党的十七大报告提出，要全面落实依法治国基本方略，党的十八大报告强调“全面推进依法治国”，这是从宏观到微观的变化。在中国特色社会主义法律体系形成后，需要构筑中国特色社会主义法治体系。从法律体系再到法治体系是目前中国法治进程的一大特点。法治体系构筑起来之日，就是全面推进依法治国局面形成之时，全面建成小康社会的法治目标就会实现。党的十八大报告凝练出了共同价值理念，即自由、平等、公正、法治。《中共中央关于全面深化改革若干重大问题的决定》重申了法律面前人人平等的原则，强调任何组织、任何政党都要在宪法和法律的范围内活动，任何人都没有超越宪法和法律的特权。与此相呼应的是，该文件明确提出要坚决反对三种现象：以言代法、以权压法和徇私枉法。这是用平等原则来反人治、反特权、反腐败。腐败产生于特权，反腐败如果不反特权等于不反。这一重申，既有现实的针对性，更具有长远的历史意义。党的十八大以来，还强调了弘扬社会主义法治精神的新提法。法治精神的地位排到了社会主义法治理念之前，这是一个新变化。关于法治精神，法学界赋予其六个含义：一是宪法法律至上；二是追求公平正义；三是尊重保障人权；四是约束公共权力；五是司法职权独立；六是自由平等和谐。

在法治价值理念、法治精神、法治思维中，法治人权的法治精神引领，应当从中国的实际出发，遵循以下原则：首先，生存权和发展权依然是法治人权的最基本权利。我国拥有13亿多人口，由于我国的生产力还没有发展到一定水平，一些人还面临温饱问题。只有整个国家经济的大发展，这一问题才能从根本上得到解决。目前，很多城市出现了环境问题，比如严重的空气污染和雾霾天气，这也将在很长一段时间成为人们关注的问题。因此，人权立法保证人的生存发展是首要原则。其次，幸福生活权和尊严权是公民基本人权的重要内容。幸福的生活，是每个人在满足基本的生存之后的追求，这其中不仅包含物质生活，也包含精神生活。随着经济的不断发展，人民的生活水平不断提高，精神层面的需求也显得越来越重要。因此，立法不仅要关注物质层面，注重经济方面的权益保障，还要注重社会、环境等方面给人民带来的影响。人不是单个的人，是生活在社会中、群体中的成员，所以更好地保证个体有宜居的环境、发展的可能、精神的愉悦等成为人权法实体要考虑的内容。

3.法治人权保障：人权发展的真谛

一方面，保障人权是良法善治的价值目标。保障人权是良法善治的基本价值目标之一。良法善治以“公平正义”为最高价值追求，在中国共产党的坚强领导下，有效监督国家公共权力，切实尊重与保障公民人权。从一定意义上说，一部良法善治的创新史，其实也就是党的领导、依法治国与人民当家作主的和谐互动史。也正是从这个意义上说，良法善治的共同价值目标，其实也就是自觉坚持党的领导，实行依法治国，高举人民民主旗帜，坚持人民主体地位，有效监督国家公共权力；切实尊重和保障人权；保证人民依法实行民主远举、民主决策、民主管理、民主监督，依法保障全体社会成员平等参与、平等发展的权利。

一是尊重与保障人权是良法善治的价值基石。良法善治区别于独裁专制的本质规定，就在于自觉坚持法治人权的法治思维和法治方式，切实把党的领导、依法治国与人民当家作主的主体地位和主体作用提高到前所未有的法治人权高度。由此，尊重与保障人权就内在地构成良法善治的价值基石。良法善治的价值基石，也就是民主法治、公平正义，鼓励、促进和保护公民平等参与国家政治生活，保证人民依法实行民主选举、民主决策、民主管理、民主监督；依法保障全体社会成员平等参与、平等发展的权利。如果良法善治失去了对公民人权尊重与保障的价值基石，就从根本上动摇或丧失了良法善治的价值根基，也就不能成为良法善治，而是野蛮独裁的封建专权、资本特权或虚幻的神权。

二是尊重与保障人权是良法善治的价值引领。作为现代新型民主国家的政治法律制度，现代法治国家理应充分体现对公民人权的尊重与保障。一种没有充分体现对人和人权的关怀的政治法律制度不配被称为现代的法治国家的制度。否则，就没有必要也不可能走向良法善治的文明时代。只有符合法治人权的新趋势，才能真正实现对人权尊重与保障的价值引领。毫无疑问，现代法治国家追求诸多价值，它们分属于不同层次，而人权则是这一价值体系中的一个内核要素。“党的十八大报告一个突出创新亮点就是凝练出我国社会法治制度支撑的自由、平等、公正、法治的共同价值理念。这就是用法治思维来实现自由、平等、公正、法治，蕴含着社会主义核心价值观的人权价值引领。”①

三是尊重与保障人权是良法善治的价值真谛。“法治的真谛是人权”是我国人权专家徐显明提出的至理名言。德国著名法学家拉德布鲁赫看到了法与人权的博弈问题，他写作了《法律的不法与超法律的法》一文。法官们从他的思想里获得启示，最后得出来的结论是：“凡是展示人类的共同理性、以维护人权为特征的法才叫法，背离了人类的共同理性以剥夺和践踏人权、侵犯人的尊严的法不叫法。”②这就深刻地揭示了人权的法理本质规定。诚然，中华人民共和国成立后的一个时期内，我国的法治与人权曾受到严重的践踏和破坏。然而，改革开放以来，特别是在以人为本的科学发展观的指导下，法治与人权受到越来越多的重视。十八大以来的“中国梦”的价值引领，进一步赋予了法治人权的崭新内涵。“全面推进依法治国”成为党的十八届四中全会的主题，蕴含着里程碑意义的人权价值真谛。

四是尊重与保障人权是良法善治的价值功能。良法善治的人权价值

① 鲜开林．中国特色社会主义人权理论体系研究［M］．北京：人民出版社，2014：288.
② 徐显明．和谐社会——上海浦东干部大会的学术报告［N］．上海日报，2006-11-07.

功能表现为：第一，有助于培养公民权利意识，促进公民依法、有序、理性的政治参与，推动公民社会的健康发展。第二，有助于拓展公民权益表达渠道，推动公民个体、社会组织与政府进行有序合作对话与沟通交流。第三，有助于形成健康民主社会所需要的依法有序的协商政治文化，形成一种宽容、理解、对话、倾听和理性的民主氛围。归根到底，尊重和保障人权有助于推进和完善中国特色社会主义民主与法治的伟大历史进程，有助于实现中华民族的伟大复兴。

另一方面，良法善治是维护人权的根本保障。德国的哲学大师黑格尔曾经说过："真理只有作为体系才是现实的。"[①]良法善治的人权保障体系，生动地体现了中国特色的人权保障的"道路自信、理论自信、制度自信"。[②]中国特色的人权保障体系的内容，涵盖了中国特色的经济、政治、文化、法律、社会保障的各个方面，它是一个由中国特色的经济保障、政治保障、文化保障、法律保障，以及社会保障等构成的有机统一体。其中，最根本、最突出的是中国特色的人权法律保障体系和中国特色的人权社会保障体系。

一是法律体系的人权根本保障。中国特色的人权法律保障体系，是推动中国特色社会主义人权事业全面发展的法制根基，是中国特色社会主义人权理论创新与人权实践创新的法制体现，是中国特色社会主义人权事业全面发展的法制保障。特别是要"加强重点领域立法，加快完善体现权利公平、机会公平、规则公平的法律制度，保障公民人身权、财产权、基本政治权利等各项权利不受侵犯，保障公民经济、文化、社会等各方面权利得到落实"。[③]在法律体系的人权根本保障中，立法保障是

---

① 黑格尔．精神现象学（上卷）[M]．贺麟，王玖兴，译．北京：商务印书馆，1979：15.

② 胡锦涛．坚定不移沿着中国特色社会主义道路前进　为全面建成小康社会而奋斗——在中国共产党第十八次全国代表大会上的报告 [M]．北京：人民出版社，2012：16.

③ 习近平．中共中央关于全面推进依法治国若干重大问题的决定 [N]．人民日报，2014-10-29.

前提，执法保障是关键，司法保障是最后的有力屏障。

二是健全人权司法保障机制。全面深化司法体制改革，合理配置司法职权，完善司法责任制，大力推进司法公开，建立健全国家司法救助制度，保障律师执业权利和公民陪审监督权利。第一，进一步优化司法职权配置，确保审判权、检察权依法独立公正行使。2014年以来，完善司法责任制、完善司法人员分类管理制度、健全司法职业保障制度、推进省以下地方法院检察院人财物省级统一管理四项改革逐步在全国推开试点。以审判为中心的诉讼制度改革正在稳步推进。第二，逐步建立健全司法责任制，法官、检察官办案主体地位更加凸显。逐步完善主审法官责任制、合议庭办案责任制和检察官办案责任制，明确法官、检察官办案的权力和责任，对所办案件质量终身负责，严格错案责任追究，形成权责明晰、权责统一、管理有序的司法权力运行机制。改革裁判文书签署机制，明确除审判委员会讨论决定的案件以外，法院院长、副院长、庭长对其未直接参加审理案件的裁判文书不再进行审核签发。明确法院院长、庭长除参加审判委员会、专业法官会议外，不得对其没有参加审理的案件发表倾向性意见，不得直接否定独任法官、合议庭意见。改革审判委员会制度，审判委员会评议实行录音、录像，全程留痕，所有参加讨论和表决的委员应当在审判委员会会议记录上签名，并建立审判委员会履职考评和内部公示机制。上海市试点法院直接由独任法官、合议庭裁判的案件比例达99.9%，提交审判委员会讨论的案件只有0.1%。第三，大力推进司法公开，当事人和公众的知情权、监督权得到有效保障。最高人民法院建立审判流程公开、裁判文书公开、执行信息公开三大平台。截至2015年年底，中国审判流程信息公开网总访问量达87.85万人次；中国裁判文书网共公布裁判文书1 448万份，总访问量达4.1亿人次；执行信息公开网共发布被执行人信息3 434.7万条，提供执行案件信息查询3 685万人次。第四，不断完善律师执业权利保障制度，律师维护当事人合法权益的作用得到更好发挥。2015年，最高人民法院、最高人民检察院、公安部、国家安全部、司法部联合发布《关于依法保障律师执业权利的规定》，进一步落实相关法律规定，明确律师执业权利保障的各项措施，便利律师参与诉讼，完善律师执业权利保障的救济机制和责任追究机制。司法机关在各自职责范围内依法保障律师知情权、申请权、申诉权，以及会见、阅卷、收集证据和发问、质证、辩论等方面的执业权利，确保律师依法履行辩护、代理职责不受阻碍，当事人合法权利不受侵害。第五，各级公安机关加快推进律师会见室建设，建立网上预约平台或者公布预约电话，为律师会见提供便利，并确保律师会见不被监听。检察机关切实履行对妨碍律师依法执业的法律监督职责。2015年，各级检察机关共监督纠正阻碍律师依法行使诉讼权利案件1 093件。2015年12月，最高人民法院律师服务平台正式上线，共收集律师事务所信息21 707家，录入律师信息81 476条，为律师参加诉讼活动提供网上立案、网上阅卷、案件查询、电子送达、联系法官等更加便捷的法律服务。第六，废止劳动教养制度，强化以法治思维和法治方式管理社会。实行了50多年的劳动教养制度在特定条件下为维护社会治安秩序、确保社会稳定、教育挽救违法人员发挥了积极作用。随着治安管理处罚法、禁毒法等法律的施行和刑法的不断完善，以及相关法律的有机衔接，劳动教养制度的作用逐渐被取代，劳动教养措施的使用逐渐减少。第七，建立完善国家司法救助制度，加大受害人保护力度。2014年，最高人民法院、最高人民检察院、公安部等6部门联合发布文件，建立完善国家司法救助制度。国家对受到侵害但无法获得有效赔偿的刑事被害人等给予经济资助，帮助其摆脱生活困境。司法机关严格遵守司法救助申请告知义务，对符合条件的救助对象，及时发放救助资金。2015年，全国共发放司法救助资金16.69亿元，71 700个司法救助案件的当事人及其家庭得到救助。截至2015年年底，公安机关累计对6 338人发放司法救助资金约1.4亿元。2014年1月至2015年10月，各级检察机关共受理1.3万多人国家司法救助申请，发放救助金1.2亿元。各级法院2013年至2015年共为有困难的诉讼当事人减免诉讼费6.25亿元。

三是社会保障体系的人权根本保障。中国特色的人权社会保障，是指运用公民、社会团体、社会组织和政党等所发挥的社会力量来保障人权的实现。这种社会保障是以公民、社会团体、社会组织和政党等名义实施的，虽然不具有法律上的强制性，但具有道义和舆论的力量，体现了中国特色社会主义的人权保障的民主化和社会化。随着中国特色社会主义法律体系的基本形成，我国逐步建立起了具有自己特色的社会保障制度，形成了包括社会保险、社会救助、社会福利、优抚安置等制度的较为全面的人权社会保障体系。“随着全面建成小康社会的加快推进，近年来中国的社会保障水平不断提高。2013年，中国社会保障事业快速发展，保障内容持续增加，保障范围不断扩大，在经济发展水平还不是很高的情况下，初步建立了世界上规模最大的符合现阶段中国社会实际的社会保障体。2012年，实现全国新型农村社会养老保险和城镇居民社会养老保险制度全覆盖。截至2013年，全国城乡居民参保人数达到49 750万人，比2012年增加1 381万人；全国城镇职工基本养老保险参保人数为32 218万人，比2012年增加1 791万人。2013年，企业退休人员月人均基本养老金水平继续调整，调整水平按2012年企业退休人员月人均基本养老金的10%左右确定，达到近1 900元，并对具有高级职称的企业退休科技人员、基本养老金相对偏低的人员等进行适当倾斜。”[①]《中共中央关于全面推进依法治国若干重大问题的决定》指出，健全依法维权和化解纠纷机制，建立健全社会矛盾预警机制、利益表达

① 国务院新闻办公室.《2013年中国人权事业的进展》白皮书［N］. 人民日报，2014-05-27.

机制、协商沟通机制、救济救助机制，畅通群众利益协调、权益保障法律渠道。

四是中国特色的协商民主既是我国人民民主独特形式和独特优势，又是尊重与保障人权的最有效方式之一。作为我国人民民主特有形式和独特优势的协商民主，不断拓宽国家政权机关、政协组织、党派团体、基层组织、社会组织的协商渠道，深入开展立法协商、行政协商、民主协商、参政协商、社会协商。以法治文明的这些协商民主形式为平台，就经济社会发展重大问题和涉及群众切身利益的实际问题在全社会进行广泛协商，增进和达成共识。作为协商民主的重要渠道，中国人民政治协商会议积极推进协商民主建设，创新以专题为内容、以界别为纽带、以专委会为依托、以座谈为方法的协商形式，积极开展专题协商、界别协商、对口协商、提案办理协商，推动协商活动的多样化，约请有关部门负责人直接听取意见，推动建言献策成果的转化，等等。中国特色的协商民主的样式创新，无疑是“加强权力监督”，“切实尊重与保障人权”的最佳方式。

五是良法善治进一步丰富平等权的内容。十八届四中全会强调：“公正是法治的生命线。司法公正对社会公正具有重要引领作用，司法不公对社会公正具有致命破坏作用。必须完善司法管理体制和司法权力运行机制，规范司法行为，加强对司法活动的监督，努力让人民群众在每一个司法案件中感受到公平正义……推进严格司法，坚持以事实为根据、以法律为准绳，推进以审判为中心的诉讼制度改革，实行办案质量终身负责制和错案责任倒查问责制。”随着良法善治进程的推进，公民平等权将会不断得以充实新的内容。

第一，公民平等知情权。在全面推进依法治国的进程中，作为人民民主特有形式和独特优势的协商民主，其权利首先表现为平等知情权。公开透明各方对称的信息，是协商民主过程中公民人权实现的前提条件，知政是参政的前提，参政是知政的实践。因此，良法善治的平等知情权，是社会主义协商民主的首要平等权利形式。

第二，公民平等参与权。良法善治中的公民平等参与权，包括各层次、各领域公民有序政治参与权，决策程序、参政议政、政策执行、担任公职、农村及城市自治和企事业单位公民的参与权，尤其是民主管理、民主决策和民主监督的参与权。

第三，公民平等表达权。良法善治的重要运行方式，是参与者对公共事务、公共政策及其相关利益关系的不同意见、主张和要求的表达，而充分的表达是实现充分讨论和有效协商的权利基础。

第四，公民平等决策权。作为公共决策的协商形式，良法善治与决策权具有高度关联性。当然，需要指出的是，协商民主中的决策权通常是参与决策和监督决策权，并非法定决策权。在我国的多层面政治协商和基层协商治理中，决策权的性质和功能都是如此。

第五，公民平等监督权。作为人民民主特有形式和独特优势的协商民主不仅涉及公共决策和民主管理，而且涉及民主监督。因此，政治组织、人民团体和公民依法监督的权利，是良法善治的重要内容之一。

第六，公民平等互利权。协商民主的目标是通过公民积极参与，实现公共权益最大化，实现平等的互惠互利。

第七，公民平等话语权。在当代社会思潮中，话语权指的是影响社会发展方向的制约能力。作为主流意识形态的话语权是指影响社会发展方向的主导能力。作为良法善治中的公民平等话语权，就是公民平等的权益发言权和平等的权益对话权。它既是公民依法参与协商民主的软实力，又是公民依法参与协商民主的硬实力。

总之，党的十八大以来，以习近平同志为核心的党中央，坚持以人民为中心的发展思想，在实现“两个一百年”奋斗目标、实现中华民族伟大复兴的中国梦进程中，以保障和改善民生为重点，大力发展各项社会事业，切实保证人民平等参与、平等发展权利，努力朝着实现全体人民共享发展和共同富裕的目标稳步前进，走出了一条适合中国特色社会主义人权发展道路。由此，中国人权面貌焕然一新，突出表现为："美丽中国"的生态文明权，"健康中国"的生命健康权，"法治中国"的人权保障。

第六章
新的人权文化自信

习近平同志指出："当今世界，要说哪个政党、哪个国家、哪个民族能够自信的话，那中国共产党、中华人民共和国、中华民族是最有理由自信的。"[①]习近平在中共中央政治局第十二次集体学习时的讲话中强调指出："提高国家文化软实力，要努力提高国际话语权，增强做中国人的骨气和底气。"如何打破近代以来的欧洲人权中心主义和当代美国人权中心主义话语体系的垄断格局，坚持道路、理论、制度和文化自信，讲好中国人权故事，传递好中国人权声音，构建中国特色、中国风格、中国气派的人权话语体系，是以习近平为核心的党中央实现中国人权文化自觉自信的一项重大战略任务。

一、问道经典——人权文化自信的理论根据

习近平同志强调指出："文化自信，是一个国家、一个民族发展中更基本、更深层、更持久的力量。"[②]人权的理论自信和人权的文化自信更是如此。

1.马克思主义人权观是"真理和道义制高点"的完美统一

现实生活中提起马克思主义人权观，有些人就不那么自信。有的人

① 习近平．在庆祝中国共产党成立九十五周年大会上的讲话［N］．人民日报，2016-07-01.

② 习近平．决胜全面建成小康社会 夺取新时代中国特色社会主义伟大胜利［N］．人民日报，2017-10-28.

甚至认为马克思、恩格斯的人权理论“缺失断裂”“过时无用”。习近平同志指出：“无论时代如何变迁、科学如何进步，马克思主义依然显示出科学思想的伟力，依然占据真理和道义的制高点。”同西方的种种人权理论相比，马克思主义人权观的思想更深刻、方法更科学、目标更崇高。问道经典，在比较中坚定对马克思主义人权观的理论自信。通过认真研读马克思、恩格斯《黑格尔法哲学批判（序言）》《德法年鉴》《1844年经济学-哲学手稿》《关于费尔巴哈的提纲》《哲学的贫困》《德意志意识形态》《共产党宣言》《资本论》《家庭、私有制和国家的起源》《路德维希·费尔巴哈和德国古典哲学的终结》《反杜林论》《哥达纲领批判》等经典著作原文，深入挖掘马克思、恩格斯人权观深刻而丰富的思想内涵，形成了《问道经典——马克思主义人权理论自信》的研究成果。

2.马克思主义人权观的思想更深刻

由于马克思、恩格斯没有专门系统的人权论著，一些人就主观断言，一百多年前的马克思主义只是阶级斗争、无产阶级专政理论，马克思、恩格斯的人权理论“缺失断裂”，似乎人权真的成了资产阶级的“独创”和“专利”。虽然马克思、恩格斯一生并没有留下许多集中论述人权的专门著述，但是由于马克思主义人权理论来源于整体的马克思主义理论，从历史和现实的双重高度把握了人权的本质和发展趋势，形成和创立了完全不同于资产阶级人权学说的崭新的科学人权观，兼备了批判和建构两方面的独特本质和优势，因而马克思主义人权观具有科学的理论系统性和完整性。马克思、恩格斯人权理论同他们的整个思想理论体系一样，是一个不断发展、与时俱进的成熟发展过程。从《莱茵报》时期激进的人权自由本性与革命民主主义立场及客观唯心主义倾向，到《德法年鉴》时期人权问题上的自我清算与自觉转变，再到《德意志意识形态》和《共产党宣言》时期唯物史观和科学人权观的创立、《资本论》时期崭新人权观的深化发展与继承创新，标志着马克思主义人权观最终形成了一个完整的科学理论体系。在革命民主主义阶段，马克思人权观受到了法国启蒙思想、德国黑格尔哲学和青年黑格尔派的影响，带有自然人权观的明显印迹；在从革命民主主义向历史唯物主义和辩证唯物主义转变的阶段，马克思开始抛弃极端个人本位的自然人权观，自觉树立起新的社会本位人权观；在唯物史观形成以后，马克思主义人权观的思想更深刻、内涵更丰富。一方面，是对资本主义状态下实然人权的批判；另一方面，是对未来新社会“充分人权实现”的科学建构。马克思主义人权观认为，人权不是超历史、超时代、超阶级的，而是具体的、历史的、阶级的；不是权利与义务的分离，而是权利与义务的统一；不是个人权利与集体权利的对抗，而是集体人权与个人人权的辩证统一；不是个人权利的片面畸形，而是人的自由全面充分发展。我们今天学习、掌握马克思、恩格斯人权观的深刻内涵，具体地考察不同阶段马克思、恩格斯人权思想的深刻内涵和主要特征，不仅能使我们清楚地看到其变化发展的脉络和线索，而且能使我们更好地把握其精神实质和深远意义。马克思主义人权观既是建立在无产阶级和一切被压迫民族反对阶级剥削和压迫，追求民族独立、自由和解放的基础之上，也是建立在社会主义国家和广大发展中国家的人民依据本国国情、探索发展道路、独立自主地维护本国人民权利的实践基础之上的科学人权观。

3.马克思主义人权观的方法更科学

马克思、恩格斯之所以有独到的、科学的人权理论，是同他们有独到的、科学的人权研究方法分不开的。马克思、恩格斯以前的西方人权思想家们，如格劳秀斯、霍布斯、洛克、卢梭等人所提出的“天赋人权说”，在认识方法上，把人权看作国家和公民的分权关系，希望凭借人民主权原则，通过人权使具体的个人有权对抗国家政治权力的过分集中所导致的专制和独裁。同时，他们把人权看作“属人”所拥有的权利。

在人权理论的设计上，他们着眼于国家和个人之间具体的权利分工以及人权的各项基本内容；在人权保障的现实操作上，他们寄希望于资产阶级的政治改良和政府机制的发挥，调和各阶级间的权益矛盾冲突。这种抽象人学史观的表面直观研究方法，否认了资本主义社会中阶级压迫和阶级对立的客观现实，否认了资本主义国家作为阶级统治工具的性质，仅仅赋予人权中的人以平等的、无差别的“人”的表象，更没有触及私有制这一不平等的社会根源。而马克思、恩格斯的分析方法则把人权分解成三个部分或者三个相互有机联系的整体，即人、人与人之间的权利关系以及具体的权利内容。马克思、恩格斯并没有把眼光单纯地局限于个人人权的内容上，而是紧紧抓住了作为社会关系总和而又必然反映社会关系基础性质的具体的人，以及由社会关系所决定的人与人之间现实的权利关系来展开人权理论研究。这样的人权分析方法使马克思、恩格斯超越了以往所有的人权思想家，能够比他们看得更高远、更清晰和更精准。马克思、恩格斯所创立的具体的、历史的、社会本质的科学人权分析方法对我们今天正确地认识和看待当今国际国内人权问题，仍有极为重要的指导意义。

4.马克思主义人权观的目标更崇高

西方国家向来自我标榜其人权的“客观公正”和“道义优势”。然而，由于资本主义制度的根本缺陷，特别是私有财产的物的规定性和人对物的依赖性以及党派政治纷争，支配了人的一切权利行为，个人的权利追求完全是粗糙的、无灵魂的物质体现，是人应有的类本质的直接对立物。这时，不仅人权中的人——具体的权利主体由于异化而失去了普遍、平等、公正的人权追求时的一切人的主体性，而且人权的具体的内容也由于人的极端物质性的、极端私利的权利追求，失去了它原来应有的自由、平等、公正的真实性。因此，西方人权作为一种普遍权利，客观上只能在形式上存在。这种人权观的目标追求，必然会失去其“客观真理”，更谈不上人权的“道义优势”。近现代特别是当代，西方制造的种种人道主义灾难的历史事实，就是其最有力的佐证。虽然表面上个人权利追求有了华丽的“自由”“灵光”外衣，但“这种意志的自由就在于这种意志的空虚，在于它除了私有财产外没有任何其他的内容”。人权也不外乎是一项形式上的普遍、公正的权利，它超阶级、超历史、超时代的外观并不能掩盖其资产阶级特权的实质和人权异化的霸权本质。马克思、恩格斯则认为未来社会“充分人权实现”是迄今为止人类最美好的“崇高人权目标”。马克思、恩格斯把一生都献给了人类进步和解放事业。如何使无产阶级和广大劳动人民获得真正的解放，人的权利问题如何能得到公正、自由和平等的解决，是马克思、恩格斯一生孜孜不倦的崇高追求。马克思晚年在他所著的《路易斯·亨·摩尔根〈古代社会〉一书摘要》中，对他所创立的科学共产主义学说能给人类权利问题带来公正的解决，充满了憧憬和希望。他指出，共产主义作为人类更高级的社会形态，“将是古代氏族的自由、平等和博爱的复活，但却在更高形式上复活”。马克思、恩格斯坚信，践踏人权的资本主义旧制度必将让位于真正保障和实现人权的共产主义新制度。马克思、恩格斯十分精辟地指出，未来社会“每个人的自由发展是一切人的自由发展的条件”。马克思把这种“自由平等的生产者的联合体”称为19世纪伟大经济运动所引向的“人道目标”或称“充分人权实现”的“崇高人权目标”。恩格斯更明确地指出“真正的自由和平等，即共产主义”。也正是在这一意义上，马克思曾明确指出，共产党领导的无产阶级革命，“只能求助人权”，并且在其起草的第一个国际临时章程引言中指出：“一个人有责任不仅为自己本人，而且为每一个履行自己的义务的人要求人权和公民权。”现代文明社会的一个显著标志，就是人的自由全面发展，表现为一系列体现自由创造的能动自觉，以及权利的自觉享有和义务的自觉履行。马克思主义人权观的崇高目标追求，从根本上突破了西方传统人权观片面的、狭隘的眼界，极大地丰富和推进了人们对人权的科学认识，是人类人权历史上的伟大变革，实现了权利人民论和社会论的有机统一，不仅为世界无产阶级和广大劳动人民争得合法权益提供了强大的思想武器，而且为人类“充分人权实现”的崇高目标指明了前进方向，也为我们实现“两个一百年”奋斗目标的“中国梦”和中华民族伟大复兴指明了前进方向。

二、追根溯源——人权文化自信的文化根基

习近平同志指出：“中华文明绵延数千年，有其独特的价值体系。中华优秀传统文化已经成为中华民族的基因，植根于中国人内心，潜移默化影响着中国人的思想方式和行为方式。”①追根溯源，中国人权文化自信的文化根基包括：

1.中国人权文化自信的传统文化基因

“大同与小康”是中华民族“不忘初心”的古今人权梦想。一个国家和民族的人权历史发展与其自身的历史文化传统紧密相连。文化传统是人权发展的内生基因，人权发展是文化传统的价值取向。历史悠久的中华优秀传统文化，蕴含着丰厚的人权文化基因。人权文化基因是指积淀深厚、历史悠久、根植民心的人权文化价值胎芽和细胞。

一是“礼，必本于天”的民本人文情怀，蕴含民生本位的人权文化基因。

“礼，必本于天”（《大戴礼记》）的初始本意，是指人世间的行为之礼和社会规则之礼都来源于天、受制于天。殷周青铜时代，是天命神学的桎梏时代，也即毫无人性、毫无人格尊严的天命神学专制时期。晚

① 习近平．参观考察孔府、孔子研究院座谈会上的讲话［N］．人民日报，2013-11-26．

商时期，由于祖先神地位的上升和“帝祖合一”观念的出现，作为天神的“帝”逐步向人世间转向，“帝”成为先王的祭称。到了西周晚期，尤其是东周（春秋战国）时期，“礼，必本于天”这一命题由殷周的天命神学独占论向人世间的民本人文情怀转变。《礼记》中的初始“礼”起源于民生民俗，与人们的衣食住行、葬祭活动方式密切相关。《礼记》社会生活规范秩序中的“礼”，既具有至高无上的天“礼”，又是社会伦理行为的秩序之“礼”。“礼”根据于“天”，效法于“地”，服务于“人”，由此生成了“礼，必本于天”的民本情怀，也由此发现了“人”。这是中国古代人的首次思想大解放。这样，从礼仪中抽绎出来“礼”的新观念，不仅消解了殷周以前天命神学中“天”的独尊地位，而且礼与礼治开始摆脱原始宗教桎梏，走向民本人文情怀。

春秋时期诸神百神的涌现，又大大降低了殷周天命神学的独尊性，使诸神进一步接受人文的规定，并由道德的人文精神加以统一，由此赋予了“礼，必本于天”命题的民本人文情怀新内涵。以孔子为代表的儒家文化一反殷周以前的天命传统桎梏，开始把人的观念意识引到重视人的轨道上来，并把天看成是随四时变化、万物生长的自然现象，动摇了殷周天命独尊的神圣性；开始强调重视和研究人的现实生活，重视人的物质生活和精神生活，从而形成了“人者，天地之心也”（《礼记·礼运》）的民本人文理念以及“人为宇宙中心”（《周易》）的民本人文情怀。

二是“以天地为本”的生态伦理情结，蕴含生态环境权的人权文化基因。

《礼记·礼运》猜测和肯定了在宇宙生态各层次中，人处于较高层次；人体现了天地的德行、阴阳的交感、鬼神的妙合，荟萃了五行的秀气；人是天地的心脏、五行的端绪，是能调和并品尝各种滋味，创造并辨别各种声调，制作并披服各色衣服的高级灵性动物。虽然人是万物之灵，但人仍从属于整体生态系统。因此，明君圣人制作典则，必以天地大系统为根本，以阴阳二气交感为起点，以四时所当行的政令为规则，以日星的运行来记时，以四季的更替转换为自然法则，以十二个月来计量事功，以五行的节律为本位，以礼仪为器具，以人情为田地，以四灵为家畜。

《礼记》强调人在天地之中一定要顺从山川、动物、植物的自然属性。这种朴素尊重自然与敬畏自然的观念通过祭祀山林川泽的方式加以表达。《礼记》强调，制礼与行礼的原则是不能违背自然法则的。如人们取用动植物时必须考量时间，不可以在生长期、繁育期滥砍滥杀，不砍伐小树，不射杀幼兽与怀孕的兽，否则就是不孝。《礼记・王制》论述天子、诸侯田猎的礼，强调绝不能斩尽杀绝、竭泽而渔。“田不以礼，曰暴天物。天子不合围，诸侯不掩群。”“草木零落，然后入山林。昆虫未蛰，不以火田。不麑，不卵，不杀胎，不殀夭，不覆巢。”（《礼记・王制》）。

三是“皆有所养”的民生社会关爱，蕴含维护民生权益的人权文化基因。

“民亦劳止，汔可小康。”《诗经》《礼运》《王制》中有对社会弱势群体给予关爱和扶助的制度规制。关于养老制度，《王制》曰：“凡养老，有虞氏以燕礼，夏后氏以飨礼，殷人以食礼，周人修而兼用之。五十养于乡，六十养于国，七十养于学，达于诸侯。”这说明西周是按照年龄大小由地方和国家分别承担养老责任的，在政策上，不仅中央要负责养老，地方也要负责养老。凡年满五十的养于乡遂之学，年满六十的则养于国学中的小学，年满七十的则养于国学中的大学。这种养老制度，自天子达诸侯，都是相同的。不过一国的长老，由诸侯致养，若是天下的长老，则由天子致养。关于对待鳏寡孤独与残疾人等社会弱者，孟子曰：“老而无妻曰鳏，老而无夫曰寡，老而无子曰独，幼而无父曰孤。此四者，天下之穷民而无告者。文王发政施仁，必先斯四者。”（《礼记·礼运》）“居者有积仓，行者有裹囊也”；“内无怨女，外无旷夫。”（《孟子·梁惠王下》）

四是“人之大端”的人格修养塑造，蕴含提升人格尊严权的人权文化基因。

《礼记》中有关人的教养与人格成长，特别是君子人格的养成智慧，体现了儒家文明的内核本色。儒家教育是多样、全面的，其内核是成德之教；其目的是培养君子，使其成圣成贤；其方法是用礼乐六艺浸润身心，以自我教育与调节性情、心理为主；其功能在于改善政治与风俗；其特点是不脱离平凡生活，知行合一、内外合一。在当代建设现代法治文明社会、培养公民健全自由人格的过程中，尤其需要调动儒家修养身心与涵养性情的传统文化资源。忠信是礼的基本精神，义理则是规矩、仪式。“先王之立礼也，有本有文。忠信，礼之本也；义理，礼之文也。无本不立，无文不行。”（《礼记·礼器》）“故礼义也者，人之大端也，所以讲信修睦而固人之肌肤之会，筋骸之束也；所以养生送死事鬼神之大端也；所以达天道顺人情之大窦也。故唯圣人为知礼之不可以已也。故坏国、丧家、亡人，必先去其礼。”（《礼记·礼运》）

2.中国人权文化自信的文化基因组合

中华文明是世界上唯一没有中断的五千年古老文明，为整个人类文明的历史发展作出了卓越贡献。中华文明的人权文化基因组合是人权文化基因的系统化和理论化，并产生了神奇的聚合效应和整体功能。这是中华文明人权文化基因组合产生凝聚力和向心力的内在根据。

一是古代中国原始创新的人权文化基因组合的凝聚力和向心力。原始创新的人权文化基因组合是古代中国各种人权文化基因的首次差异大聚合，也是中华文明包容多样的原点基因组合。东周时期，孔子删定六经，开创经学时代；老子厘定天道，儒道由此互动；墨子提倡兼爱非攻。他们共同开启了春秋战国“百家争鸣”的文化时代，古代人权文化基因开始涌现，人权文化基因组合首成格局。虽然中国古代人权文化基因朴素、直观、肤浅，但古代人权文化基因组合的凝聚力和向心力却是异常深远和具有神奇效应的。春秋战国时代诸子百家所提供的人权文化基因产生了各种具有文化互补关系的神奇聚合效应：一是儒道互补。儒学重“人道”，道学重“天道”，二者互补而成为“推天道以明人事”（《中庸》）的哲学思维方式。二是儒墨互补。墨子的“兼爱”，从下层贫民的要求出发，主张“兼爱互助”，这与孔子的“仁者爱人”是契合的。三是儒法互补。儒学重德化，法学重刑名。综合二者，就是“王道和霸道合一”。这是我们今天法治与德治相统一的中华文明的思想源头。正是中国古代人权文化基因组合的凝聚力和向心力，才使得中华文明薪火相传，生生不息，连绵不断。

二是近代中国悲愤抗争的人权文化基因组合的凝聚力和向心力。近代中国历史是落后挨打、悲愤抗争的外争国权、内争人权的变革新生史，也是古代中国人权文化基因组合历经磨难与浴火新生的历史。从1840年鸦片战争到1949年中华人民共和国成立的近110年间，在外争国权、内争人权的旧新民主主义革命和社会现代化交织展开的大变革时代，古代中国人权文化基因经历了一次从未有过的重大磨难与浴火新生交织的历史大变迁。它给中华民族文化所增添的新元素，无疑代表着现代人权文化基因组合的新希望。第一，传统人权文化的价值维度与中西方人权文化交融产生的科学维度的基因组合。从严复等人引入西方科学知识，到胡適对科学方法的汲取，再到“五四”新文化运动科学与民主旗帜的高扬，人文与科学的两组基因形成了新生的基因组合。第二，传统文化的德治善政维度和同样来自西方社会的“天赋人权”的基因组合。第三，传统文化中的刚毅坚韧精神基因与近代为挽救民族危亡所进行的长期浴血奋战的无私无畏精神基因的组合。特别是“‘十月革命’

的一声炮响，给我们送来了马克思列宁主义，中国的面貌为之一新”。[①]“中国产生了共产党，这是开天辟地的大事变。这一开天辟地的大事变，深刻改变了近代以来中华民族发展的方向和进程，深刻改变了中国人民和中华民族的前途和命运，深刻改变了世界发展的趋势和格局”。[②]在中国共产党领导的新民主主义革命斗争中塑造的“惊天地，泣鬼神”[③]的红色精神组合，如长征精神、井冈山精神、延安精神等红色精神基因组合，产生了伟大神奇的聚合效应。在这个伟大变革的过程中，“天行健，君子以自强不息”的精神气质，升华为“为祖国生命而战！为民族生存而战！为国家独立而战！为领土完整而战！为人权自由而战！”等中国共产党人崭新的红色精神组合。正是中国共产党人的红色精神基因组合，才取得了世界反法西斯战争东方主战场的伟大胜利。“中国共产党人为挽救民族危亡、实现民族独立和人民解放、争取世界和平的伟大事业，作出了彪炳史册的贡献。”[④]

三是当代中国自觉自信的人权文化基因组合的凝聚力和向心力。这是当代中国马克思主义人权理论与中国实际相结合的中国人权基因组合的最新形态，也即文化自觉自信的中国人权文化基因组合。这是中国人权话语权体系意义上的人权文化基因崭新组合，在中国五千年的文明历史中产生了从未有过的伟大神奇效应。中华人民共和国成立后，特别是改革开放30多年来，中国共产党人在推动马克思主义人权理论中国化的伟大实践中，又将科学和民主的人权文化基因组合与中国特色社会主义人权理论和伟大实践紧密结合，创造性地充实了中国化的马克思主义“实事求是”的科学精神、“群众路线”的民主精神、“厚德载物、自强不息”的民族精神、“改革开放”的时代精神，特别创立和形成了社会主义

① 毛泽东．毛泽东选集：第4卷［M］．北京：人民出版社，1991：1471．
② 习近平．在庆祝中国共产党成立95周年大会上的讲话［N］．人民日报，2016-07-02．
③ 清・汪琬《烈妇周氏墓表》。
④ 习近平．在纪念中国人民抗日战争暨世界反法西斯战争胜利69周年座谈会上的重要讲话［N］．人民日报，2014-09-04．

核心价值体系和价值观，将中华民族“民惟邦本，本固邦宁”（《尚书·五子之歌》）的民本传统基因与“以人民为中心”的“创新、协调、绿色、开放、共享”新发展理念有机统一，坚持人权普遍性原则与中国具体国情相结合的人权发展道路，把当代中国人权提升到了世界先进性人权的战略高度，实现了中国人权文化的自觉自信，构建起了中国人权话语体系，特别是“G20杭州峰会”、推动“一带一路”和“亚投行”建设，深刻理解“中国智慧”“中国方案”“中国规则”，为推动世界人权事业的进步发展作出了重大新贡献，赢得了国际社会的高度赞扬。

3.中国人权文化自信的科学指导

习近平同志关于“不忘本来，吸收外来，面向未来”①的科学论述，为中国人权文化自觉自信提供了世界观和方法论的科学指导。

一是不忘本来的科学指导。不忘本来的根本就在于把握传统文化的本质和实质。第一，是善于吸收中国人权文化基因的优秀传统成果。博大精深的中华传统文化积淀着中华民族卓越的精神追求，是中华民族生生不息、发展壮大的丰厚滋养和宝贵财富。《礼记》人权文化基因，是在中国这块东方文明沃土上生长起来的一朵奇葩。如“以天地为本”的生态伦理情结、“皆有所养”的民生权益关爱等，在许多方面达到的高度确实为西方古代文明所不及，甚至也为西方现当代文明所不及。正因为如此，“取其精华”才有其合理性，也是我们正确对待中国优秀传统人权文化应有的科学态度。第二，“古为今用”②的《礼记》人权文化基因传统，是构建中国特色哲学社会科学的重要来源之一。“以天地为本”的生态伦理情结，也称“天人合一”的中国传统文化，是当代“生态文明建设与美丽中国”认真汲取的重要思想营养，充分体现了中国生态文明建设的中国风格、中国气派。第三，善于去除《礼记》人权文化

① 习近平．结合中国特色社会主义伟大实践 加快构建中国特色哲学社会科学［N］．人民日报，2016-06-18．

② 见《毛泽东书信选集·致陆定一》。

基因中的“糟粕”。“礼，必本于天”固然有其民本人文关怀的情结，但其本质是封建王权的礼制制度，其根本目的是维护封建王权的专制统治。“礼，必本于天”所固化的“三纲五常”更是糟粕中的糟粕。演化到明清之际朱熹“存天理，灭人欲”的人性桎梏，更无半点人文情怀。第四，传承《礼记》人权文化基因的根本目的是服务于当代中国人权文明的发展道路，而不能简单地“复古”。现实生活中，一些人认为，既然“大同与小康”的古今人权梦想绵延数千年，并形成了具有东方神韵的“人为贵”“和为贵”“天人合一”的素朴人权话语元素，以至于今天我们才有资格谈论“民族复兴”这个具有深厚历史感的时代主题，那么今天我们为什么要将这套话语体系弃之不用呢？为什么还要另起炉灶另搞一套呢？我认为，如果以为“复古”的人权话语能够担当民族复兴的历史重任，那么近一个半世纪以来无数仁人志士向西方寻求救亡图存的真理的历史就成了无谓之举，19世纪中叶以来中国人民在各条道路、各个主义、各种话语的反复较量中最终选择了马克思主义就成了历史的误会了。那种想在今天试图将已经完成历史使命的中国传统话语简单地复活而不加改造的“复古的人权话语”是根本行不通的。所以，“不忘本来”的真谛，就是善于吸收中华民族优秀传统文化成果，但绝不是简单的“复古”的人权话语主张。

二是吸收外来的科学指导。吸收外来的根本在于把握不同人权文明交流、互鉴的发展规律。第一，善于批判吸收西方乃至整个人类的文明成果。人权文明的发展不是脱离人类文明大道而故步自封的，其应该是人类一切优秀思想文化成果的合乎规律的借鉴与升华。如批判吸收西方“人文主义”“人道主义”“人本主义”中尊重人的主体地位和价值等方面的积极合理因素，同时抛弃西方“人文主义”“人道主义”“人本主义”中抽象人学唯心史观的本质和阶级实质以及认识论局限。第二，善于加强各种人权文明平等的交流互鉴。习近平同志指出：“文明是平等的，人类文明因平等才有交流互鉴的前提。”[①]我们要加强对国际人权文书和各国人权发展模式的研究，加强对国际人权理论和实践的前沿问题的研究，善于在国际国内人权理论与实践成果的相互转化、优势互补中进行创新，牢牢把握世界人权发展的前进方向；尊重各国自主选择社会制度和发展道路的权利，相互借鉴而不是刻意排斥，取长补短而不是唯我独尊，推动各国根据本国国情实现振兴和发展；要加强不同文明的对话和交流，在竞争比较中取长补短，在求同存异中共同发展，努力消除彼此的疑虑和隔阂，使人类更加和睦，让世界更加丰富多彩；要以平等开放的精神，尊重和维护世界文明的多样性，促进国际关系民主化，协力构建各种文明兼容并蓄的和谐世界。对于西方先进的人权文化理念，可以作为中国人权话语体系的有益借鉴。第三，“洋为中用”的根本目的是形成中国自己的人权话语体系，而决不能“全盘西化”。中国人权话语和中国的人权矛盾、问题，必须具有深厚的本土性和特殊性，决不能“全盘西化”。然而，现实生活中一些人习惯于用“西化的人权话语”来解决中国的人权新问题。这种现象是需要警惕的。西方世界的人权话语霸权立场和人权话语中心主义逻辑，把西方人权话语上升为唯一正确的“普世价值”观，而把其他非西方话语看作反人类文明的落后垃圾。而我国国内一些人却对西方的民主法制理念和条款简单地照抄照搬，以为站在了学术的前沿，用西方的人权概念来解答中国社会的人权现实问题，削中国人权之足来适西方人权之履。所以，我国现阶段的人权矛盾和问题具有民族的本土性，不能期待以“西化的人权话语”来解决我国的人权问题。我们既要改革开放，积极融入世界人权发展的历史大趋势中，“加强不同文明的交流互鉴、促进各国的人权交流合作”[②]，又必须破除“以西方是非为是非”的人权思维定式。

① 习近平. 习近平在巴黎联合国教科文组织总部的演讲［N］. 人民日报，2014-03-28.
② 习近平. 习近平致“2015·北京人权论坛”的贺信［N］. 人民日报，2015-09-16.

三是面向未来的科学指导。面向未来的根本在于把握人类人权文明的发展大趋势。第一，是善于直面中国现代化建设的现实沃土。《礼记》人权文化基因必须融入当代中国特色社会主义现代化的伟大实践，才能获得生机和充满思维活性。中国特色社会主义现代化的成功实践，在世界上树立起了人类历史上非资本主义发展道路的成功范例。“北京共识”取代“华盛顿共识”就是其典型表现。这就像资本主义发展模式是西方资产阶级人权思想体系和话语权体系的物质基础一样，生机勃勃的中国特色社会主义伟大实践，无疑也是创新和发展中国人权思想体系和话语权体系取之不竭的力量源泉。第二，是善于进行当代中国人权的理论创新。在批判继承中国传统文化的过程中，最根本的是着眼于当代中国特色的人权理论创新，特别是党的十八大以来系列人权的新观点、新论述。如“中国梦”的人权价值引领；两个一百年的人权目标；经济新常态下的平等财产权；协商民主的平等参与权；文化自觉自信的平等话语权；权利公平、机会公平、规则公平的平等社会权；形成完备的法律规范体系，推进人权保障制度化进程；形成严密的法治监督体系，强化对国家权力的制约和监督；形成有力的法治保障体系，努力让人民群众在每一个司法案件中感受到公平正义；腐败是对公民人权的严重侵害，反对腐败是对公民人权的公正维护；依法保障全体社会成员平等参与、平等发展的权利；坚持人权普遍性原则与中国具体实际相结合，走中国特色的发展道路；人权保障没有最好，只有更好；讲好中国人权故事，传递好中国人权声音，构建好中国人权话语体系；坚持国际人权交流互鉴的和平发展；增强全社会尊重和保障人权意识，让人权成为人民的一种习惯和追求。第三，是善于进行当代中国人权的实践创新。在批判继承《礼记》人权文化基因的优秀成果的过程中，大力实践和创新推动中国实现“两个一百年”奋斗目标，实现中华民族伟大复兴的中国人权梦。大力实践和创新推动十八届五中全会提出的“五大发展”新理念，坚持以人民为中心，推动科学发展，促进社会公平正义，坚定走和平发展道路，推动建设持久和平、共同繁荣的和谐世界，“一带一路”和“亚投行”倡议的人类命运共同体、人类利益共同体、人类责任共同体等一系列重大战略思想中所包含的当代中国人权开放包容大智慧，大力实践和创新推动中国特色社会主义人权发展的新模式和新道路，紧紧围绕依法保证全体社会成员平等参与、平等发展的权利这一历史逻辑主线，切实破解制约和影响人权发展的民生现实问题，努力建立起一整套与中国发展模式相适应的人权理论体系和话语体系，不仅为人类贡献“中国的人权话语”“中国的人权故事”，而且贡献“中国的人权智慧”“中国的人权规则”。

三、薪火相传——人权文化自信的历史变迁

文化是人权的精神本质和精神支撑，人权是文化的价值取向和价值目标。人权既是普遍的，又是特殊的。各个民族都有自己特定的人权文化观念和人权文化价值取向。广义的人权文化是人权物质文明成果和精神文明成果的统称。狭义的人权文化是人权精神文明成果的观念形态，是人们在实践中逐步形成的由人权知识体系、人权价值观念、人权生存方式等构成的人权观念形态的复合体，是人类人权生存方式的深刻反映和人权生存智慧的结晶。中国人权文化既是中国人权历史的产物，又是中国人权历史过程的积淀，具有中国特色、中国气派和中国风格。然而，长期以来，人们误认为，人权文化在西方，似乎中国没有人权文化。其实，中国人权文化厚古今伟，“艰难困苦，玉汝于成”，在中华文化五千年的变迁中，我们可以大致勾画出如下几个历史阶段：

1.中国古代人权文化基因的丰富多彩

中国古代优秀的人权文化基因，彰显了中国人权深厚的历史文化根基。毛泽东同志曾经说过一句话："从孔夫子到孙中山，我们都要认真研究。"[①]这是"不可割断"的中华民族的优秀文化思想传统，不懂得这些"不可割断"的优秀民族文化思想，就不可能真正地懂得中国人权思想生成的文化根基。江泽民同志更加明确地指出："重视人的尊严和价值，是中华民族的传统美德。我国古代先哲提出的'天地之间，莫贵于人''仁者莫大于爱人'的思想，在当代社会中有着深厚的影响。中华民族历来尊重人的尊严与价值。"[②]

孔子是世界历史文化名人，他对中国和世界的深刻影响超越了历史时空，孔子的学说是中国传统文化的代表。孔子的仁学理论，是中国古代朴素人权思想的集中代表和最高成就，对中国古代的人权思想启蒙具有重要的积极意义。孔子思想的核心，是他的仁学理论。孔子的仁学理论所蕴含的人权文化基因主要包括：

一是发现了"人"。孔子是我国历史上首倡人的思想解放的思想家，他从殷商以来的天命神学中解放了"人"，从而发现了"人"，创立了中国古代朴素人本主义的人学。在殷商时代，天命神学占统治地位，人世间的一切都受"天命"、上帝的支配。孔子一反传统，把人的观念意识引到重视人的轨道上来，把天看成是随四时变化、万物生长的自然现象，否定了天的绝对权威性；强调重视和研究人的现实生活，重视人的物质生活和精神生活，从而创立了中国古代朴素的人学思想。孔子关于"人"的发现比西欧在文艺复兴时才发现"人"要早一千多年，因此孔子被西方思想家们列为世界十大文化名人之一。

二是"人为宇宙中心"的思想。以孔子为代表的儒家认为，人是宇

① 毛泽东. 毛泽东选集：第2卷［M］. 北京：人民出版社，1991：533.

② 江泽民. 江泽民论有中国特色社会主义（专题摘编）［M］. 北京：中央文献出版社，2002：323-325.

宙的中心。《礼记·礼运》篇中说“人者，天地之心也”，这就肯定了人在宇宙中的中心地位。《周易》的大宇宙观认为，宇宙是由天、地、人三种物质材料构成的，称为“三才”，并且上为天，下为地，中为人。人在整个宇宙的构成中处于中心地位，是宇宙的观察者和体悟者。既然人是宇宙的中心，人就是价值的尺度，是价值的主体，离开了人来讲价值，就没有任何意义。

三是“人为万物之灵”的思想。以孔子为代表的儒家重视人，认为人为万物之灵。《尚书》中说：“惟人，万物之灵。”宋代的周敦颐在《太极图说》中也说：“惟人也得其秀而最灵。”

四是“民为贵”的思想。民者，人也。孟子说：土地、人民、政事是诸侯国的三件宝，人民是国家的三件宝之一。“民为贵，社稷次之，君为轻。”[①]对一个国家来说，人民最为重要。所以，以孔子为代表的儒家从实际经验中得出了一个真理：“民为邦本，本固邦宁。”[②]荀子也说：“君者，舟也；庶人者，水也。水则载舟，水则覆舟。”[③]这些观点一方面维护了剥削阶级的统治，另一方面也对中国古代朴素人权思想的启蒙起到了积极作用。

五是“和为贵”的思想。中国传统文化是东亚文化的主要源流。儒家文化是中国传统文化的主流。“和为贵”的思想，在中国儒家文化中占有突出的位置。《论语》提出：“礼之用，和为贵。”孟子提出：“天时不如地利，地利不如人和。”荀子也说：“万物各得其和以生。”《中庸》提出：“和也者，天下之达道也。”《汉书》和《尚书》还分别提出了“和气致祥”“和衷共济”的思想。“和为贵”的思想，是儒家“人为贵”思想的扩充。“人为贵”思想，认为“天地之间，莫贵于人”，主张要爱护人、维护人的尊严。“和为贵”思想，主张人与人之间、人际各

① 见《孟子·尽心下》。
② 见《尚书·五子之歌》。
③ 见《荀子·哀公》。

种关系要和睦、和谐、和善。“人为贵”与“和为贵”是互相联系的。孔子说“仁者人也”，认为两人以上相处就应该讲“仁”的道德。孔子主张“推己及人”“己所不欲，勿施于人”，既要维护个人的权益，又要尊重他人的权益。这堪称处理当今国际关系的“黄金规则”。求同存异的包容思维更体现了中华文化的宽广胸怀。

此外，墨子强调经验论，强调人的主观能动性，强调“兼爱”、“非攻”和“节用”，都对后世有深刻的积极影响，为中国人权文化的历史发展提供了积极的思想素材。韩非是先秦诸子中最后一位著名的思想家，他继承了商鞅等前期法家的思想，吸收了荀子以及道家思想的一些成果，成为法家最杰出的代表。韩非赞成前期法家关于古今势异、因时变法的观点，提出了“变古易常”“美当今”而反对“法先王”的主张。他继承并改造了老子关于“道”的理论，提出了“理”，而且要以“理”解“道”，对“道”和“理”的概念进行了明确界定并阐明了二者间的关系。他继承了荀子“明于天人之分”“制天命而用之”的思想，强调人的主观能动性，主张以人的力量积极地改造自然。他指出，现成的为人所用的器具、武器是没有的，都是人自己制造出来的，是人使用工具使自然得到了改变，成为人可用之物。

中国古代朴素的人权文化思想，既对我国古代人民争取基本的生存和发展权利具有积极的启蒙作用，又使得和谐与包容等中国传统文化元素在当今世界人权对话中的积极作用日益彰显。

2.近代中国人权文化桎梏的腐朽没落

中国是世界四大文明古国之一，其不仅创造了灿烂的华夏文化，而且对推动世界历史进程也作出了不可磨灭的贡献。可是，当历史发展到1840年的时候，由于西方列强的入侵，封建专制的腐败，愚昧意识的桎梏，中华民族的主权、中国人民的人权遭到了空前绝后的践踏。

一是封建愚昧意识的自我泯灭。封建愚昧意识对人性、人权的泯灭，到了明清时期达到了极点，最为典型的是朱熹“存天理、灭人欲”的桎梏信条。他的根本理论缺陷，是把天理与人欲对立起来，所谓“天理存，则人欲亡；人欲胜，则天理灭”。这就把属于社会伦理的“天理”看作独立于人之外的存在，在社会还没有制定出合法的程序来确立“天理”的内容时，而被任意赋予各种规定，从而造成如清代戴震所说的“以理杀人”“以理吃人”。近代封建统治者更是用过时僵化的伦理纲常如“三纲五常”等作为统治人民的精神武器。封建愚昧的“三纲五常”、忠孝节义的僵死说教，加上崇拜鬼神的愚昧迷信，以及使人精神萎靡的低级趣味的庸俗文化，互相交织在一起，形成了泯灭人权、扼杀民族生机的思想桎梏。

二是封建王权文化的任意剥夺。臣民对皇帝绝对忠诚的至高无上的封建王权文化，其实就是封建王权文化对臣民权利的任意剥夺。中国历代封建统治者的残酷剥削，导致人民的生活难以维持。旧中国的历代政府不仅没有解决这一问题，反而加重了人民的灾难。在旧中国，只占农村人口10%的地主和富农，占有70%的土地，而占农村人口70%的贫雇农却只有10%的土地。地主和富农凭其所占有的土地残酷地剥削广大农民。封建社会的中国人民，毫无人权可言，特别是以蒋宋孔陈四大家族为首的官僚资本，利用特权，控制国家的经济命脉，刮尽民脂民膏；乱发货币，进行金融垄断，使得广大人民的生存和发展状态更加悲惨。

三是西方殖民文化的肆意践踏。1840—1949年的近110年间，西方列强先后对中国发动了大小数百次侵略战争，强迫中国签订了1 000多个不平等条约。西方列强凭借侵略战争和不平等条约抢占了中国的大片领土，把独立统一的中国分割为他们的“势力范围”。偌大的中国支离破碎，国不成国。国家丧失了主权，人民就会被欺辱、被蹂躏。1867年春天，上海外滩法国租界公园，各国洋人出出进进。门口却赫然挂着一块牌子，上面写着：“华人与狗不得入内。”中国自己的土地，不允许中国人进出，这是十足的强盗逻辑。当西方列强用大炮轰开中国围墙的时候，在另一个领域，一场无硝烟的战争也全面展开，这就是以传教士为先锋的文化侵略战。他们不仅以传教的谎言来掩盖掠夺的阴谋，干着武装侵略所不能及的罪恶勾当，而且向中国灌输崇洋媚外的思想，“造就服从他们的知识干部和愚弄广大的中国人民”，通过传教、报纸、“慈善”事业、学校教育等，把毒素散播到城镇、乡村。这都是西方列强对中国进行文化侵略的重要手段。

3.近代中国人权文化启蒙的呐喊、抗争

中国近代史，既是一部人权沉吟史，又是一部中国人权文化启蒙的呐喊、抗争史。愤怒觉醒的中国近代仁人志士，将西方的人权理论引入中国，开始了近代中国人权文化启蒙的呐喊与抗争。

一是康有为的人权思想启蒙。康有为是我国19世纪末改良维新派知识分子的首领和杰出代表。当时他在主要针对君权的人权运动中，常用“民权”这个与“君权”相对的词，因此康有为的人权思想也可称为“民权”思想的启蒙。其主要内容是：抽象的“升民权降君权”的理论阐述；宣扬人性论，反对压抑人性的封建伦理道德观；要求变革危害人权的不合理制度；描绘了人人平等、人人都爱劳动的理想大同社会。

二是孙中山的人权思想启蒙。中国革命的先行者孙中山不仅是一位伟大的革命领袖，同时也是一位杰出的人权斗士。他的一生，都在为争取中国人民应享有的各种权利而奋斗，同各种践踏、压制人权的封建专制制度和西方殖民侵略者进行不屈不挠的坚决斗争。在几十年的革命实践中，孙中山留下了丰富的人权思想。其“民族、民权、民生”的“三民主义”和立法权、行政权、司法权、考试权、监察权五权分立的宪法思想，就是近代中国资产阶级人权思想启蒙的典型代表和最高成就。

三是邹容的《革命军》、胡适的《人权与约法》和罗隆基的《论人权》等，都是中国近代资产阶级人权启蒙思想的重要文献。

除此之外，还有不少人在人权问题上也有诸多贡献。如就当时中国所涉及的人权思想来看，几乎西欧所有流行的人权观点都有了，并且有不少人在传播、介绍、阐述人权思想的过程中，还注意到了中国的传统文化背景和当时中国社会的现状，使中国近代资产阶级人权思想的启蒙不同程度地带有中华民族自己的特色。

中国近代资产阶级人权启蒙思想家们在接受西方资产阶级人权观的基础上，结合近代中国国情进行人权思想启蒙宣传，为唤起国民的自身解放、打破封建传统文化的束缚，发挥了积极作用。但是，他们的人权理论启蒙也必然和西方资产阶级的人权理论一样，存在着抽象人学唯心论、虚伪性、利己性等局限性。他们用这种人权理论去反对帝国主义和封建主义，其结果都未能如愿以偿，自然吃了“败仗”。

4.现代中国人权文化变革的浴火新生

“五四”新文化运动，特别是中国共产党成立以来，中国共产党人把马克思主义人权的普遍性原则与具体的国情相结合，开辟了中国人权革命的历史新纪元。

一是“五四”新文化运动的人权变革。“五四”新文化运动是中国历史上划时代的伟大事件，它极大地促成了马克思主义与中国工人运动的结合，开启了中国新民主主义革命的历史序幕。“五四”新文化运动还是中国人权发展史上的一个里程碑，它使得以前那种简单借用西方人权思想，注重争取个人平等、自由的人权理论产生了一个质的飞跃，升华到反帝、反封建的高度，喊出了民主与科学的时代最强音。“五四”新文化运动时期，人民群众在争取思想言论自由、争取个性解放的斗争中，在“打倒孔家店”和雪耻丧权辱国的呐喊声中，极大地普及和提高了民族意识、民主意识和人权意识。随着“五四”新文化运动在中国的广泛传播，经过“五四”新文化运动风暴洗礼并接受了马克思主义的中国先进知识分子，对人权概念的认识上升到了一个崭新的高度。

二是新民主主义革命争人权、争自由的浴血奋斗。以毛泽东为代表的第一代中国共产党人带领全国各族人民经过28年的浴血奋斗，形成和创立了中国人权的新理论，迎来了中国人权的新曙光。为中国最广大的劳苦大众争人权、争自由、得解放，是中国共产党人新民主主义革命的一贯基本立场和原则。在新民主主义革命的各个时期，争人权、争自由、获得民族独立解放，始终是中国共产党高举的一面旗帜。早在建党之初，我们党就在领导"二七"大罢工中明确地提出了"争人权、争自由"的口号。在抗日战争中，我们党号召全国人民"为人权自由而战""为民族独立、民权自由和民生幸福这三大目标而奋斗"，并领导人民在各个抗日战争根据地建立民主政府，制定民主纲领，颁布一系列专门的人权保障条例。在解放战争时期，我们党提出了"保障人权、解救民生、完成统一"的革命政策主张，并在解放区领导人民制定实施"保障人权、财权、公民权"的各种施政纲领、宪法原则和专门法令，在国民党统治区领导开展了"反饥饿、反压迫、反内战"和"争自由、争民主、争人权"的爱国民主运动。

三是毛泽东人权思想的创立。以毛泽东同志为主要代表的中国共产党人，在半个多世纪领导中国的民主革命、社会主义革命和社会主义建设中，把马克思主义关于人权理论的原理同中国革命和建设的具体实践相结合，创立了毛泽东的人权思想，并创造性地提出了他的人民权利思想。毛泽东的人民权利思想，是中国历史上第一次真正意义上的人民权利论的理论旗帜。毛泽东的人权思想，是马克思主义人权理论中国化的第一次飞跃。毛泽东的人权思想为后来的人权理论和人权事业的发展奠定了坚实的理论基础。但是，后来的"文化大革命"运动，使党、国家和人民的事业受到严重损失，人民正当的合法权益受到伤害。这在某种程度上妨碍了人们对毛泽东人权思想的全面客观评价。对此，西方某敌对势力大肆攻击和歪曲中国社会主义的人权事业，这是我们应当总结的严重教训。

四是民族独立、人民解放。1949年10月1日，中华人民共和国成立，中国人民从此站起来了，获得了真正的“做人的资格”，从根本上改变了“华人与狗不得入内”、“东亚病夫”、毫无人格尊严的悲惨状况；实现了中国从几千年封建专制制度向人民民主制度的伟大跨越，实现了中国高度统一和各民族空前团结，彻底结束了旧中国半殖民地半封建社会的历史，彻底结束了旧中国一盘散沙的局面，彻底废除了西方列强强加给中国的一切不平等条约和帝国主义在中国的一切特权。

五是确立了崭新的社会主义人权制度。中华人民共和国成立后的人民民主专政的国家制度、全国人民代表大会制度、共产党领导的政治协商制度和民族区域自治制度的建立与健全，为全国各族人民真正获得当家作主的民主权利提供了根本的政治保障。1956年社会主义基本经济制度的建立，为全国各族人民平等参与经济发展和平等分享劳动成果，提供了根本性的经济制度保证。《中华人民共和国宪法》和《中华人民共和国婚姻法》的制定，为全国各族人民的各项权益提供了可靠的法律保障。

5.当代中国特色人权文化的自觉自信

一是当代中国特色人权文化的实践创新。自觉自信的历史经验和历史责任、建党90多年的宝贵经验启示，中华人民共和国成立60多年的人权建设实践，特别是改革开放30多年来的人权实践创新和理论创新，使得当代中国特色人权文化进入了崭新的自觉自信阶段。胡锦涛同志《在庆祝中国共产党成立90周年大会上的讲话》中强调指出：“我们必须以高度的文化自觉和文化自信，在中国特色社会主义伟大实践中进行文化创造。”[①]

二是当代中国特色人权文化的理论创新。所谓文化自觉，主要是指

① 胡锦涛．在庆祝中国共产党成立90周年大会上的讲话（单行本）[M]．北京：人民出版社，2011：23．

一个国家、一个民族、一个政党在文化上的觉悟和提升，包括对文化在历史进步中的地位、作用的深刻认识，对文化发展规律的正确把握，对文化发展的历史责任的主动担当。用著名社会学大师费孝通的至理名言来说，“在于生活在一定文化中的人对其文化有‘自知之明’，明白它的来历、形成的过程、所具有的特色和它的发展趋向”；目的是为了“加强对文化转型的自主能力，取得决定适应新环境、新时代文化选择的自主地位”。[①]文化自觉，是对人类文明进步的强烈向往和不懈追求，是推动人类文化大繁荣、大发展的内生动力。所谓文化自信，主要指一个国家、一个民族、一个政党主流文化的自信心和创造力，包括主流意识形态文化和传统优秀文化的吸引力、感召力和开放包容多样性以及创造思维活性。改革开放、以人为本、科学发展，对内构建和谐社会、对外共建和谐世界，尊重差异、开放多元、包容多样就是其生动体现。

三是当代中国特色人权文化自觉自信的精神实质和基本内容。建党90多年来，特别是改革开放以来，我国逐步走出了一条中国特色社会主义的人权发展道路，逐渐形成了一个中国特色社会主义人权理论体系，逐步建立了一系列中国特色社会主义的人权保障制度。其深刻反映了中国特色的人权文化自觉和人权文化自信的精神实质，反映了中国特色的人权文化的创造力和感召力。文化自觉和文化自信的中国特色社会主义人权理论体系的基本内容，主要由中国特色的人权本质规定、中国特色的人权理论基石、中国特色的人权实践基础、中国特色的人权保障体系、中国特色的人权原则立场、中国特色的人权发展道路、中国特色的国际人权合作等构成，以维护中国最广大人民权利为核心，以科学发展观为统领，以中国特色社会主义理论体系中的人权新思想、人权新观点为逻辑主线，以中国特色社会主义创造性实践为坚实基础。

① 费孝通．“美美与共”与人类文明［J］．新华文摘，2005（8）：13．

四是当代中国特色人权文化自觉自信的系列新观点和新思想。其包括：第一，以人为本，依法保证全体社会成员平等参与、平等发展的权利；第二，人权不是资本主义的专利，而是社会主义民主政治的本质要求；第三，共产党执政就是领导和支持人民掌握管理国家的权力，尊重和保障人权；第四，“国家尊重和保障人权”，用宪法和法律保障公民的合法权利；第五，人权的实现是一个过程，受多种条件的决定与制约；第六，从中国国情出发，始终把生存权和发展权作为首要的基本人权；第七，科学统筹，协调发展，促进社会主义人权事业的全面发展；第八，公民基本人权是各种权利的有机统一；第九，全面建设小康社会和构建和谐社会，不断提高人民群众享受经济社会文化权益的水平；第十，将人权的普遍性原则与各国的具体国情相结合，选择符合自己国情的人权发展道路和发展模式；第十一，切实尊重和保护特殊群体的各种合法权益；第十二，共建和谐世界，积极开展国际人权合作与对话，促进国际人权事业的健康发展；第十三，努力促进人的自由全面发展，是充分实现人权的重要目标；第十四，对广大人民群众，特别是青年学生进行系统性的马克思主义人权观教育等。这些人权新思想、新观点，既是中国化的马克思主义人权理论成果，也是对当今国际人权事业的贡献。

五是党的十八大以来习近平新时代中国特色社会主义思想中的人权创新观点。其包括：“中国梦”的人权价值引领；两个一百年的人权目标；经济新常态下的平等财产权；协商民主的平等参与权；文化自觉自信的平等话语权；权利公平、机会公平、规则公平的平等社会权；形成完备的法律规范体系，推进人权保障制度化进程；形成严密的法治监督体系，强化对国家权力的制约和监督；形成有力的法治保障体系，努力让人民群众在每一个司法案件中都感受到公平正义；腐败是对公民人权的严重侵害，反对腐败是对公民人权的公正维护；依法保障全体社会成员平等参与、平等发展的权利；坚持人权普遍性原则与中国具体国情相结合，走中国特色的发展道路；人权保障没有最好，只有更好；讲好中国人权故事，传递好中国人权声音，构建好中国人权话语体系；坚持国际人权交流互鉴的和平发展；增强全社会尊重和保障人权意识，让人权成为人民的一种习惯和追求。

四、能动自觉——构建中国人权话语体系

德国著名哲学大师黑格尔曾经指出，一个民族除非用自己的语言掌握本民族最优秀的东西，否则，这些东西就不会真正成为最宝贵的精神财富。由此，他提出了“让哲学说德语”的话语权任务。在当代社会思潮中，话语权指的是影响社会发展方向的制约能力和控制能力。作为主流意识形态的话语权，是指影响社会发展方向的主导力和掌控力。话语权既是一种软实力，又是一种硬实力。习近平总书记在中共中央政治局第十二次集体学习时的讲话中强调指出：“提高国家文化软实力，要努力提高国际话语权……增强做中国人的骨气和底气。”[①]努力打破近代以来的欧洲人权中心主义和当代美国人权中心主义话语体系的垄断格局，构建中国特色、中国风格、中国气派的人权话语体系，是实现中国人权文化自觉和人权文化自信的重要战略任务。中国人权话语体系，既不同于西方世界的所有人权话语体系，但批判吸收了其一切积极合理因素，也不同于过去传统的社会主义话语体系，但吸取了其成功经验和失败教训。它应当是科学社会主义基本原则与中国特色相统一的新型人权话语体系。我们认为具体表现为如下“五个应当”：

① 习近平．在中共中央政治局第十二次集体学习时的讲话［N］．人民日报，2014-01-12．

1.应当对目前学界的种种人权话语主张进行深刻反思

反思的概念在黑格尔的《精神现象学》一书中竟达30多处，意指认识主体反观自照的能动再认识。认识主体反观自照的能动再认识，是马克思主义哲学革命批判本质的内在要求。在如何构建中国人权话语体系的问题上，目前学界的如下三种主张应当引起我们深刻反思：

第一种认为，既然马克思主义人权理论是被实践证明的科学理论，它自产生以来就成功地指导了世界被压迫劳动人民的人权实践，并根本改变了中国人权的历史进程（近些年来学界兴起的“回到马克思”文本解读的文献研究法无疑十分重要和科学，但如果因重视文本而变成了“迷信文本”或“回到早期马克思”，把马克思主义简单地归结为“人道的马克思主义”，并由此主张“照抄”马克思、恩格斯“‘老祖宗’的人权话语”），今天我们为什么还要标新立异，为什么不可以“照抄”马克思、恩格斯“‘老祖宗’的人权话语”？——这是所谓“照抄‘老祖宗’的人权话语”主张。

第二种认为，既然中华文明的学术话语绵延数千年，并形成了具有东方神韵的“人为贵”“和为贵”“天人合一”的素朴人权话语元素，以至于今天我们才有资格谈“民族复兴”这个具有深厚历史感的时代主题，今天我们为什么要将这套话语体系弃之不用？为什么还要另起炉灶另搞一套？——这是所谓回到复古的人权话语主张。

第三种认为，既然西方近现代几百年的人类中心主义的人权话语，是伴随着全球化进程、现代化进程，伴随着现当代西方民主与法治成熟领先而主导的，今天我们为什么不可以与成熟领先的西方民主法治人权话语接轨？为什么不能采取拿来主义的态度？——这是所谓“全盘‘西化的人权话语’”主张。

那么我们应当如何看待上述种种人权话语主张呢？

第一，中国现阶段的人权矛盾和问题具有自身的特殊性，不能简单地“回到”或“照抄”马克思、恩格斯“‘老祖宗’的人权话语”来解决21世纪中国的现实人权新问题。马克思、恩格斯“‘老祖宗’的人权话语”为21世纪中国的现实人权建设和改革提供了总的指导原则，即“每个人的自由发展是一切人的自由发展的条件”。[①]“权利永远不能超出社会的经济结构以及由经济结构所制约的社会的文化发展”。[②]马克思、恩格斯的这些原则很经典，但是其没有也不可能为中国现阶段的人权矛盾和问题提供现成的具体方案和具体答案。马克思、恩格斯“‘老祖宗’的人权话语”在今天依然好用、依然能用、依然管用，但对国际风云变幻的人权现状和市场经济条件下的公民自主权以及网络条件下的公民参与权、自由表达权、公民隐私权而言，不够用也是必然的客观事实。马克思、恩格斯“‘老祖宗’的人权话语”必须考虑现实中国人权具体国情的特殊性，创造适合当代中国国情的人权话语体系。中国在任何时候都必须牢牢把握不同人权发展阶段的特殊性，坚持用中国化的马克思主义最新理论成果，创造人权新话语，创造性地解决当代中国的人权新问题。

第二，中国现阶段的人权矛盾和问题具有当代的特殊性，不能奢望以“复古的人权话语”来解决今天中国的人权新问题。五千多年的中华文明的优秀传统人权文化基因，是在中国这块东方文明沃土上生长起来的一朵奇葩。它在许多方面达到的高度确实为西方古代文明所不及，甚至也为西方现当代文明所不及，正因为如此，“取其精华”才有其合理性，也是我们正确对待中国优秀传统人权文化应有的科学态度。然而“取其精华”的同时不应忘了还要“去其糟粕”。中国儒家传统文化中“存天理，灭人欲”的封建皇权糟粕，担当不起中华民族伟大复兴的历

① 马克思，恩格斯．马克思恩格斯选集：第1卷［M］．中共中央马克思恩格斯列宁斯大林著作编译局，译．北京：人民出版社，1995：85．

② 马克思，恩格斯．马克思恩格斯选集：第3卷［M］．中共中央马克思恩格斯列宁斯大林著作编译局，译．北京：人民出版社，1995：12．

史重任。如果以为这套人权话语能够担当得起民族复兴的历史重任，那么近一个半世纪以来无数仁人志士向西方寻求救亡图存的真理的历史成了无谓之举，19世纪中叶以来中国人民在各条道路、各个主义、各种话语的反复较量中最终选择了马克思主义就成了历史的误会了。所以，在今天试图将已经完成历史使命的中国传统话语简单复活而不加改造是根本行不通的。

第三，中国现阶段的人权矛盾和问题具有民族的特殊性，不能期待以“西化的人权话语”来解决中国的人权新问题。中国特色的人权话语不是脱离人类文明大道而故步自封的，而应该是人类一切优秀思想文化成果的合乎规律的借鉴与升华。只有积极吸收和批判改造人类历史上创造的一切有价值的人权理论和实践成果，并在此基础上根据中国的实际加以创造性地转化和发展中国特色的人权话语体系，才能真正代表时代发展精神和世界进步潮流，才能为世界各国人民所理解和认同。对于西方某些先进的人权文化理念，可以作为中国人权话语体系的有益借鉴。但是中国人权话语和中国的人权矛盾与问题，具有深厚的本土性和特殊性，决不能“全盘西化”。然而，西方世界的人权话语霸权立场和人权话语中心主义的逻辑，把西方话语上升为唯一正确的“普世价值”观，而把其他非西方话语看作反人类文明的落后垃圾。我国国内一些人却对西方的民主法制理念和条款简单地照抄照搬，还以为站在了学术的前沿，用西方的人权概念来解答中国社会的人权现实问题，削中国人权之足来适西方人权之履。这是特别值得我们警惕和深刻反思的。

2.应当认清构建中国特色的人权话语体系的重要意义

构建中国特色的人权话语体系具有十分重要的现实意义。“如何在学习、借鉴人类文明成果的基础上用中国的理论研究和话语体系解读中国实践、中国道路，不断概括出理论联系实际的、科学的、开放融通的新概念、新范畴、新表述，打造具有中国特色、中国风格、中国气派的哲学社会科学学术话语体系，是理论界和学术界面临的重大而紧迫的时代课题。”①

一方面，这是推动中国特色社会主义人权事业科学发展的内在要求。尊重和保障人权是党和政府治国理政的重要原则，是社会主义核心价值观的重要内容，是中华文明的民族精神和时代精神的重要体现。改革开放以来，党和政府坚持解放思想、实事求是、与时俱进、求真务实的思想路线，冲破“左”的人权思想桎梏，高举尊重与保障人权的大旗，开启了中国特色社会主义人权事业发展的崭新阶段。党的十八大以来，党和政府自觉坚持以习近平新时代中国特色社会主义思想为指导，把尊重和保障人权作为治国理政的重要原则，并贯穿于“五大建设”的各个领域和全过程之中，取得了举世公认的伟大成就。我国人权学术界、理论界积极进行理论创新，认真研究和深入探讨中国特色社会主义人权事业发展的现实问题，先后公开出版了数百部人权理论专著和数万篇人权学术论文，为中国人权事业的发展提供了有力的理论支持。当前和今后一个时期是决胜全面建成小康社会的关键时期，是全面深化改革、加快转变经济发展方式的关键期，也是进一步推动人权事业全面发展的重要战略机遇期。中国特色社会主义人权实践的全面发展，迫切呼唤构建实现“中国梦”的人权话语体系。然而我国的人权话语体系还明显地落后于人权实践发展的新要求，落后于改革开放和现代化建设的新需求，落后于广大人民群众人权实践发展的新期待。因此，国内人权建设的现实需求，迫切需要建立起一整套能够指导中国人权实践发展和引导世界正确认识中国人权的中国特色、中国气派的人权理论体系和话语体系。

另一方面，这是提升中国在国际舆论中的话语权的必然要求。前任联合国秘书长潘基文在联合国纽约总部的讲话中强调指出：“必须将人

① 李长春．在马克思主义理论研究和建设工程工作会议上的讲话［N］．人民日报，2012-06-04．

的权利和尊严置于发展行动的核心。”①尊重和保障人权是人类社会进步的重要成果和现代文明社会的重要标志，反映了世界各国人民的共同追求和时代发展的潮流，越来越成为一个国家国际形象的重要标志和国家软实力的重要组成部分。正是从这个意义上说，谁在人权领域拥有话语权、主导权，谁就占领和掌握了国际舆论的道义制高点。21世纪以来，特别是后金融危机时代，中国正以前所未有的强劲态势走向现代化，在世界东方对世界产生着日益重大的广泛影响，世界也正以前所未有的目光聚焦中国、正视中国、关注中国，各国对中国的倚重不断增强，与中国的合作不断增加；相比之下，美国等西方国家的综合国力和国际影响力明显下降，西方的发展模式和价值观念遇到前所未有的质疑和挑战。然而中国在硬实力快速提高的同时，软实力建设却是一个明显的短板。长期以来，西方世界一直垄断着国际舆论话语权，中国在国际传播格局和话语体系中处于明显的弱势地位。“一超主导、西强我弱”的话语格局并没有打破西方话语垄断和话语霸权的态势，特别是美国等西方国家对中国迅速发展、壮大的心态复杂，紧迫感、焦虑感上升，疑虑和防范意识不断加深，为维护其在国际事务中的主导地位，在硬实力下降的情况下，更加注重利用价值观、外交和话语霸权等软实力来改善其战略处境，更加注重利用民主、自由、人权作为战略武器来渲染西方发展模式的道德优势，抹黑和丑化中国的国际形象。在中国综合实力日益提高、各国之间的竞争越来越表现为软实力竞争的今天，能否彻底打破西方话语霸权，提升中国的国际话语权，是事关中国的和平崛起和中华民族伟大复兴的大问题。

3.应当破除以西方是非为是非的人权思维定式

所谓以西方是非为是非的人权思维定式，就是我国学术界的一些人

① 潘基文．在联合国国际人口和发展大会2014年全球报告发布会议上的讲话［EB/OL］．［2014-02-13］．http://www. un. org/chinese/News/story. asp?newsID=21350．

论述人权问题时，自觉不自觉地将西方的人权话语作为是非标准，并形成了一种固定的思维定式和思维方式。“华盛顿共识”是西方中心论的现代版，也是西方发达国家对发展中国家和转型国家开的标准处方和普世价值标准。其结果是给这些国家带来了灾难性后果，如拉美陷阱、苏东剧变以及伊拉克的人道主义灾难等。从历史形态看来，具体表现为三种思维定势：第一种是“言必称希腊”，自觉不自觉地将柏拉图或亚里士多德的话语作为话语的是非标准；第二种是“言必称欧洲”，自觉不自觉地将欧洲人道主义者的法律、政治话语作为话语的是非标准；第三种是“言必称美国”，自觉不自觉地将当代美国人权中心主义者的人权话语作为话语的是非标准。在当前我国理论学术界，以“言必称美国”的人权话语为话语的是非标准最为时尚、最为典型、最为流行。一方面，以美国为代表的当代西方民主自由人权话语体系和思想体系，是以当代美国等西方资本主义征服世界的殖民统治为基础不断发展的；另一方面，以美国为代表的当代西方的这套人权思想体系和话语体系，又给予当代西方资本主义的殖民统治以精巧的外衣，并成为当代美国等西方国家征服世界、称霸世界的一件合法外衣。“人权高于主权”“人权无国界”“人道主义干涉合法论”是其典型口号。现当代以来，国际人权理论和实践一直为美国等当代西方的人权思想体系所主导，美国等西方国家的主流意识形态，垄断着对当代国际人权问题的解释权，美国等西方国家的社会制度和发展模式被视为唯一正确的“普世价值”观。第二次世界大战后，联合国大会通过并公布了《世界人权宣言》。20世纪六七十年代，第三世界广大发展中国家登上国际舞台并积极发挥作用，曾一度对西方人权观发起了强烈冲击，但由于受美国主导的世界格局的制约和影响，这种冲击并没有从根本上动摇西方人权观在国际人权领域的垄断地位和话语霸权态势。

中华人民共和国成立后的一个时期内，由于受“左”的指导思想的影响，我国曾一度将“人权”视为禁区。改革开放以后，解放思想，实事求是，破除了将“人权”视为资产阶级口号的“左”的束缚，坚持从中国的国情出发，以经济建设为中心，把生存权和发展权作为首要基本人权的发展道路，创造性地提出了“把马克思主义人权的普遍性原则与中国具体实际相结合，走适合中国国情的人权发展道路”“人权保障没有最好，只有更好”“用发展促人权”等一系列具有鲜明中国特色的人权新观点、新思路，并在国际社会独树一帜，有力地维护了我国的民族尊严和核心利益，提高了中国在当今国际人权领域的影响力。与此同时，我国人权学术理论界研究并出版了一大批人权学术研究成果，为国家人权建设和国际人权事业健康发展作出了重要贡献。然而总体来看，我国学术界的人权理论研究仍缺少源于中国自身实践的原创性思想成果，仍没有真正形成基于自身理论基点的自主创新的人权理论体系和话语体系，在很大程度上还自觉不自觉地受到以西方是非为是非思维定式的束缚，存在着自觉不自觉地用西方人权观和西方人权话语体系来思考、看待和说明中国人权的现实问题。这种情况的存在，一方面与近现代以来西方人权思想体系和话语体系长期主导着国际政治和社会科学研究的客观现实相关；另一方面也是与改革开放以来中国学术界在大量引进当代西方学术成果的基础上，开展社会科学研究的历史过程相适应的。但是这种情况的长期存在，既不利于中国人权思想理论的发展，更不利于中国人权事业的国际交流与合作，因此，必须破除以“西方是非为是非”的人权思想桎梏，努力构建中国特色的人权话语体系。

4.应当厘清构建中国人权话语体系的研究思路

一是直面现实沃土、必须立足当代中国特色社会主义现代化的伟大实践。习近平指出：“中国特色社会主义理论体系，集中体现了当今世界和当代中国的发展变化对党和国家工作的新要求，集中体现了全党全国各族人民的意志，集中体现了当代中国马克思主义的实践特色、民族特色、时代特色，是我们党励精图治、开拓进取、探索真理、把握规律的结果。在新的历史起点上，坚持和发展中国特色社会主义理论体系，奋力开拓中国特色社会主义事业更为广阔的发展前景，是当代中国共产党人的庄严责任。”[①]中国特色社会主义现代化的成功实践，在世界上树立起了人类历史上非资本主义发展道路的成功范例。“北京共识”取代“华盛顿共识”就是其典型表现。这就像资本主义发展模式是西方资产阶级人权思想体系和话语体系的物质基础一样，生机勃勃的中国特色社会主义伟大实践，无疑也是创新和发展中国人权思想体系和话语体系取之不竭的力量源泉。学术理论界要系统研究和总结中华人民共和国成立以来特别是改革开放以来党和政府推动中国现代化建设与人权发展的成功经验和成果，系统研究与阐释党和政府提出的坚持以人为本、推动科学发展、促进和谐社会、坚定走和平发展道路、推动建设持久和平共同繁荣的和谐世界等一系列重大战略思想中所包含的人权内涵，系统研究和阐述中国特色社会主义发展模式和发展道路的人权内涵，紧紧围绕依法保证全体社会成员平等参与、平等发展的权利这一历史逻辑主线，着力破解制约和影响人权发展的民生现实问题，努力建立起一整套与中国发展模式相适应的人权理论体系和话语体系。

二是弘扬优良传统，必须认真汲取中国优秀传统文化中的人权文化基因。习近平总书记在山东考察时在“关于弘扬中华优秀传统文化的重要讲话”中指出：“要继承和弘扬中华优秀传统文化，弘扬中华传统美德，弘扬时代新风，振奋中华民族精神。”[②]发掘中华文明中最深厚的人权文化基因，是努力构建中国特色的人权话语体系的重要思想来源。中华文化博大精深，历经五千多年而不衰，至今仍然深刻影响着中国社会的发展，在世界上独具魅力。中国传统文化中包含着丰富的尊重人、爱护人、关心人、发展人的人道主义和人权思想基因。我们应当结合当代

---

① 习近平．在2008年中央党校春季开学典礼上的讲话［N］．人民日报，2008-03-02．

② 习近平．在山东考察时关于弘扬中华优秀传统文化的重要讲话［N］．光明日报，2014-01-14．

中国和世界的实际，从人权的角度深入研究中国传统文化，剔除其糟粕成分，挖掘和阐释其中符合时代精神、具有普遍意义的人权思想精华，使之成为创新和发展人权理论体系和话语体系的重要源流，这是深化社会主义核心价值观的重要内容。中华优秀传统文化中讲仁爱、重民本、守诚信、崇正义、尚和合、求大同的价值追求，有利于促进人与自然之间、国家之间、社会组织之间，以及人与人之间和人的内心世界之间的和谐相处，对当代世界发展有着特殊意义。对此，英国哲学家罗素曾指出："中国至高无上的伦理品质中的一些东西，现代世界极为需要。若能够被全世界采纳，地球上肯定比现在有更多的欢乐祥和。"①

三是开放多样包容，必须积极借鉴、吸收世界各国和国际社会一切进步的人权思想和有益成果。习近平在博鳌亚洲论坛2013年年会开幕式上发表题为《共同创造亚洲和世界的美好未来》的主旨演讲时指出："坚持开放多样包容，为促进共同发展提供广阔空间，'海纳百川，有容乃大'。"②中国特色人权理论体系和话语体系，不是脱离人类文明大道而产生的，而应该是人类一切优秀思想文化成果的合乎规律的发展。只有吸收和改造人类历史上创造的一切有价值的人权理论和实践成果，并在此基础上根据中国的实际加以创造性的转化和发展，我们的人权理论体系和话语体系才能真正代表时代发展精神和世界进步潮流，才能为世界各国人民所广泛理解和认同。为此，我们应当加强对国际人权文书和各国人权发展模式的研究，加强对国际人权理论和实践的前沿问题的研究，善于从国际、国内人权理论与实践成果的相互转化、优势互补方面进行创新，牢牢把握世界人权发展的历史大趋势。

5.应当深入进行中国人权话语体系的理论体系研究

不断丰富和发展中国特色社会主义人权理论体系，是构建中国人权

① 罗素. 中国问题［M］. 秦悦，译. 北京：商务印书馆，1998：301.
② 习近平. 在博鳌亚洲论坛2013年年会开幕式上的讲话［N］. 人民日报，2013-04-08.

话语体系的核心内容和要义。德国著名哲学大师黑格尔曾经指出："真理只有作为体系才是现实的。"[①]深入进行中国特色社会主义人权理论体系研究，说到底，就是中国特色社会主义人权文化自觉和人权文化自信。中国特色社会主义人权理论体系建构是中国特色社会主义人权理论与实践的全面系统梳理和科学总结，深刻反映了中国特色社会主义人权文化自觉和人权文化自信，彰显了中国特色社会主义人权话语体系的创造力。

人权文化自觉和人权文化自信的中国特色社会主义人权理论体系的基本内容，主要由中国特色的人权本质规定、中国特色的人权理论基石、中国特色的人权实践基础、中国特色的人权保障体系、中国特色的人权原则立场、中国特色的人权发展道路、中国特色的人权发展趋势等十四个方面构成。我们要以维护中国最广大人民的权利为核心，以科学发展观为指导，以中国特色社会主义理论体系中的人权新思想、人权新观点为基本范畴，以中国特色社会主义创造性实践为坚实基础，努力构建"中国梦"的人权话语体系。

在中国特色社会主义人权理论体系的十四个方面内容中，贯穿着一条理论创新的逻辑主线。而在这条理论创新的逻辑主线中，包含了一系列丰富的人权新观点和新思想。一是冲破"左"的思想桎梏，把人权的旗帜掌握在我们的手中；二是人权不是资本主义的专利，而是社会主义民主政治的本质要求；三是共产党执政就是领导和支持人民掌握管理国家的权力，尊重和保障人权；四是国家尊重和保障人权，用宪法和法律保障公民的合法权利；五是以人为本，依法保证全体社会成员平等参与、平等发展的权利；六是人权的实现是一个过程，受多种条件的决定与制约；七是从中国的国情出发，始终把生存权和发展权作为首要的基本人权；八是科学统筹，协调发展，促进社会主义人权事业的全面发

① 黑格尔．精神现象学：上卷［M］．贺麟，译．北京：商务印书馆，1979：15．

展；九是全面建设小康社会和构建和谐社会，不断提高人民群众享受经济、社会、文化权益的水平；十是将人权的普遍性原则与各国的具体国情相结合，选择符合自己国情的人权发展道路和发展模式；十一是切实尊重和保护特殊群体的各种合法权益；十二是提倡国际人权合作与对话，促进国际人权事业的健康发展；十三是促进人的自由全面发展，是充分实现人权的重要目标；十四是对广大人民群众特别是青年学生进行系统性的马克思主义人权观教育等。

党的十八大以来，习近平新时代中国特色社会主义思想中的系列人权创新观点——“中国梦”的人权价值引领；两个一百年的人权目标；经济新常态下的平等财产权；协商民主的平等参与权；文化自觉自信的平等话语权；权利公平、机会公平、规则公平的平等社会权；形成完备的法律规范体系，推进人权保障制度化进程；形成严密的法治监督体系，强化对国家权力的制约和监督；形成有力的法治保障体系，努力让人民群众在每一个司法案件中都感受到公平正义；腐败是对公民人权的严重侵害，反对腐败是对公民人权的公正维护；依法保障全体社会成员平等参与、平等发展的权利；坚持人权普遍性原则与中国具体国情相结合，走中国特色的发展道路；人权保障没有最好，只有更好；讲好中国人权故事，传递好中国人权声音，构建好中国人权话语体系；坚持国际人权交流互鉴的和平发展；增强全社会尊重和保障人权的意识，让人权成为人民的一种习惯和追求——彰显了马克思主义人权理论在中国的创新发展，是中国化的马克思主义人权理论的最新成果，是中国特色社会主义人权理论体系的重要内容，生动体现了中国化马克思主义人权理论体系与时俱进的品质。

五、现实关照——加强人权文化自信的对策建议

以习近平系列人权重要论述和中央人权宣传工作会议精神为依据，

在实地调研和问卷分析的基础上，结合某市实际情况我们提出了以下对策建议：深入学习、贯彻习近平系列人权重要论述，充分认识做好人权研究与宣传工作的重大意义；坚定人权自信，理直气壮地把中国人权发展进步事业研究好、宣传好；加强议题设置能力建设，切实提高人权研究与宣传的吸引力和说服力；与时俱进，创新方法，不断把人权研究与宣传工作提高到新水平。

1.深入学习、贯彻习近平系列人权重要论述，充分认识做好人权研究与宣传工作的重大意义

课题组成员先后4次对某市区部分干部群众和青年学生进行了随机访谈和问卷调研，统计发现：有65%的干部不清楚“3期国家人权行动计划”的基本内容，96%的普通基层群众没听说过联合国《发展权利宣言》通过的时间和内容，89%的青年学生不知道联合国《世界人权宣言》通过的时间和条款内容。在大连各级党委、机关、学校、党校以及企业、社会组织的政治学习活动内容中，几乎没有一点人权内容。以近20年为时间节点，在中国知网（cnki.net）以某市人权为关键词和篇名进行搜索，其结果为零。其实，以习近平同志为核心的党中央高度重视人权事业发展，党的十八大以来，习近平总书记提出了一系列人权重要论述，连续两年致信祝贺北京国际人权论坛，专门系统论述人权问题。他强调，人权保障没有最好，只有更好。在人权问题上没有完成时，只有进行时。任何国家都需要发展人权，以适应时代的发展与需要。中国人民实现中华民族伟大复兴的中国梦的过程，本质上就是实现社会公平正义和不断推动人权事业发展的过程。习近平总书记强调，要坚持走符合中国国情的人权发展道路。中国坚持把人权的普遍性原则同中国实际相结合，不断推动经济社会发展，增进人民福祉，促进社会公平正义，加强人权法治保障，努力促进经济、社会、文化权利和公民政治权利全面协调发展，显著提高人民生存权、发展权的保障水平。随着

中国特色社会主义建设不断取得新成就，中国的国际影响力必将更强。习近平总书记强调，中国发展人权不需要向西方看齐，不需要西方来评判。对西方国家在中国人权问题上指手画脚的言行，要坚决顶回去。对党员干部、普通基层群众和青年学生进行有针对性的马克思主义人权观教育是一项重要的学习任务。习近平总书记这些重要人权论述，进一步丰富和发展了中国特色社会主义理论，为全面推进我国人权事业发展提供了基本遵循，为人权研究和人权宣传指明了方向。为此，建议某市委、市政府切实把习近平系列重要人权论述有机纳入各级党委、行政机关、司法部门、学校、党校的学习内容之中。通过认真学习，充分认识做好人权研究与宣传工作的重大意义，真正把思想和行动统一到习近平人权系列重要论述的精神上来，使人权理念在干部群众和青年学生中入脑入心，使人权理念成为一种追求和信仰。

2.坚定人权自信，理直气壮地把中国人权发展进步事业研究好、宣传好

本课题组在调研中发现，一些党员干部、普通基层群众和青年学生普遍对人权问题不够自信，人权问题仍需要进一步“脱敏”。有79%的政府部门同志和公司职员还把人权当作西方的专利；65%的政府机关干部不愿谈人权、不敢谈人权；82%的基本群众对人权的重要性认识不足；75%的干部和群众对马克思主义人权观、中国特色社会主义人权道路、宪法所确立的“尊重和保障人权”原则、十八届四中全会决定中关于如何保障人权的内容不了解，认识不足。习近平总书记明确强调，当今世界，要说哪个政党、哪个国家、哪个民族能够自信的话，那么中国共产党、中华人民共和国、中华民族是最有理由自信的。因此，要做好人权研究和人权宣传工作，首先要坚定人权自信，讲好人权故事，展示好我国人权事业的发展进步。

一是认真研究和充分展示中国人权事业发展取得的巨大成就。中华人民共和国成立特别是改革开放以来，我国人权事业发生了历史性巨

变，3组数字可以对其进行很好的说明：从人均预期寿命看，中华人民共和国成立前只有35岁，到2015年已达到76岁；从学龄儿童入学率看，中华人民共和国成立前为20%，2015年已接近100%；从脱贫人口看，参考国际扶贫标准，1978年以来，我国共减少了6.6亿贫困人口，占全球减贫人口总数的93.3%。中国是当今世界上最大的发展中国家，中国人权事业发展取得的巨大成就，是全球规模最大的人权进步，是世界人权事业发展的一大奇迹。我们要运用这些最鲜活、最丰富的素材和数据，讲好当代中国人权故事；用大连经济、社会、文化飞速发展的鲜活素材和数据，讲好大连的人权故事。

二是认真研究和充分展示中国特色社会主义人权理论和人权发展道路。中国人权事业取得了巨大成就，一个重要体现就是坚持马克思主义人权观，构建具有中国特色的人权理论和话语体系，走出了一条适合中国国情的人权发展道路。比如，人权首先是生存权和发展权，主张以人权和平思维取代人权对抗思维，坚持集体人权与个体人权统一、发展权与和平权统一；坚持把人权的普遍性原则同自身实际相结合、尊重各国自主选择人权发展道路，反对奉行人权双重标准、反对搞人权霸权；实践全面的人权观，在更高水平上保障中国人民的人权，促进人的自由全面发展；依法保障全体社会成员平等参与、平等发展的权利；坚决维护国家主权尊严和领土完整；人权还应当包括各民族权利一律平等，国家对少数民族的参政权、语言权、发展权、诉讼权等给予特殊保护；人权保障没有最好，只有更好；在人权问题上没有统一的模式，也没有唯一的模板，更没有最好的模板，每个国家都有发展和改善人权的任务，等等。这些人权理念和主张，是我们人权事业长期实践经验的科学总结，不仅得到了广大发展中国家的广泛认同，也逐渐为西方一些有识之士所接受。这些人权理念和主张，也是我们为人类社会贡献的“中国人权方案”，对推动世界人权事业发展具有重要的借鉴意义。我们要向广大干部群众和青年学生以及国际社会堂堂正正地宣传中国的人权理念和主张，把我国的人权发展优势转化为话语优势，不断增进广大干部群众和青年学生以及国际社会对我国人权发展道路的理解和认同。

三是认真研究和充分展示中国对世界人权事业的巨大贡献。20世纪50年代以来，我国共向166个国家和国际组织提供了近4 000亿元人民币的援助，派遣了60多万援助人员，支持和帮助发展中国家特别是最不发达国家减少贫困、改善民生。我国还积极参与联合国维和行动，20世纪90年代以来，已累计派出3万多人次维和人员，是安理会常任理事国中派遣维和人员最多的国家。建设“一带一路”和成立“亚投行”的倡议，为世界发展贡献了“中国智慧”和“中国方案”。中国在世界上做了那么多好事，但有时我们不善于甚至羞于讲中国的好、讲中国对别人的好，不像西方人总把“我爱你”挂在嘴边。我们要大大方方地讲中国对世界的好，让世界知道中国已经为世界人权事业作出了什么贡献、还要作出什么贡献；要向世界充分说明，中国始终坚持走和平发展、共同发展、共赢发展的道路，同世界各国分享发展经验和机遇，积极参与国际治理，主动承担国际责任，为推动实现各国人民的发展权、和平权作出了不懈努力。

3.加强议题设置能力建设，切实提高人权研究与宣传的吸引力和说服力

本课题组成员在调研分析中发现，由于不够注重人权议题设置能力建设，人权研究与人权宣传中空对空的大话、套话，难以引起干部群众和青年学生对人权问题的兴趣和思想共鸣。为此，加强议题设置能力建设，成为当前人权研究与人权宣传工作迫切需要解决的一个重要问题。

一是善于设置基础性议题。这类议题，一可纲举目张，二可竖旗聚众，能够抢占道义制高点，吸引和说服干部群众、青年学生和国际社会于我们的人权研究与宣传中。如西方在人权领域强化“自由”、“民主”和所谓的“天赋人权”，相当长的历史时期内把持了人权话语权。长期

以来，西方频频攻击、抹黑我国的人权状况，手法不断翻新，花样百出，但万变不离其宗，基本议题一直没有变，就是宣扬他们的“自由”“民主”“人权”。我们要想在人权研究与宣传中赢得主动、占据主导，就必须在人权基础性议题设置上有所突破。习总书记“和平、发展、公平、正义、民主、自由，是全人类的共同价值”，“人类命运共同体”“人类利益共同体”的“全人类共同价值”等全新议题，得到了国际社会的广泛认同。这些全新议题，是对西方所谓“普世价值”的根本否定和有力回击。

二是善于设置引导性议题。设置这类议题，主要是围绕我们需要主动向干部群众和国际社会介绍的人权理论和实践，围绕国内外对人权的关注点、兴趣点和疑惑点，有针对性地加以引导，推动国内外更好地认识和理解中国人权。如针对中国国情、改革开放30多年来的发展变化，为什么生存权和发展权仍是首要基本人权；中国人权保障如何处理公平与效率的关系、依法治党与依法治国的关系；国家公权力与公民私权利怎样和谐互动等问题，迫切需要作出引导性的科学回答。

三是善于设置反制性议题。这是主动出击、先发制人的一种有效方式。针对西方存在的结构性矛盾、制度疾病和社会污点，主动开展人权研究与宣传，善于抓住有利时机和典型案例，通过设置反制性议题，形成不利于西方的人权论环境，从而教育干部群众和青年学生。如“美式人权的人权记录”“枪口下的美利坚”“拷问美式人权的公正”“美式大选的公平正义”的反制性议题等，使干部群众和青年学生明辨是非，以正视听。

4.与时俱进，创新方法，不断把人权研究与宣传工作提高到新水平

我们要适应形势的发展变化，不断创新人权研究与宣传的方式方法，使人权研究与宣传工作水平有一个大的提升。

一是生动讲述人权故事。开展人权研究与宣传工作，讲好故事是关

键。讲故事的一个基本要求是以小见大、以事实说理，运用形象化、具体化的表达方式，使人权理念有故事支撑，人权故事有思想深度，如精准扶贫中的感人故事、大连好人中的人权故事等。此外，还要运用国内外受众易于接受的话语体系、表达方式，把我们想讲的和他们想听的结合起来，增强人权研究与宣传工作的效果。

二是搭建交流对话平台。习近平总书记强调，要加强不同文明交流互鉴，促进各国人权交流合作。近些年，东北财经大学人权研究与教育中心的主要成员连续九届应邀出席北京国际人权论坛，同40多个国家的人权官员、人权专家和学者面对面地交流、对话，实地访问了北欧几个国家著名的国际人权研究中心，与国家人权事务局和国内8个国家人权基地开展广泛交流合作，成功举办了全国人权研讨会，形成了人权共识，获得了人权话语，赢得了学术地位。

三是拓展渠道、丰富手段。随着形势、任务的发展变化，我们需要不断拓展新渠道、设计新载体，善用纪录片、专题片等传播载体，用好互联网站、“两微一端”等新媒体传播平台，形成立体化、多层次的人权研究和宣传格局。

四是形成上下互动的联动机制。人权研究与宣传工作的政治性、政策性、敏感性、策略性极强，应充分发挥“国家人权行动计划”和各省市人权宣传工作联动机制的作用，强化人权宣传部门与人权实务部门的联动机制，整合中央与地方、政府与民间、国内与国外各方面的资源和力量，注重发挥非政府组织等的作用，形成多方参与的工作格局，共同做好人权研究与宣传工作。

第七章
新的人权责任担当

习近平同志创造性地提出的“构建人类命运共同体”的重大创新理念，先后被载入联合国决议和联合国安理会决议。2017年3月23日，联合国人权理事会第34次会议通过了“经济、社会、文化权利”和“粮食权”两个决议，明确表示要“构建人类命运共同体”。这是习近平“构建人类命运共同体”重大理念首次载入联合国人权理事会决议，标志着这一理念成为国际人权话语体系的重要组成部分，引起国际社会的强烈反响。这使中国人在饱受羞辱的人权领域改变了世界话语体系，谱写了中国人权文化自觉自信的崭新篇章，是中国推动世界人权事业健康发展的卓越新贡献。

一、马克思“人类命运共同体”的理论依据

习近平关于“构建人类命运共同体”的重大创新理念不是空穴来风，而是有着深厚的理论根源。作为始终关注人类命运的伟大思想家，马克思在青年时代就意识到了理想的共同体之于人类解放的现实价值。在《黑格尔法哲学批判》《论犹太人问题》《1844年经济学-哲学手稿》等早期政治哲学文本中，他将资本主义社会视为“虚假的共同体”，因为它表面上代表着普遍利益，实际上是为特殊利益代言。人们在其中并未获得自由，实际上在异化的处境中失去了自由。人们既是利己的原子式的个人，也是政治公民。马克思将这两种人格形象地视为“人的简约

化”的结果。他认为，理想的个人实则体现了人的本质的“共同的存在物”，因而在《评一个普鲁士人的〈普鲁士国王和社会改革〉一文》中提出：构建作为人的道德、人的活动、人的享受和人的本质的“真正的共同体”。这个共同体与以往的共同体在现实和规模上都完全不同，它是人的物质生活和精神生活的归宿。这个观点在《德意志意识形态》中得到了更充分的阐述。

马克思在《德意志意识形态》中，从政治经济学和哲学的双重视角区分了上述两种共同体。尽管自奴隶社会以来的社会形态也以共同体为基础，但在马克思看来，这样的共同体是与有个性的个人相对立的存在。作为“冒充的共同体”和“虚幻的共同体”，它们使人们从属于自己的创造物，实际上是从属于人的生活桎梏。为此，必须重建理想的共同体，避免私人利益与公共利益的对立，使个人不再沦为孤立的原子式的个人，而成为在历史中生成的具有社会关系的现实的个人。同时，使个人在分工过程中实现自由的联合，在共同劳动中摆脱异己力量的支配，从而在融入世界历史进程的物质生产和精神生产中获得自由与全面发展。

值得注意的是，为了完整地理解共同体的历史演进，马克思在《1857—1858年经济学手稿》等文本中对“共同体”作出了历史性阐释，他逐条分析了亚细亚共同体、古典古代共同体和日耳曼共同体的形式，认为这些处于前资本主义条件下的自然—本源共同体随着生产力的发展以及分工与劳动条件的分离而自然消解了，随后的奴隶社会、封建社会是虚假的共同体。与此同时，马克思还在《资本论》中解析了货币共同体和资本共同体的抽象特征：货币共同体是直接现实的，但它只是实现私人利益的手段，不能反映人在社会关系中的内在需要；资本共同体则表现为在生产领域以资本的力量将工人联合起来，这样的联合旨在使工人成为实现资本增值的存在者，对工人的自我实现而言同样是一种抽象的存在。

总之，马克思强调，共同体是作为社会关系总和的个人生存与发展的内在前提，但资本主义以及之前的共同体是个人异己的对立物，而资本共同体和货币共同体则以抽象的方式加重了这种异己的力量，为此必须重建实现个性自由与全面发展的理想的共同体。在这个意义上，共同体是人们的基本生活方式，而在理想的共同体生成的途中，需要确立符合时代精神的人类命运共同体意识，形成各民族、各国在解决全球性问题的过程中通力合作的世界观念，进而展现面向世界的人类情怀，这已成为中国特色社会主义发展的文化自觉，为我们深刻理解习近平关于“构建人类命运共同体”重大创新理念提供了坚实的理论基础。

二、关照当代“人类命运共同体”的科学论述

当下，国际金融危机阴云未散，局部战乱冲突时有发生，恐怖主义、难民危机、气候变化等非传统安全威胁持续蔓延，英国脱欧、“美国优先”、日本军国主义复活。面对国际上出现的逆全球化现象及全球治理危机，构建人类命运共同体理念的提出具有重大现实意义。构建人类命运共同体理念植根于五千年源远流长的中华文化，借鉴了人类文明优秀成果，顺应了当今世界潮流与历史大势，契合了世界各国人民求和平、谋发展、促合作、要进步的共同诉求，符合全球治理改革要求。构建人类命运共同体理念坚持以人为本，体现了应对人类共同挑战、创造全人类美好生活的责任担当；构建人类命运共同体理念着眼于促进各国利益高度融合，同亲诚惠容的周边外交理念一脉相承，与周边国家及区域层面的命运共同体建设同步推进；构建人类命运共同体理念倡导构建以合作共赢为核心的新型国际关系，着眼于寻求各方利益的最大公约数，使其成为中国向世界提供的重大理念，在国际社会获得了越来越多

的认同和赞誉。党的十八大以来，习近平总书记依据国际形势的新变化，先后提出了“人类社会的共同价值目标”“人类社会的利益共同体”“人类社会的命运共同体”“人类社会的责任共同体”等一系列科学论断。这是对马克思人类共同体思想的重大创新发展，具有鲜活的时代感和现实的针对性，充分体现了马克思主义的战略思维和负责任的大国担当。

1.人类社会的共同价值目标

习近平指出：“‘大道之行也，天下为公’。和平、发展、公平、正义、民主、自由，是全人类的共同价值，也是联合国的崇高目标。”[①]为了实现享有充分人权的崇高目标，人类已经走过了一条艰辛的道路，付出了巨大的牺牲和代价。同时，人权的进步也给人类以希望：这一崇高的目标一定会实现，为实现这一崇高的目标而努力是值得的。因此，开展人权对话，交流合作，求同存异，增进了解，扩大共识，已经成为当今世界人权发展的大趋势。历史和实践证明，维护人权离不开和平稳定的国际环境，实现人权离不开全球经济的共同发展，推动人权进步更离不开世界各国的交流合作。为实现全人类的普遍人权，世界各国要共同致力于建设一个持久和平、共同繁荣的和谐世界。各国的社会制度不同、发展水平不同、历史和文化背景不同，实现人权的模式也肯定有所不同。我们应当尊重文明的多样性，尊重人权发展模式的多样性，在完全平等、相互尊重、求同存异、取长补短的基础上，推动人权领域的国际交流与合作。无数事实充分证明：尊重和保障人权，越来越成为人类社会的共同追求和普遍价值认同。

2.人类社会的利益共同体

习近平指出：“大家一起发展才是真发展，可持续发展才是好发

① 习近平．携手构建合作共赢新伙伴 同心打造人类命运共同体——在第七十届联合国大会一般性辩论时的讲话［N］．光明日报，2015-09-29．

展。要实现这一目标，就应该秉承开放精神，推进互帮互助、互惠互利……坚持开放的发展、合作的发展、共赢的发展，扩大同各方利益的汇合点，推动建设持久和平、共同繁荣的和谐世界。”①习近平还指出：“面对重重挑战和道道难关，我们必须攥紧发展这把钥匙。唯有发展，才能消除冲突的根源；唯有发展，才能保障人民的基本权利；唯有发展，才能满足人民对美好生活的热切向往。”②此外，习近平还指出：“中国将始终做国际秩序的维护者，坚持走合作发展的道路，继续维护以联合国宪章的宗旨和原则为核心的国际秩序和国际体系，继续同广大发展中国家站在一起，坚定支持增加发展中国家特别是非洲国家在国际治理体系中的代表性和发言权，中国在联合国中的一票永远属于发展中国家。”③中国“一带一路”倡议的实施，正在汇成陆地和海洋不同国家间、不同民族间、不同区域间的互惠互利乐章。秉承和平发展、合作共赢的理念，中国人民愿同世界各国人民一起，共建美好家园，开创和平未来。相互尊重、平等相处、和平发展、共同繁荣，致力于建设人类利益共同体，互惠互利，才是人间正道。

3.人类社会的命运共同体

“当今世界，各国相互依存、休戚与共。我们要继承和弘扬联合国宪章的宗旨和原则，构建以合作共赢为核心的新型国际关系，打造人类命运共同体……在联合国迎来又一个10年之际，让我们更加紧密地团结起来，携手构建合作共赢新伙伴，同心打造人类命运共同体。让铸剑为犁、永不再战的理念深植人心，让发展繁荣、公平正义的理念践行人间！”④2017年1月20日，习近平在日内瓦万国宫出席“共商共筑人类

---

① 习近平．习近平谈治国理政［M］．北京：外文出版社，2014：13．

② 习近平．谋共同永续发展 做合作共赢伙伴——在联合国发展峰会上的讲话［N］．人民日报，2015-09-27．

③ 习近平．谋共同永续发展 做合作共赢伙伴——在联合国发展峰会上的讲话［N］．人民日报，2015-09-27．

④ 习近平．携手构建合作共赢新伙伴 同心打造人类命运共同体——在第七十届联合国大会一般性辩论时的讲话［N］．人民日报，2015-09-29．

命运共同体”高级别会议，并发表了题为《共同构建人类命运共同体》的主旨演讲，深刻、全面、系统地阐述了人类命运共同体理念，主张共同推进构建人类命运共同体伟大进程，坚持对话协商、共建共享、合作共赢、交流互鉴、绿色低碳，建设一个持久和平、普遍安全、共同繁荣、开放包容、清洁美丽的世界。在将近半年的时间里，习近平“构建人类命运共同体”重大命题迅速成为国际社会广泛传播的热点话题，得到各方的好评和积极响应，并先后被载入联合国决议、联合国安理会决议、联合国人权理事会决议，成为有重大影响的时代强音。习近平关于从“迈向亚洲命运共同体”到“弘扬万隆精神”，再到拒绝“零和博弈”“强权独霸”，倡导实施“一带一路”的阐述，生动体现了中国大国责任担当和开放包容的宽广胸怀。

三、“构建人类命运共同体”的人权新内涵

习近平关于“构建人类命运共同体”的重大创新理念，极其深刻地揭示了从人类社会发展整体性和相互依存的角度考量当今世界人权事业的发展大局，丰富了当今世界人权发展的新内涵，倡导建立更加公正合理的国际人权治理体系，开拓了全球人权治理的新路径，占据了国际价值、正义的道义制高点，推动了国际人权事业健康发展。

第一，“构建人类命运共同体”理念为推进全球人权治理提供了新方案。构建人类命运共同体、实现共赢共享是解决全球治理难题的中国方案，也是推动完善全球人权治理的中国方案。全球人权治理的目标是促使各个国家尊重、保护和促进人权的实现。构建人类命运共同体理念直指阻碍人类社会发展、进步和国际人权领域“治理赤字”的顽疾，将坚持主权平等作为促进和保护人权的根本，主张各国有权自主选择发展道路和社会制度，不能借人权干涉内政；用对话协商促进和保护人权，

防止将人权问题政治化；用合作共赢应对各种全球性人权挑战，通过务实合作加强人权能力建设；用交流互鉴的包容精神，尊重不同文明的多样性，推动不同文明交流对话、和平共生、和谐共处；用共建共享卸下以邻为壑的“篱笆”，提倡包容与可持续发展，打造共同发展的平台，有效落实2030年可持续发展议程，满足各国人民对美好生活的热切向往。

第二，“构建人类命运共同体”理念引领世界人权理论新发展。构建人类命运共同体理念，拓宽了传统的人权发展视野，超越了西方自由主义人权观的局限，立足于世界整体性发展，谋求全人类的共同福祉，对人权理论的发展产生了积极的指引作用。构建人类命运共同体理念体现了各项人权相协调的原则，是个人权利与集体权利的统一，是政治、经济、文化、社会、环境等各领域各层次基本权利的统一，是生存权、发展权、和平权等的统一。构建人类命运共同体理念体现了人权普遍性和特殊性相统一的原则，主张把握人类利益和价值的共性，既蕴含着对和平、发展、公平、正义、民主、自由等人类共同价值的基本追求，也包含着尊重各国在不同文化、社会、制度以及发展阶段中所表现出的特殊性和多元性。构建人类命运共同体理念体现了人权的可持续发展要求，强调实现全面协调与可持续发展，着力解决发展中国家贫困、疾病、环境恶化等发展问题以及发达国家中收入分配不均等问题，满足各个国家的发展诉求。构建人类命运共同体理念体现了人权共建共享的精神，意味着世界各国都是平等发展、互相尊重的主体，必须超越霸权主义、单边主义，实现各国和各国人民共享和平安全、共享发展成果、共享价值与尊严。

第三，中国以贡献国际人权领域的实际行动践行人类命运共同体理念。党的十八大以来，以习近平同志为核心的党中央带领全党和全国人民，成功开辟了中国特色社会主义新实践新局面新境界，走出了一条符合中国国情的中国特色人权发展道路，以实际行动践行人类命运共同体理念，为全球人权治理提供了新的路径，对形成更加公正合理的国际人权新秩序起到了积极推进的作用。中国在肩负起维护地区和平与稳定的艰巨责任的同时，始终秉持平等互信、包容互鉴、合作共赢的精神，全面深入参与国际人权合作，积极致力于完善全球人权治理，推进国际人权事业健康有序发展。在国际人权共识的达成、国际人权标准的制定、国际人权观念的演进、国际人权条约机制的运行等各方面，中国都发挥了无可替代的建设性作用，彰显了负责任大国的风采。构建人类命运共同体是一份责任，以此为指引，中国积极向国际社会提供一系列富有建设性的公共产品，为“共商共建共享”的全球治理理念注入了新动力。共建“一带一路”倡议就是中国为世界提供的一项充满东方智慧、实现共同繁荣发展的方案，是构建人类命运共同体的伟大探索和创新实践，彰显了我国在全球治理和国际合作中的引领作用，对推动当今国际人权事业的健康发展也将产生深远的影响。

四、“构建人类命运共同体”的中国方案

中国既是“构建人类命运共同体”重大创新理念的倡导者、创立者，也是这一理念的坚定推进者和实践者。习近平提出的共建“一带一路”“亚投行”等重大倡议，是中国为世界提供的一项充满东方智慧、实现共同繁荣发展的方案，也是中国人民和其他各国人民为构建人类命运共同体而展开的一场伟大实践。现如今，“一带一路”“亚投行”已经从理念转化为行动，从愿景转变为现实，建设成果丰硕。中国为实现联合国人类发展目标所作出的重大贡献，也是中国为构建人类命运共同体而开展的积极探索和伟大实践。

1. “一带一路”倡议的权利公平新本质

利益与公正是人权的核心本质规定。而恰好体现人权核心本质规定的“一带一路”，则是崭新的“共商、共建、共享”的权利公平新内涵。客观事实充分证明：“一带一路”倡议虽然来自中国，但不是中国一家独奏，而是所有相关成员的共同合奏，不是中国一家独享，而是所有成员国及全世界共享。这无疑印证了习近平主席代表中国政府首创的“一带一路”倡议的权利公平新本质：不是中国一家独享，而是沿线国家以及整个世界的共商、共建、共享。

“一带一路”倡议的权利公平，深刻揭示了当代社会文明进步的大趋势。“‘整合式谈判’不赞成把自己的利益建立在对方的损失之上，最终落得非赢即输的下场；提倡合作而非竞争；主张谈判者以共赢为目标，公正平衡各方利益。”“一带一路”倡议依据“人类命运共同体”“人类利益共同体”的价值新理念，将世界发展的权利、义务主体具体落实到100多个国家和国际组织。据估算，在2010—2020年期间，亚洲发展中国家基础设施投资总需求将高达8万亿美元，年平均投资需7 000多亿美元，而现有的多边开发银行在亚洲基础设施领域的年度投资额仅为100亿～200亿美元。在这种情况下，通过“一带一路”和“亚投行”带动更多资金，支持域内基础设施建设互联互通、互惠互利，将给世界和亚洲经济增长注入持久动力，也有利于周边国家与中国经济的有益互动。“亚投行”通过金融资金直接助推“一带一路”建设，让70个成员国和地区搭上了中国发展的“和谐号”快车，让“一带一路”和“亚投行”沿线国家乃至世界各国有机会分享中国改革开放的红利，这必将推动更大范围、更高水平、更深层次的大开放、大交流、大融合，打造政治上互信、经济上融合、文化上包容的利益共同体、责任共同体和命运共同体。这就彻底打破了美式人权冷战思维和强权政治的独霸、对抗、唯我独尊、唯利独享的统治格局。

“一带一路”倡议的权益公平，开创了由中国参与制定世界经济社会发展规则的崭新篇章，为世界贡献了权利公平的新规则。联合国《发展权利宣言》倡议的是规则公平的发展权，程序公正是司法公正的核心，规则公平至关重要。国家不分大小、强弱、贫富，都是国际社会的平等成员，理应平等参与决策，享受权利，履行义务，特别是国际金融规则，需从程序公平通往机会公平、正义，国际金融规则迫切需要中国的参与和制定。当中国成为世界第二大经济体时，由美国主导的世界银行、国际货币基金组织和世界贸易组织已经为世界经济定下了游戏规则，这个规则是为美国利益服务的，它决定了美国在世界经济秩序尤其是全球金融秩序当中的绝对话语权。在这个框架体系下，日本在美国的支持下成立了亚洲开发银行，在美国的肉锅里分得了一小碗汤。近些年，欧盟的成立和欧元体系的确立使得美国在世界经济和全球金融领域的霸权地位有所动摇。但多个欧盟国家的同床异梦和文化思想方面的相近相惜使得欧洲不可能真正抗衡美国。而在和平崛起的过程当中，中国经济有一个巨大的障碍，即人民币在国际货币结算体系中的地位是很弱的。“亚投行”的创立正是由中国主导的，先成立一个区域性的亚洲基础设施投资银行，然后以此为开头，不断寻求参与世界经济和金融秩序的新途径。这对于瓦解和动摇美国在全球经济和金融领域的独霸地位，具有划时代的意义。“一带一路”和“亚投行”之后，还有金砖五国的新发展银行、上合银行等。由此，世界日益增长的对公共产品的需求与落后的供给能力之间的矛盾，就成为中国发力的出发点，真正体现了“源于中国而属于世界”的中国责任与中国担当。正因如此，中国开启了参与制定世界经济社会发展规则的新时代，无疑在世界发展权的历史上贡献了权利公平的新规则。

“一带一路”倡议的权益公平，是由中国倡导的“人类命运共同体”的新平台，给世界贡献了所有成员国权利公平的新机制。“亚投行”的正式建立并开业，将有效提高亚洲地区基础设施投资水平，推动区域互联互通和经济一体化进程，也有利于改善亚洲发展中成员国的投资环境，创造就业机会，提供持久发展潜力，将给亚洲乃至世界经济增长带来积极的提振作用。“一带一路”倡议和“亚投行”推行开放的区域主义，同现有多边开发银行互相补充，以其优势和特色给现有多边体系注入新鲜血液，促进多边机构共同发展，努力成为一个互利共赢和专业高效的基础设施投融资平台。“一带一路”“亚投行”的“朋友圈”和新老机构可以通过多种形式的合作和良性竞争，提升多边开发机构对亚洲基础设施互联互通和经济可持续发展的贡献度。“一带一路”倡议和“亚投行”结合国际发展领域的新趋势和发展中成员国的多样化需求，创新业务模式和融资工具，帮助成员国开发更多高质量、低成本的基础设施项目，成为推进南南合作和南北合作的纽带和桥梁。“一带一路”倡议和“亚投行”根据多边开发银行的模式和原则运作，并充分借鉴多边开发银行已有的好的经验和做法，取长补短，高起点运作，创立真正实现《发展权利宣言》中所倡议的权利公平新机制。

“一带一路”倡议的权利公平，是由中国参与并引导全球经济治理的新模式，为世界贡献了权利公平的新力量。权利主体是指依法享有权益和承担义务的正当资格的参与者和享有者。权利的参与和享有是辩证统一的。人民既是权益与义务的合法参与者，又是权益的合法享有者。因此，各国的大多数人民才是权益公平公正的最大发言者和最公正的评判者。“一带一路”倡议和“亚投行”创立了由发展中国家参与、主导的全球经济治理的新模式，贡献了当今世界权利公平的新主体和新力量。

2.“亚投行”的权利文明新本质

诺贝尔经济学奖得主斯蒂格利茨表示，在世界各地都急需完善基础设施建设的当下，中国所致力的这些项目对中国乃至全世界，尤其是对发展中国家市场来说，都是意义非凡的。“亚投行”“首批成员国”多达

57个，既有广泛代表性，又具多维度分布、独特的重要地位；联合国安理会五大常任理事国已占4席：中国、英国、法国、俄罗斯。G20国家已占13席：中国、印度、印度尼西亚、沙特阿拉伯、法国、德国、意大利、英国、澳大利亚、土耳其、韩国、巴西、俄罗斯。西方七国集团已占4席：英国、法国、德国、意大利。金砖国家全部加入“亚投行”：中国、俄罗斯、印度、巴西、南非。按大洲分，亚洲34个、欧洲18个、大洋洲2个、美洲1个、非洲2个，总计57国（包括台湾地区）已全部成为正式的意向创始成员国。中国倡导“亚投行”丰富了共享发展、更好地造福各成员国人民的崭新内涵。

一是经济权益互惠互利的新内涵。经济权益的互惠互利是当代经济交往的本质。“‘整合式谈判’不赞成把自己的利益建立在对方的损失之上，最终落得非赢即输的下场；提倡合作而非竞争；主张谈判者以共赢为目标，公正平衡各方利益。”①“亚投行”依据“人类命运共同体”“人类利益共同体”“人类责任共同体”“人类共同价值追求”的价值理念，将世界发展的权利、义务主体具体落实到57个“首批成员国”。

二是政治权益互信互认的新内涵。《发展权利宣言》第3条的第3点特别强调指出：“各国在实现其权利和履行其义务时，应着眼于促进基于主权平等、相互依赖、各国互利与合作的新的国际经济秩序，并激励遵守和实现人权。”②“亚投行”不仅激励国际金融体系变革，也在开创21世纪全球治理新路径：Lean，Clean，Green（精益、清洁、绿色），并且将遵循“公开、透明、择优”的原则遴选管理层明确写入协定。这是一项区别于现有主要多边开发银行的创新之举，反映了“亚投行”一

① 茨瓦特．为什么南海案仲裁庭应该给谈判让路［EB/OL］．［2016-07-16］．http://www.us-chinaforum.com/27599369133554222727/8064840.

② The Declaration of Development Rights，1986年12月4日联合国大会第41/128号决议通过。

贯坚持的现代治理理念。它超越了一些发达国家主导的区域贸易安排，不是歧视性、排他性的，而是公平、开放的；不是你输我赢、赢者通吃，而是各方共赢、美美与共；不是少数国家的俱乐部，而是所有国家均可参与、公平正义，是促进人类发展、好戏连台的合作大平台。然而，当今世界不公正、不合理的国际旧秩序尚未根本改变，西方霸权主义、冷战思维极端张扬，这是引发世界局部动荡和国际人权对抗的主要根源，欧洲难民的人权之殇，就是铁证。中国倡导建立“亚投行”的伟大创举再一次证明，中国不仅是经济合作共赢的积极倡导者，更是政治权益互信互认的践行者。

三是文化权益交流互鉴的新内涵。习近平指出：“中国主张加强不同文明交流互鉴、促进各国人权交流合作。”① “亚投行”的又一创新亮点，就是由发展中国家占多数且拥有主导话语权的各国人权文明交流互鉴。这既顺应了国际经济格局的发展变化，也彰显了发展中国家携手推进亚洲区域发展的信心与决心。“亚投行”57个首批成员国，涵盖亚洲、大洋洲、欧洲、非洲、拉丁美洲五大洲，以发展中成员国为主体，同时包括大量发达成员国，这一独特优势使其能够成为推进南南合作和南北合作的桥梁和纽带。当今世界正处于一个多样文明交融互通的时代，不同人权文明的交流合作已成为时代的紧迫要求。未来的世界更是不同人权文明的进一步相互交流，不同人权文明理念的互相碰撞，不同人权文明的互相学习、互相提升、共同提高。各国应尊重不同国家的人权文化特色和优势，相互借鉴，取长补短，共享人类人权文明成果，使友好合作的社会基础更加坚实。中国倡导成立“亚投行”，有利于57个“首批成员国”之间的国际人权文书和各国人权发展模式的研究和借鉴，加强57个“首批成员国”之间对国际人权理论和实践前沿问题的

① 习近平．习近平致“2015·北京人权论坛”的贺信［N］．人民日报，2015-09-17．

探究，有利于各国在国际、国内人权理论与实践成果的相互转化、优势互补中进行创新，牢牢把握世界人权文明发展的大趋势。“亚投行”丰富了世界发展权的交流互鉴，必将促进世界不同人权文明“各美其美、美人之美”，从而为不同人权文明的“美美与共”“天下大同”作出积极贡献。

3.“亚投行”对世界发展权的新贡献

习近平指出：“通过各成员国携手努力，亚投行一定能成为专业、高效、廉洁的21世纪新型多边开发银行，成为构建人类命运共同体的新平台，为促进亚洲和世界发展繁荣作出新贡献，为改善全球经济治理增添新力量。”[①]

一是谱写了由中国制定全球金融规则的新篇章，为世界贡献了权利公平的新规则。联合国《发展权利宣言》倡议的是规则公平的发展权，程序公正是司法公正的核心，规则公平至关重要。当今国际金融规则是：需从程序公平通往机会正义，国际金融规则迫切需要中国的参与和制定。随着中国经济实力的不断增强，中国绝对不会只满足于成为一个世界工厂，中国影响世界经济秩序甚至自己来制定世界经济的规则，是必然的趋势。“亚投行”的创立正是由中国主导的，先成立一个区域性的亚洲基础设施投资银行，然后以此为开头不断寻求主导世界经济和金融秩序，这对于瓦解和动摇美国在世界经济和金融领域的独霸地位，具有划时代的意义。国际货币基金组织当地时间2015年11月30日宣布：正式将人民币纳入IMF特别提款权（SDR）货币篮子，决议将于2016年10月1日生效。IMF网站数据显示，新的SDR货币篮子包含美元、欧元、人民币、日元和英镑5种货币，权重分别为41.73%、30.93%、10.92%、8.33%和8.09%，对应的货币数量分别为0.58252、0.38671、

① 李伟红. 习近平出席亚投行开业仪式并致辞——打造新型多边开发银行［N］. 人民日报，2016-01-17.

1.0174、11.900、0.085946。人民币超过英镑和日元，成为世界第三大货币。货币是国家的符号，就像语言是民族的象征。要使其他国家的人用我国的人民币，有时比让他们学习我们的中文还要难。而“一带一路”和“亚投行”的倡议，更是使人民币的流通范围不断扩大。由此，中国开启了制定世界经济规则的新时代，无疑在世界发展权的历史上贡献了权利公平的新规则。

二是创立了由中国倡导的“人类命运共同体”的新平台，为世界贡献了权利公平的新机制。“亚投行”正式成立并开业，将有效增加亚洲地区的基础设施投资，推动区域互联互通和经济一体化进程，也有利于改善亚洲发展中成员国的投资环境，创造就业机会，提升中长期发展潜力，给亚洲乃至世界经济增长带来积极提振作用。“亚投行”正式成立并开业，对国际经济治理体系改革完善具有重大意义，顺应了世界经济格局调整演变的趋势，有助于推动全球经济治理体系朝着更加公正合理有效的方向发展。“亚投行”奉行开放的区域主义，同现有多边开发银行相互补充，以其优势和特色给现有多边体系增添新活力，促进多边机构共同发展，努力成为一个互利共赢和专业高效的基础设施投融资平台。“亚投行”的新老机构可以通过多种形式的合作和良性竞争，提升多边开发机构对亚洲基础设施互联互通和经济可持续发展的贡献度。“亚投行”结合国际发展领域的新趋势和发展中成员国的多样化需求，创新业务模式和融资工具，帮助成员国开发更多高质量、低成本的基础设施项目，成为推进南南合作和南北合作的桥梁和纽带。“亚投行”按照多边开发银行的模式和原则运作，并充分借鉴现有多边开发银行好的经验和做法，取长补短，高起点运作。“亚投行”坚持共商、共享、共建原则，恪守联合国宪章的宗旨和原则，尊重主权和领土完整、互不侵犯、互不干涉内政、和平共处、平等互利的和平共处五项原则，“命运共同体”“利益共同体”“责任共同体”的新平台，让共建成果惠及“亚投行”57个“首批成员国”的所有参与者，从而创立真正实现《发展权利宣言》中所倡议的权利公平新机制。

三是开创了由中国引导全球经济治理的新模式，贡献了权利公平的新力量。权利主体是指依法享有权利和承担义务的正当资格的参与者和享有者。权利的参与和享有是辩证统一的。人民既是权利与义务的合法参与者，又是权利的合法享有者。各国的大多数人民才是发展权利的最大发言者和最公正的评判者。然而，美国人权中心主义却一味奉行美式人权的双重标准，把美式人权神圣化、僵死化、教条化。“亚投行”创立了由发展中国家主导的全球经济治理的新模式。“亚投行”正式成立并开业，对全球经济治理体系改革完善具有重大意义，顺应了世界经济格局调整演变的趋势，有助于推动全球经济治理体系朝着更加公正合理有效的方向发展。“亚投行”的“首批成员国”之间秉持团结合作的精神，积极加大投入，推动亚投行尽早开展业务，尽快做大做强，壮大多边开发银行的整体力量。特别是“亚投行”所在国的人民，既是发展权利的亲身实践者，又是发展权利的享有者。因此，“亚投行”开立了依靠发展中国家的主导力量治理全球金融新模式的先河，并由所在国的大多数人民评判、检验。这在当今世界发展权的历史上贡献了权利公平的新主体和新力量。

总而言之，习近平“构建人类命运共同体”的重大理念，和与之紧密联系的“亚投行”“一带一路”“G20杭州峰会”的“中国智慧”和“中国方案”一道，对接联合国2030年发展议程，力推世界可持续发展，促进世界发展权的文明进步，无疑是中国对世界发展权的卓越新贡献。

第八章
新的人权境界升华

马克思指出："哲学把无产阶级当作自己的物质武器，同样，无产阶级也把哲学当作自己的精神武器；思想的闪电一旦真正射入这块没有触动过的人民园地，德国人就会解放成为人。"[①]"民惟邦本，本固邦宁"，出自两千多年前的《尚书·夏书》[②]。当初，大禹传位给启，启传位给太康。太康只图安乐享受，不理朝政，沉迷于酒色，打猎百日不归，丧德失民，怨声四起。有穷国诸侯王后羿，看到人民到了忍无可忍的地步，就废了太康。太康的母亲和他的几个弟弟聚在一起，追述皇祖大禹的训诫，于是，作了《五子之歌》："皇祖有训，民可近，不可下，民惟邦本，本固邦宁。"意思是说，祖父大禹早有训诫，对待人民只能亲敬，不可怠慢，人民是国家的根本，人民安居乐业，国家才能安宁。中国共产党人把中国传统文化的"民惟邦本"高度概括为"为人民服务""以人为本""人民中心""人民主体"等。党的十八大以来，以习近平同志为核心的党中央，不断提升中国人权的新境界，更加自觉地坚持人权制度的顶层设计与接地气的民生权益相统一，更加自觉地坚持"以人民为中心""以人民为主体"，一切"为了人民"，一切"依靠人民"，一切"造福人民"，真正做到以保障人民的合法权益为出发点和落脚点，依法保证全体社会成员平等参与、平等发展的权利，让广大人民群众享有最广泛的权利和自由。

---

① 马克思. 黑格尔法哲学批判序言［M］. 中共中央马克思恩格斯列宁斯大林著作编译局，译. 北京：人民出版社，1972：9.

② 见《尚书·夏书》中的"五子之歌"。

一、“以人民为中心”的权益内涵更加明确

十八大以来，以习近平同志为核心的党中央，面对新的时代条件和新的实践，坚持党的执政为民理念，一切工作以最广大人民的根本利益为检验标准。十八大报告把“必须坚持人民主体地位”列在基本要求首位，同时提出“维护社会公平正义”“坚持走共同富裕道路”，强调更好地保障人民的权益，更好地保证人民当家作主，保证人民平等参与、平等发展的权利，确保人民安居乐业。2012 年 11 月 15 日，习近平在十八届中共中央政治局常委同中外记者见面时，鲜明地宣示：“人民对美好生活的向往，就是我们的奋斗目标。”[①]习近平指出：“以人民为中心的发展思想，不是一个抽象的、玄奥的概念，不能只停留在口头上、止步于思想环节，而要体现在经济社会发展的各个环节。要坚持人民主体地位，顺应人民群众对美好生活的向往，不断实现好、维护好、发展好最广大人民的根本利益，做到发展为了人民、发展依靠人民、发展成果由人民共享。”这明确了“以人民为中心的发展思想”涵盖的三个方面，分别回答了发展的根本目的、根本动力和根本价值问题。

1.发展为了人民权益——体现发展的根本目的

发展的根本目的是提高人民的生活水平，实现共同富裕。“以人民为中心”，首先要求对人民负责，让人民获益。习近平强调发展为了人民主要体现在：一是把是否给人民带来利益作为发展成效的检验标准。习近平指出，在发展的过程中，一切出发点都要合乎最广大人民群众的利益，为最广大人民群众所拥护。他还指出：“检验我们一切工作的成效，最终都要看人民是否真正得到了实惠，人民生活是否真正得到了改

① 中共中央文献研究室．十八大以来重要文献选编（上）[M]．北京：中央文献出版社，2014：70．

善，人民权益是否真正得到了保障[①]……改革发展搞得成功不成功，最终的判断标准是人民是不是共同享受到了改革发展成果。”[②]这就要求我们把最广大人民群众的根本利益作为谋划发展的基本准则，出规划、作决策都要首先考虑是否符合人民群众的利益，一切理论和路线方针政策、一切工作部署和工作安排，“都应该来自人民，都应该为人民利益而制定和实施”[③]。习近平指出：“我们的重大工作和重大决策必须识民情、接地气。要以人民群众的利益为重、以人民群众期盼为念，真诚倾听群众的呼声，真实反映群众的愿望，真情关心群众疾苦。要坚持工作重心下移，深入实际、深入基层、深入群众，做到知民情、解民忧、纾民怨、暖民心，多干让人民满意的好事实事。”[④]

2.发展依靠人民主体——体现发展的根本动力

人民是历史的创造者，坚持人民主体地位，充分调动人民的积极性，始终是我们党在革命、建设和改革中都立于不败之地的强大根基。改革开放30多年来，我们在理论和实践上的突破、发展，无不源自最广泛地调动人民群众的积极性，从人民的实践创造中汲取智慧和力量。

决胜全面建成小康社会的大幕已经拉开，离全面建成小康社会的目标只有几年时间，但面临的风险和困难前所未有，要把蓝图变为现实，必须尊重人民群众的首创精神，相信和依靠群众的力量。一方面，要发挥人民的首创精神。习近平指出：“必须充分尊重人民所表达的意愿、所创造的经验、所拥有的权利、所发挥的作用。”[⑤]要通过落实五大发展

① 中共中央文献研究室．十八大以来重要文献选编：上［M］．北京：中央文献出版社，2014：698．
② 尹晓宇．向往美好生活 共享改革成果［N］．人民日报，2015-10-31．
③ 中共中央文献研究室．十八大以来重要文献选编：中［M］．北京：中央文献出版社，2014：76．
④ 中共中央文献研究室．十八大以来重要文献选编：中［M］．北京：中央文献出版社，2014：77．
⑤ 中共中央文献研究室．十八大以来重要文献选编：上［M］．北京：中央文献出版社，2014：235．

理念，推动“大众创业、万众创新”，激发人民的活力，把各方面人才更好地使用起来，鼓励基层群众先行先试，大胆探索新路子，调动各方面的积极性、主动性、创造性，推动新技术、新产业、新业态加快发展。另一方面，要从人民群众中汲取智慧和力量，坚持问政于民、问需于民、问计于民，广泛听取群众的意见，从人民群众的实践中总结经验，动员和依靠全体人民，积极支持和参与，共同担负起推动发展的责任。

3.发展成果由人民共享——体现发展的根本价值

习近平指出：“国家建设是全体人民共同的事业，国家发展过程也是全体人民共享成果的过程[①]……生活在我们伟大祖国和伟大时代的中国人民，共同享有人生出彩的机会，共同享有梦想成真的机会，共同享有同祖国和时代一起成长与进步的机会。”习近平所强调的是，全体人民共同参与建设所取得的成果，要由全体人民共享，而不是少数人受益。这是我们党作出任何决策都要依据和坚守的根本原则。

一是追求全体人民共同富裕。作为五大发展理念之一的共享发展，要求发展成果人人享有，强调全民共享、全面共享、共建共享和渐进共享，体现的是促进共同富裕，维护公平正义。这是中国特色社会主义的本质要求，最集中地体现了“以人民为中心的发展思想”。习近平指出：“我们追求的发展是造福人民的发展，我们追求的富裕是全体人民共同富裕。”[②]可见，“以人民为中心的发展思想”与“共同富裕”的内涵和要求高度一致，就是把实现人民幸福作为发展的目的和归宿，坚持共享发展，使全体人民都有更多获得感。

二是既要做大“蛋糕”，又要分好“蛋糕”。习近平认为，落实共享发展理念，归结起来就是两个层面的问题：“一是充分调动人民群众的

---

① 中共中央文献研究室．习近平关于协调推进“四个全面”战略布局论述摘编［M］．北京：中央文献出版社，2015：44．
② 习近平．习近平：我们追求的富裕是全体人民共同富裕［N］．人民日报，2015-10-31．

积极性、主动性、创造性，举全民之力推进中国特色社会主义事业，不断把‘蛋糕’做大；二是把不断做大的‘蛋糕’分好，让社会主义制度的优越性得到更充分的体现，让人民群众有更多获得感。”我国经济发展的“蛋糕”虽然在不断做大，但“蛋糕”分配不公的问题还比较突出，表现在收入差距、城乡差异过大，社会保障、教育和就业机会不均等方面。为此，习近平在庆祝中国共产党成立95周年大会上的讲话中提出：“要顺应人民群众对美好生活的向往，坚持以人民为中心的发展思想，以保障和改善民生为重点，发展各项社会事业，加大收入分配调节力度，打赢脱贫攻坚战，保证人民平等参与、平等发展的权利，使改革发展成果更多更公平惠及全体人民，朝着实现全体人民共同富裕的目标稳步迈进。”[①]

三是“全面小康，一个都不能掉队”。习近平在对全面小康作出新阐释时强调：全面小康，覆盖的领域要全面，是“五位一体”全面进步；覆盖的人口要全面，是惠及全体人民的小康；覆盖的区域要全面，是城乡区域共同的小康。他还说，“小康不小康，关键看老乡”[②]“绝不能让一个少数民族、一个地区掉队，要让13亿中国人民共享全面小康的成果”。[③]《十三五规划纲要》关于全面建成小康社会的目标提出，到2020年国内生产总值和城乡居民人均收入比2010年翻一番，人民生活水平和质量普遍提高；同时明确规定，现行标准下农村贫困人口实现脱贫，贫困县全部摘帽，解决区域性整体贫困。这都突出强调了决胜全面建成小康社会，要坚持人民利益至上、人民利益高于一切，着力解决突出矛盾和问题，使发展更具公平性和普惠性，让全体人民都拥有获得感和幸福感。

---

① 董宏达．打赢脱贫攻坚战尤需“不忘初心”［N］．人民日报，2016-07-02．

② 中共中央文献研究室．习近平关于全面建成小康社会论述摘编［M］．北京：中央文献出版社，2015：195．

③ 章斐然．全面小康攻坚决胜 矢志不渝兑现承诺［N］．人民日报，2015-03-15．

总之，习近平“以人民为中心”的发展思想的精神实质——发展为了人民、发展依靠人民、发展成果由人民共享，是相互联系、相互支撑、相互促进、环环相扣的有机整体；人人参与、人人尽力、人人享有，共同推动改革和发展，体现了社会主义发展目的和发展手段的高度统一、出发点和落脚点的高度统一；以保障人民合法权益为出发点和落脚点，依法保证全体社会成员平等参与、平等发展的权利，让广大人民群众享有最广泛的权利和自由。

二、维护人民权利与尊严是共享发展之本质要求

党的十八届五中全会提出了包括“共享发展”在内的新发展理念，确立了“坚持人民主体地位”的原则。这生动展示了我们党新一代中央领导集体的治国理政新理念，体现了我们党全心全意为人民服务的根本宗旨，彰显了我们党追求共享发展的民生关怀。

人的权利与尊严是人权本质的核心要素。《世界人权宣言》第一条指出：“人人生而自由，在权利和尊严上一律平等。”[①]《发展权利宣言》第一条也指出：“发展权利是一项不可剥夺的人权，每个人及各国人民均有权参与、促进并且享受经济、社会、文化和政治发展，在这种发展中，所有人权和基本自由都能获得充分实现。”《发展权利宣言》第二条的第一点指出：“人是发展的主体，因此，人应成为发展权利的积极参与者和受益者。”[②]中国发展的实践充分表明，占世界人口1/5的中国不是通过侵略和掠夺他国财富的对外扩张方式，而是通过制度创新和治理体系完善的方式，消化压力、解决问题，把生存权和发展权放在优先地位，一步一步地实现全面建成小康社会等战略目标的。这是对人类

---

① 见1948年12月10日通过的联合国大会217A（11）号决议《世界人权宣言》。
② 见1986年12月4日通过的联合国大会41/128号决议《发展权利宣言》。

和平发展的重大贡献，更是对弘扬和发展《发展权利宣言》精神的重大贡献。

维护人民的权利和尊严，是新发展理念的本质要求。共享发展新理念指明了发展的价值目标，深刻揭示了当代中国发展的根本出发点和归宿，与联合国《发展权利宣言》的主体要素和价值追求既有一致性，更有人民主体性和以人民为中心的创新性。由全体人民共享，意味着公正享有、各得其所。共享的内容是全面共享，涵盖经济、政治、文化、社会、生态各方面的建设成果，依法保障全体人民在各方面的合法权益，促进所有人的全面自由发展。共享的实现途径为共建共享，共建才能共享，共建的过程也是共享的实现过程。共享发展的推进即渐进共享，以避免陷入平均主义大锅饭的泥潭。

共享发展新理念中的人人参与、人人尽力和人人享受，进一步细化和回答了十八大报告中“权利公平、机会公平、规则公平”的根本性问题。共享发展理念聚焦如何最大限度地满足人民群众日益增长的公共服务需求，着力解决好人民群众最关心、最直接、最现实的民生权益问题，让全体社会成员充分分享发展的成果。切实贯彻“以人民为主体”和“以人民为中心”的执政理念，始终把实现好、维护好、发展好最广大人民的根本利益作为出发点和落脚点，努力实现依法管理、科学管理、人本管理，使人民群众真切感受到权利和尊严有保障，社会公平有序，心情自由舒畅。

维护人民权利与尊严，与经济、政治、文化、社会和生态文明等方面的制度创新设置紧密相连。就经济制度的创新设置而言，当前，推进供给侧结构性改革是我国适应和引领经济发展新常态作出的重大决策，成效已逐步显现。习近平总书记在中央财经领导小组第十二次会议上强调，供给侧结构性改革的根本目的是提高社会生产力水平，落实好以人民为中心的发展思想。就行政制度的创新设置而言，权力清单制度改革的根本目的，是更好地规范公权，彰显人权，依法维护公民的权利和尊严。没有坚定的制度自信，就不可能有全面深化改革的勇气。同样，离开不断的改革，制度自信也不可能彻底、不可能久远。要通过创新制度安排，创造更加公平正义的社会环境，不断纠正并减少各种有违公平正义的现象，保证人民平等参与、平等发展的权利得以实现，使改革发展的成果更多、更公平地惠及全体人民。

维护人民权利和尊严的共享发展理念，既是一个重大的理论问题，也是一个重大的实践问题。历史一再证明，什么时候维护了最广大人民群众的权利和尊严，我们的事业就会兴旺发达；反之，就会遭受挫折。因此，落实共享发展新理念一定要牢牢坚持“以人民为中心、以人民为主体”这个根本，并以此来校正和调整发展的方向、速度以及方式、方法等，正确处理眼前利益与长远利益、局部利益与整体利益的关系，立足于实际情况作决策，着眼于群众需要谋发展，而不能靠想当然，搞一厢情愿。共享发展新理念的实践要求是：要把亿万人民群众的权利和尊严的实现程度作为检验我们工作的“晴雨表”，切实按人民群众的需求行事，经常听取人民群众对我们工作的评价，了解他们赞成什么、期盼什么、反对什么，找准我们工作的切入点、着力点和落脚点，使各项工作始终经得起实践、历史和人民的检验。

三、“以人民为中心”的权益保障更加广泛

党的十八大以来，以习近平同志为核心的党中央带领全国各族人民坚持从中国的基本国情出发，坚持以人民为中心的共享发展，把人民的生存权、发展权放在首位，致力于减贫脱贫，努力保障和改善民生，发展各项社会事业，使发展成果更多、更公平地惠及全体人民，保障人民平等参与、平等发展的权利。

1.人民生存权与发展权的水平不断提高

党的十八大以来，经济持续稳定发展，人民生存权与发展权的水平不断提高。目前，我国已成为世界第二大经济体，人民的生活总体上实现了从贫困到温饱再从温饱到全面建成小康的历史性飞跃。2017年国内生产总值从54万亿元增长到80万亿元，稳居世界第二，对世界经济增长贡献率超过30%，超过美国、日本、欧盟之总和。事实胜于雄辩，数据彰显公正。

一是贫困人口的生存权得到有效保障。中国的减贫行动是中国人权事业进步的最显著标志。改革开放以来，中国实现了“迄今人类历史上最快速度的大规模减贫”，按照农村现行贫困标准，累计减少7亿多贫困人口，超过美、俄、日、德4国人口的总和，贫困发生率下降到5.7%，成为世界上率先完成联合国千年发展目标的国家。截至2015年年底，中国农村贫困人口已减少到5 575万人。其中，内蒙古、广西、西藏、宁夏、新疆5个自治区和少数民族分布集中的贵州、云南、青海3省农村贫困人口已减少到1 813万人。中国的减贫行动有力促进了贫困人口发展权的实现，为全面建成小康社会打下了坚实基础。2015年11月，中共中央、国务院发布了关于打赢脱贫攻坚战的决定，对未来5年脱贫攻坚工作作出了全面部署。2016年3月，《中华人民共和国国民经济和社会发展第十三个五年规划纲要》发布，对全力实施脱贫攻坚总体目标作出了战略部署。为实现到2020年让农村贫困人口全部摆脱贫困的宏伟目标，中国正在全面实施精准扶贫、精准脱贫的基本方略。

二是劳动者工作权利充分实现。经济发展为扩大就业创造了条件，全国城乡就业人数持续增加，已从2010年的7.61亿人增加到2015年的7.75亿人。其中，城镇就业人数从3.47亿人增加到4.04亿人，年均增加1 100余万人。2015年我国城镇新增就业1 312万人，年末城镇登记失业率为4.05%，延续平稳运行态势。2008—2015年，中央财政累计投入就业补助资金3 055.11亿元。自2009年起，国家专门实施妇女小额担保贷款财政贴息政策，截至2016年6月，已累计发放贷款2 794亿元，538万名妇女获得了贷款，带动和扶持包括贫困妇女在内的1 000多万名妇女实现创业就业。妇女就业数量和层次不断提高，2014年全国女性就业人员占全社会就业人员的比重为45%，女性专业技术人员占专业技术人员总数的46.5%。国家加强技能培训，通过能力建设促进更公平地分享就业机会，截至2015年年底，全国技能劳动者总量达1.67亿人，其中高技能人才达4 501万人。国家积极促进农村劳动力就地就近转移就业，在县域经济范围内吸纳农村劳动力总量的65%。大力发展服务业，开发适合进城务工人员的就业岗位，建设减免收费的农贸市场和餐饮摊位，实现80%以上的进城务工人员在小微企业就业。鼓励进城务工人员返乡创业，截至2015年年底，进城务工人员返乡创业累计达450万人，不计入个体工商户的农村小微企业达699万户。截至2014年年底，全国民营企业达1 546万户，个体工商户近5 000万户，分别比2010年增长83%和44%，共带动2.5亿人就业。目前，全国互联网创业就业总量近1 000万人，“互联网＋”成为吸纳就业的重要渠道。国家采取措施引导毕业生多渠道就业，鼓励创业，强化毕业生就业服务和困难毕业生就业帮扶。近几年，高校毕业生每年离校时的就业率都保持在70%以上，年底总体就业率超过90%。国家通过援企稳岗、就业帮扶、就业援助等措施，帮助失业人员、就业困难人员实现就业，全面推动零就业家庭动态清零。2011—2015年，城镇失业人员再就业人数每年都超过550万人，就业困难人员实现就业年均近180万人。残疾人就业稳中向好，“十二五”期间实现152万城镇残疾人新增就业，2014年全国城乡劳动年龄段生活能够自理的残疾人就业人数达到2 159.63万人。

三是人民基本生活水准极大改善。城镇居民家庭和农村居民家庭恩格尔系数分别由1978年的57.5%和67.7%，下降到2015年的29.7%和

33.0%。1978—2015年，中国城镇人均住宅建筑面积由6.7平方米增长到33平方米以上，农村人均住房面积由8.1平方米增长到37平方米以上。以公共租赁住房、经济适用住房等为主要形式的住房保障制度初步形成。2015年，国家住宅投资达到80 247.7亿元，其中全国城镇保障性安居工程基本建成住房772万套，新开工783万套；中央投入农村危房改造补助资金365亿元，支持全国432万贫困农户改造危房。2011—2015年，全国城镇保障性安居工程累计新建住房4 013万套，累计棚户区改造2 191万户，一大批住房困难群众搬进楼房，实现了"宜居"。2011—2015年，各级财政给予补贴，共对全国67.5万残疾人家庭进行无障碍改造，提高了残疾人生活质量。人民出行条件极大改善，1978—2015年，我国公路通车里程由89万公里增长到457.7万公里，民航旅客吞吐量从231.9万人次增长到9.15亿人次。2015年，全国高速公路通车里程达12.35万公里，高速铁路营运里程达1.9万公里，行政村公路通畅率达94.5%，建制村通客车率达94.28%。

四是人民生活水平显著提高。1978—2015年，全年国内生产总值从3 679亿元增长到685 506亿元，人均国内生产总值从200多美元增长到8 000美元以上。1978年，城镇居民家庭人均可支配收入只有343.4元，农村居民家庭人均纯收入只有133.6元。2015年，全国居民人均可支配收入达到21 966元。其中，城镇居民人均可支配收入为31 195元，农村居民人均可支配收入为11 422元。截至2015年年底，全国电话用户总数达到153 673万户，其中移动电话用户达到130 574万户，普及率为95.5部/百人；固定互联网宽带接入用户达到21 337万户，移动宽带用户达到78 533万户。互联网上网人数达到6.88亿人，固定宽带家庭普及率达到50.3%。2015年，国内居民出境达12 786万人次，其中因私出境12 172万人次。民用轿车保有量9 508万辆，其中私人轿车达

8 793万辆。[①]

2.有效保障贫困人口的生存权和发展权

党的十八大以来的创新扶贫模式，是实施精准扶贫、精准脱贫基本方略。近年来，通过建档立卡摸清底数，分析致贫原因和发展需求，分类指导，精准施策，落实扶贫对象精准、项目安排精准、资金使用精准、措施到户精准、因村派人精准、脱贫成效精准的要求，切实提高扶贫实效，加快贫困人口精准脱贫，保障贫困人口生存权。

一是特色产业脱贫得到扶持。国家相继出台了一系列特色产业发展规划、政策，为贫困地区提供发展机会。制定实施关于加强农业行业扶贫工作的指导意见和《全国林业扶贫攻坚规划（2013—2020年）》，明确将大力发展特色农牧业作为农业行业扶贫重点工作。编制《农业行业扶贫开发规划（2011—2020年）》，制订《特色产业增收工作实施方案》《全国优势特色经济林发展布局规划（2013—2020年）》，对各集中连片特困地区的特色农林牧业进行科学布局，明确发展重点。发布《特色农产品区域布局规划（2013—2020年）》，将贫困地区96个特色品种纳入规划范围，引导多方力量加大投入。“十二五”（2011—2015年）期间，向连片特困地区投入农业基本建设资金和财政专项资金1 220亿元，安排林业基本建设资金和财政专项资金1 160多亿元。在特色产业带动下，贫困地区的发展条件不断改善，农民收入水平不断提高。

二是易地搬迁脱贫稳步实施。2012年以来，国家累计安排中央预算内投资404亿元，撬动各类投资近1 412亿元，搬迁贫困人口591万人；地方各级统筹中央和省级财政专项扶贫资金380亿元，搬迁580多万贫困人口，有效拓展了贫困地区的发展空间。通过科学规划、合理选

① 中华人民共和国国务院新闻办公室．发展权：中国的理念、实践与贡献（白皮书）[N]．人民日报，2016-06-17．

址，加强安置区基础设施和社会公共服务设施建设，大幅改善生产生活条件，搬迁群众的生产生活水平显著提升。通过帮助发展种植业和养殖业，引导外出务工，直接增加劳务收入，搬迁群众的脱贫致富步伐明显加快。2016年，中国政府启动实施了新一轮易地扶贫搬迁方案，扩大中央预算内投资规模，提高政府补助标准，引入开发性、政策性金融资金，大幅拓宽融资渠道，并加大易地扶贫搬迁群众后续脱贫扶持力度，确保搬迁一户、脱贫一户。

三是生态保护脱贫持续推进。在贫困地区积极推进天然林资源保护、退耕还林、退牧还草、京津风沙源治理、石漠化综合治理和生物多样性保护等重大生态工程，加快贫困地区的生态保护和修复步伐，改善当地的生态环境，不断拓展贫困人口的生存空间，为当地优势特色产业发展、贫困人口就业增收以及保障发展环境创造了良好的条件。建立并完善生态补偿机制，积极推进贫困地区的生态补偿工作，进一步提高森林生态效益补偿标准，完善草原生态保护奖励机制，推动贫困地区传统牧业向现代牧业转变。拓宽贫困人口的增收渠道，鼓励重点工程区范围内的贫困户投工投劳，提高了贫困人口的受益水平。改善贫困人口的生存条件，加大贫困县生态环境综合治理力度，强化木本粮油、特色林果、木竹原料林、林下经济、草食畜牧业、生态旅游业等的发展，切实改善贫困人口的生活条件。

四是教育脱贫力度不断加大。“十二五”期间，中国把教育扶贫作为脱贫攻坚的重要内容，深入推进义务教育均衡发展，着力缩小城乡教育差距，全面改善贫困地区的办学条件，实施学前教育三年行动计划、乡村教师生活补助计划，实施中等职业学校免学费、补助生活费政策及面向贫困地区定向招生专项计划，切实保障贫困人口的受教育权利。2012—2015年，中央财政累计投入资金831亿元改造义务教育薄弱学校，投入约140亿元建设边远艰苦地区农村学校教师周转宿舍24.4万套，可入住教师30万人。连续实施学前教育三年行动计划，全国学前三年毛入园率由2011年的62.3%提高到2015年的75%，中西部地区在园幼儿数由2011年的2 153万增加到2015年的2 789万，增长了30%。2014年11月，有关部门联合印发了《关于统一城乡中小学教职工编制标准的通知》，将县镇、农村中小学教职工编制标准统一到城市标准，并向农村边远贫困地区倾斜。2013—2015年，中央财政累计投入资金约44亿元，支持连片特困地区对乡村教师发放生活补助，惠及约600个县的100多万名乡村教师。2012—2015年，中央财政共下达中等职业学校免学费补助资金417亿元，对公办中等职业学校全日制在校生中的所有农村（含县镇）学生、城市涉农专业和家庭经济困难的学生免除学费（艺术类相关专业除外）。对于在职业教育行政管理部门依法批准、符合国家标准的民办中等职业学校就读的符合免学费政策条件的学生，按照当地同类型同专业公办中等职业学校免除学费标准给予补助。对全日制一、二年级在校涉农专业学生和非涉农专业家庭经济困难学生发放国家助学金，2012—2014年标准为每生每年1 500元，从2015年春季学期起标准提高到每生每年2 000元，覆盖近40%的学生。实施面向贫困地区定向招生专项计划，面向832个贫困县4年累计录取学生18.3万人，贫困地区农村学生上重点高校人数连续3年（2013—2015年）增长10%以上。

五是医疗保障脱贫全面落实。中国政府不断加大健康扶贫工作力度，减轻农村贫困人口医疗费用负担，增强贫困地区医疗卫生服务能力，提高贫困地区群众的健康水平，努力防止因病致贫、因病返贫，贫困人口的健康权利得到切实保障。新型农村合作医疗制度逐步完善，覆盖了97%以上的农村居民。2016年，新农合人均补助标准提高到420元，政策范围内门诊和住院费用报销比例分别达到50%和75%左右。全面实施城乡居民大病保险，覆盖超过10亿参保居民，报销比例不低于

50%。全面建立疾病应急救助制度，开展重特大疾病医疗救助，全民医保制度防大病、兜底线的能力进一步增强，农村居民的看病负担大大减轻。2012年以来，中央专项投资共安排794亿元支持贫困地区11万个卫生机构基础设施建设，改善贫困地区的卫生服务条件。实施农村订单定向免费医学生培养、全科医生特设岗位计划等项目。深入实施城乡医院对口支援，组织全国三级医院对口帮扶贫困地区县级医院。2015年，基本公共卫生服务12大类45项得到全面落实，人均经费从2011年的15元提高到40元。实施农村妇女增补叶酸预防神经管缺陷、贫困地区儿童营养改善等项目，加强疾病预防控制和健康促进，贫困地区群众的健康状况逐步改善。2016年，国家卫计委、国务院扶贫办等15个部门联合实施健康扶贫工程，为农村贫困人口与全国人民一道迈入全面小康社会提供健康保障。

六是农村兜底脱贫逐步实行。国家制订了农村低保制度与扶贫开发政策相衔接的实施方案，各地紧紧围绕贫困人口脱贫目标，完善政策措施，健全工作机制，努力实现农村低保制度政策性兜底保障，不断提高贫困人口的社会保障水平。对于符合农村低保条件的建档立卡家庭，按规定程序纳入低保范围，根据家庭人均收入与当地低保标准的差额发给低保金。对于符合扶贫条件的农村低保家庭，按规定程序纳入建档立卡范围，根据不同致贫原因予以精确帮扶。对于脱贫后再返贫的家庭，分别纳入临时救助、医疗救助、农村低保等社会救助制度和建档立卡贫困户扶贫开发帮扶政策覆盖范围。2015年，全国保障农村低保对象共4 903.6万人，农村低保标准从2011年的平均每人每月143元提高到265元；农村特困人口集中和分散供养年人均标准分别达到6 026元和4 490元，比2012年同期分别增长48.4%和49.3%。

七是资产收益扶贫探索实行。对于难以通过增强自我发展能力实现脱贫的贫困人口，近年来一些地方积极探索资产收益扶贫，在不改变资金用途的情况下，将财政专项扶贫资金和其他涉农资金投入贫困地区基础设施建设和产业发展，拿出部分量化折股配置给丧失或部分丧失劳动能力的贫困户，帮助其增加财产性收入。各地资产收益扶贫主要依托当地优势特色产业，并积极发挥农民专业合作社等新型生产经营主体的作用，确保贫困人口既可以享受保底收益和红利，还能通过流转土地和参加务工获得收益。2014年年底，国家启动了光伏扶贫试点工作，在安徽、河北、山西、宁夏、甘肃、青海6省区开展试点，通过资产收益扶贫增强贫困地区的“造血”能力。2016年，国家大力推进光伏扶贫，计划在2020年之前，在16个省区471个县约3.5万个建档立卡贫困村，以整村推进的方式，保障200万建档立卡无劳动能力贫困户（包括残疾人）户均年增收3 000元以上。

八是就业创业服务不断加强。近年来，中国政府大力实施就业优先战略和更加积极的就业政策，提供职业技能培训，加强就业创业服务，有效保障贫困人口的工作权利。组织实施农民工职业技能提升计划——“春潮行动”，面向农村贫困劳动力开展就业技能培训、岗位技能提升培训和创业培训，并落实培训补贴政策。落实《关于加强雨露计划支持农村贫困家庭新成长劳动力接受职业教育的意见》，对农村贫困家庭子女接受职业教育给予补助。进一步健全完善公共就业服务体系，加强基层劳动就业和社会保障服务平台建设，组织开展“春风行动”等专项就业服务活动，加强输出输入地劳务对接，为农村贫困人口免费提供职业指导、职业介绍、就业信息、政策法规咨询等公共就业服务，推进农村富余劳动力进城务工和稳定转移，2011—2014年年均新增农民工793万人。积极落实创业扶持政策，对有创业意愿和创业培训、创业服务需求的劳动者，组织参加创业培训，提供信息咨询、开业指导、创业孵化、跟踪辅导等“一条龙”创业服务，提高创业成功率。

3.特定群体权利得到有效保障

妇女、儿童、老年人、残疾人、少数民族等特定群体中的贫困人口是扶贫工作的重点对象。2012年以来，中国政府加大了优先扶持政策力度，切实保障这些群体的社会保障权、健康权、受教育权等各项权利。

一是贫困妇女权利保障水平不断提升。国家落实《中国妇女发展纲要（2011—2020年）》，制定实施保障贫困妇女权益的政策措施。加强贫困地区的妇女教育培训，培训中西部农村妇女200多万人。实施妇女小额贷款担保项目及财政贴息政策，促进城乡妇女创业就业。开展农村妇女“两癌”检查项目，每年为全国1 000万适龄农村妇女进行免费宫颈癌检查，为120万适龄农村妇女进行免费乳腺癌检查，已覆盖532个贫困县。2011—2015年，中央彩票公益金投入4亿元，积极开展“贫困母亲两癌救助”。实施“母亲安居工程”“母亲健康快车”等公益项目，帮助贫困单亲母亲、患病贫困妇女改善生存和发展状况。建立完善新型社会救助体系，加大对贫困妇女的保障力度。2015年，全国获得低保及特困人员救助的居民达7 121.5万人，其中女性约2 609.4万人，所占比重为36.6%，基本实现了应保尽保。

二是贫困儿童权利保障力度不断加大。国家制定并落实《中国儿童发展纲要（2011—2020年）》《国家贫困地区儿童发展规划（2014—2020年）》，健全完善留守儿童关爱服务体系、困境儿童分类保障和救助保护机制。落实《国务院关于加强农村留守儿童关爱保护工作的意见》，推进城乡社区“儿童之家”和“儿童快乐家园”建设，各地以“儿童之家”和“儿童快乐家园”为依托开展关爱服务活动15.8万项，受益农村留守儿童人数达1 312.9万人次。落实《国务院关于加强困境儿童保障工作的意见》，各地纷纷出台困境儿童分类管理办法，根据不同儿童群体需求的特点，分类型设置标准，分标准实施保障，提高困境儿童保障水平。落实《国务院办公厅关于加强孤儿保障工作的意见》，全面建立全国孤儿基本生活保障制度和艾滋病病毒感染儿童生活保障制度，中央财政每年安排20亿元，保障50多万名孤独和艾滋病病毒感染儿童的基本生活，并对他们的医疗、教育、康复及成年后就业、住房等做了制度性安排。实施“残疾孤儿手术康复明天计划”，累计投入资金8.6亿元，为9万多名孤儿、弃婴和贫困儿童免费实施手术矫治。贯彻《国务院办公厅关于加强和改进流浪未成年人救助保护工作的意见》，开展“接送流浪孩子回家”和“流浪孩子回校园”专项行动，基本杜绝胁迫、诱骗、利用未成年人乞讨现象。广泛开展适度普惠型儿童福利保障制度和未成年人社会保护试点工作，推动构建未成年人救助保护制度，推动建立县、乡、村三级儿童福利和保护工作网络。自2011年起，全国超过1/2的县实施了农村义务教育学生营养改善计划，按照每生每天4元标准为贫困地区提供营养膳食补助，中央财政累计投入670亿元，惠及3 360万农村学生。自2012年起，实施贫困地区儿童营养改善项目，为6～24个月龄婴幼儿免费提供“营养包”，提高监护人科学喂养知识普及程度和家庭教育水平，促进贫困地区婴幼儿健康发育成长。2015年，该项目由中央财政专项补助经费5亿元，覆盖21个省（自治区、直辖市）14个国家集中连片特困地区的341个县，共211万名儿童受益。

三是老年人权利保障体系不断完善。国家积极推动养老保险制度改革，加强农村养老服务体系建设，建立健全养老服务补贴制度。2009年开展新型农村社会养老保险试点，2011年开展城镇居民社会养老保险试点，2014年在全国范围内建立了统一的城乡居民养老保险制度。2015年中央和地方政府支付补贴资金2 044亿元，保障和改善亿万城乡老年居民的基本生活。截至2015年年底，全国参保人数达5.05亿，待遇领取人数达1.48亿，其中95%是农村居民；全国共有农村敬老院27 248所，床位249.3万张，日间照料服务设施已覆盖50%以上的农村社区；全国20个省（自治区、直辖市）建立了经济困难老人养老服务补贴制度，17个省（自治区、直辖市）建立了失能老人护理补贴制度。

四是残疾人权利保障事业扎实推进。2012年，国务院办公厅印发了《农村残疾人扶贫开发纲要（2011—2020年）》，明确将贫困残疾人列为重点扶贫群体。2015年，国务院印发了《关于加快推进残疾人小康进程的意见》，围绕残疾人基本民生保障、就业创业增收、基本公共服务三大重点领域，提出了一系列重要举措。2015年，国务院《关于全面建立困难残疾人生活补贴和重度残疾人护理补贴制度的意见》正式实施，第一次在国家层面建立残疾人福利补贴制度。通过专项调查，实名获取了2 660多万持证残疾人和70多万个社区为残疾人提供公共服务状况的基本信息，为向残疾人精准服务提供了可靠的数据支撑。2012年以来，中央安排37.4亿元康复扶贫贴息贷款，扶持21.9万名贫困残疾人；累计为145.2万名残疾人提供职业培训，城镇新增123.9万名残疾人就业，2015年开通全国残疾人网络就业服务平台；国家补助完成117.5万户农村贫困残疾人危房改造，317万名农村贫困残疾人得到实用技术培训，496.2万名农村贫困残疾人脱贫，因残致贫现象得到有效缓解。截至2015年年底，共有1 088.5万名城乡残疾人被纳入最低生活保障范围，近2 230万名残疾人参加了城乡居民社会养老保险，302.3万名残疾人参加了城镇居民基本医疗保险。

五是少数民族脱贫步伐加快。国家制定了一系列特殊扶持政策，加快推进少数民族和民族地区脱贫攻坚。在《中国农村扶贫开发纲要（2011—2020年）》确定的14个集中连片特困地区中，分布在民族自治地方的有11个；在592个国家扶贫开发工作重点县中，分布在民族自治地方的有263个；在扶贫开发整村推进“十二五”规划确定的3万个贫困村中，分布在民族自治地方的有13 158个。2012—2015年，中央财政安排少数民族发展资金145.9亿元，专项支持推进兴边富民行动，扶持人口较少的民族发展，以及开展少数民族特色村寨和少数民族传统手工艺品的保护与发展工作。国家安排中央预算内投资55亿元，用于帮助边境地区和人口较少民族聚居区的基础设施建设、群众生产生活条件改善和社会事业发展。“十二五”期间，内蒙古、广西、西藏、宁夏、新疆5个自治区和少数民族分布集中的贵州、云南、青海3省的贫困人口从2011年的3 917万下降到1 813万，减少2 104万人，减少幅度为53.7%；贫困发生率从27.2%下降到12.4%，下降了14.8个百分点。[①]

总而言之，党的十八大以来，以习近平同志为核心的党中央坚持“以人民为中心”的共享发展的新的人权境界升华，突出表现在更加自觉地坚持人权制度的顶层设计与接地气的民生权益相统一，更加自觉地坚持“以人民为中心”“以人民为主体”，一切“为了人民”，一切“依靠人民”，一切“造福人民”，以保障人民的合法权益为出发点和落脚点，依法保证全体社会成员平等参与、平等发展的权利，让广大人民群众享有最广泛的权利和自由。

① 中华人民共和国国务院新闻办公室. 中国的减贫行动与人权进步（白皮书）[N]. 人民日报，2016-06-17.

尾声
续写人权文明的华彩乐章

光阴似箭，从党的十八大至2017年，中国已走过近5年的光辉历程。5年间，中国已成为“世界第二大经济体”，构建“人类命运共同体”、“一带一路”、“亚投行”的倡导者、实践者、贡献者，从“中国经验”“中国道路”到“中国方案”“中国智慧”，中国已经走到了世界舞台的中央。

在中华民族的伟大复兴道路上，这是意义深远的5年，是决定未来的5年，是砥砺奋进的5年。党的十八大以来，以习近平同志为核心的党中央，坚持以人民为中心的发展思想，在实现“两个一百年”奋斗目标、实现中华民族伟大复兴的中国梦的进程中，以保障和改善民生为重点，大力发展各项社会事业，切实保证人民平等参与、平等发展的权利，努力朝着实现全体人民共享发展和共同富裕的目标稳步前进，走出了一条中国特色的人权发展道路。

党的十九大胜利召开具有重大深远历史意义和现实意义。科学准确把握中国特色社会主义新时代的历史方位，才能看清前行的方向，走好脚下的道路。“从十九大到二十大是‘两个一百年’奋斗目标的历史交汇期。我们既要全面建成小康社会、实现第一个百年奋斗目标，又要乘势而上开启全面建设社会现代化国家征程，向第二个百年目标进军。”“综合分析国际国内形势和我国发展条件，从2020年到本世纪中叶可分为两个阶段来安排。”“第一个阶段，从2020年到2035年，在全面建成小康社会的基础上，再奋斗15年，基本实现社会主义现代化。”“第二个阶段，从2035年到本世纪中叶，在基本实现现代化的基础上，再奋斗15年，把我国建成富强民主文明和谐美丽的社会主义现代化强国。”[①]2017年是党的十九大召开之年，是全面实施“十三五”规划重要一年、推进供给侧结构性改革深化之年，做好2017年各项工作，具有继往开来的重要意义。

从党的十八大到党的十九大是砥砺奋进的5年，中国已经谱写出了人权事业飞跃发展的华彩乐章：从新的人权思想导航到新的人权实践推进，从新的人权面貌呈现到新的人权文化自信，从新的人权责任担当到新的人权境界升华。新的人权实践由此开拓，新的人权理论由此产生，新的人权旗帜由此竖起。我们完全有理由坚信，在以习近平同志为核心的党中央的坚强领导下，全国各族人民万众一心，团结奋斗，一定能续写实现“两个一百年”奋斗目标、实现中华民族伟大复兴的中国梦的华彩乐章，一定能续写人类人权文明的华彩乐章。

① 习近平. 决胜全面建成小康社会　夺取新时代中国特色社会主义伟大胜利［N］. 人民日报，2017-10-28.

后 记

经过五年多的思考和探索，这部《新的人权旗帜由此竖起——新时代中国特色社会主义人权理论与实践研究》一书终于完稿。这是继《人权前沿问题研究》之后的又一部人权专著，也是我的第九部人权专著。本书以党的十八大以来新的人权理论基石、新的人权与时俱进、新的人权思想导航、新的人权实践推进、新的人权面貌呈现、新的人权文化自信、新的人权责任担当、新的人权境界升华等内容为视角，系统性地论述了习近平新时代中国特色社会主义思想的人权科学内涵。本书是中宣部马克思主义理论研究和建设工程2016年重大项目“马克思主义人权观中国化研究”子课题的阶段性成果、2017年全国高校出版社主题出版项目、2016年辽宁省社会科学基金规划项目。

本书得以公开出版，我首先真诚地感谢中国人权研究会鲁广锦秘书长和中国人权研究会办公室的各位领导对东北财经大学人权研究与教育中心的大力支持并提供参与中宣部马克思主义理论研究和建设工程2016年重大项目“马克思主义人权观中国化研究”子课题的难得机会；真诚感谢辽宁省新闻出版广电局的大力支持，得以获批2017年全国高校出版社主题出版项目；真诚感谢东北财经大学党委的重视和高度政治责任意识，并指派东北财经大学马克思主义学院原院长陈勇教授进行政治和人权业务的审核把关；真诚感谢法学泰斗、著名人权专家、中国社会科学院荣誉学部委员、中国人权研究会顾问李步云的大力支持和题词；真诚感谢中国社会科学院荣誉学部委员及人权研究中心名誉主任、中国人权研究会顾问刘海年的大力支持和题词；真诚感谢东北财经大学校领导对人权研究与教育中心的支持；真诚感谢东北财经大学出版社社长的大力支持，以及各位编辑同志的悉心编校；真诚感谢东北财经大学科研处各位朋友的关心；真诚感谢东北财经大学马克思主义学院和各位同行一直以来对我的大力支持和热心帮助。最后，还要感谢我的夫人和宝贝女儿多年的默默支持，给我更多的空间在自己喜欢的领域研究和探索。

在研究和写作过程中，我借鉴并参考了有关人权研究方面的珍贵成果和宝贵资料，在此一并表示感谢。书中或许存在许多不足之处，真诚地欢迎各位朋友特别是人权理论界的专家和学者们批评指正。

鲜开林

2017年7月初稿、2017年10月修改于大连